DU DÉVELOPPEMENT
COMME EXTENSION DES LIBERTÉS

Questions contemporaines

Collection dirigée par Jean-Paul Chagnollaud,
Bruno Péquignot et Xavier Richet

Chômage, exclusion, globalisation… Jamais les « questions contemporaines » n'ont été aussi nombreuses et aussi complexes à appréhender. Le pari de la collection « Questions contemporaines » est d'offrir un espace de réflexion et de débat à tous ceux, chercheurs, militants ou praticiens, qui osent penser autrement, exprimer des idées neuves et ouvrir de nouvelles pistes à la réflexion collective.

Dernières parutions

Mohamadou BA, *L'école sénégalaise face aux enjeux de la modernité. Un défi lancé à l'État et aux populations*, 2021

Mohamadou BA, *Le maitre d'école, quelles ressources pour un enseignement-apprentissage de qualité ? De l'implicite à l'explicite*, 2021

Gabriel RAMIREZ MORALES, *Le fameux télétravail. Pièges, dangers et surtout les bienfaits,* 2021.

Charles-Édouard LEROUX, *L'avenir d'une déception, Vivre des temps incertains*, 2021.

Seungman BAEK, *Écosystème urbain et architecture en Asie orientale*, 2021.

Michel BOSC, *Le jouet, miroir de la France. 1900-2000*, 2021.

Christiane LOPEZ, *Des élus locaux face à la collusion des égoïsmes. NIMBY (Not In My Back Yard)*, 2021.

Mohamed DJERIOUAT, *L'intégration par la langue. L'impact du contrat d'intégration républicaine (CIR) sur les réfugiés*, 2021.

Sébastien JANICKI, *Postmodernité et éthique appliquée. Société, Travail et Politique*, 2021.

Benjamin GERMANN, *Les obstacles de la pensée religieuse à l'apprentissage des sciences,* 2021.

Laurent GODMER, *Le travail électoral, Ethnographie d'une campagne à Paris*, 2021.

Paul JACQMARCQ, *Tirer au sort les délégués ? Une question de démocratie à l'école,* 2021.

Jacques Koyanyo Kongatua

Du développement comme extension des libertés

Contexte de l'extrême pauvreté

L'Harmattan

5-7, rue de l'École-Polytechnique ; 75005 Paris

http://www.editions-harmattan.fr/

ISBN : 978-2-343-24645-1
EAN : 9782343246451

Á tous mes frères et sœurs, neveux et nièces, cousins et cousines et à toutes les personnes qui me sont chères, je dédie cet ouvrage.

INTRODUCTION GÉNÉRALE

Cet ouvrage se propose d'étudier les possibilités de concevoir un programme de développement applicable aux situations d'extrême pauvreté telles que celles que connaissent les Ndenga de la République démocratique du Congo. Celle-ci, compte tenu de l'obsolescence de ses structures, minées par la corruption et la mauvaise gouvernance[1], n'offre pas les mêmes opportunités à ses citoyens de se choisir un modèle de développement qui convienne à chaque individu ou un groupe d'individus. S'il en était ainsi, chaque Congolais, en dépit de son lieu de résidence, de son revenu et de ses capacités à s'adapter, choisirait en toute liberté, et encadré par la juridiction étatique, de vivre conformément aux modes de vie qui lui convient.

Mais force est de constater que le concept de développement en République démocratique du Congo frise l'ironie, car tous les indicateurs mobilisables permettant d'évaluer le développement intégral sont en berne[2]. Ainsi, l'extrême pauvreté a gagné de manière systématique l'espace public congolais affectant ainsi la qualité de vie de tout un peuple, mais davantage celle de la population la plus démunie, en l'espèce les Ndenga.

La pauvreté n'est pas seulement due au manque de revenu, elle concerne tous les indicateurs qui affectent la qualité de la vie d'une personne. En effet, comme l'affirme Sen : « Les exigences des individus ne sont pas évaluées en fonction des biens premiers dont ils disposent [3] », mais elle est surtout considérée comme l'absence de « capabilité », c'est-à-dire le manque de libertés réelles pour convertir les biens à disposition en fonctionnements effectifs. Une optique poursuivie aussi par Alain Renaut[4] et d'autres philosophes.

Autrement dit, l'extrême pauvreté n'est pas seulement identifiée comme l'état d'indigence dans lequel se trouvent effectivement certaines personnes et certains collectifs humains. Mais aussi, comme le manque de libertés ou d'opportunités réelles qui empêchent les individus de valoriser ce qu'il faudrait pour que leur vie soit considérée à sa juste mesure. L'extrême pauvreté est multisectorielle en ce sens qu'elle concerne tous les secteurs influençant la qualité de la vie d'un individu : l'accès à l'éducation, aux

---

1 https://www.radiookapi.net/2017/.../indice-de-la-corruption-la-rdc-156e-sur-177-pays. Consulté le 22 mars 2018.

2 www.cd.undp.org/content/dam/...congo/.../UNDP-CD-RNDH%202016-%20final.pdf ?, consulté le 22 mars 2018.

3 A. SEN, *Éthique et économie et autres essais*, traduit de l'anglais par Sophie Marnât, Paris, PUF, 1993, p. 218 ; et du même auteur, *L'Idée de justice*, traduit de l'anglais par Paul Chemla, Flammarion, 2012, p. 310.

4 A. RENAUT, « Comment mesurer le développement ? La question des indicateurs », CIPPA – Développement et indicateur, vol. I, 2012-2013, n° 1 et *L'Injustifiable et l'extrême : manifeste pour une philosophie appliquée*, Paris, Le Pommier, 2015.

soins de santé primaires, à l'eau potable, à l'électricité… Curieusement, dans tous ces secteurs, les carences se combinent en République démocratique du Congo de manière déconcertante, où plus de 71 % de la population vit avec moins de 1,5 dollar par jour.

Selon le rapport mondial sur le développement humain de 2015, l'indicateur de développement humain (IDH) du pays était de 0,435 et l'indice de pauvreté multidimensionnelle (IPM) de 0,433 %[5].

Outre les fortes inégalités entre les milieux urbains les plus privilégiés et les milieux ruraux, les situations sont particulièrement extrêmes dans les zones de conflits ou les zones enclavées, c'est-à-dire les zones non ou mal desservies par des routes, condamnant d'autres Congolais à vivre dans des conditions de survie. Tel est le cas des Pygmées Ndenga qui, en dépit du fait qu'ils sont des êtres humains, vivent, en effet, dans des conditions infrahumaines incluant la privation de ressources et de pouvoir sur leur propre existence. Ces conditions, que la thèse étudiera en détail, sont imposées soit par la cohabitation avec leurs voisins, soit par une politique gouvernementale mal organisée qui orchestre les injustices par l'attribution inique des droits et des devoirs, des biens et des ressources.

Les données ci-dessus démontrent clairement que la justice distributive ne fonctionne pas de manière satisfaisante en République démocratique du Congo. La situation est encore plus grave dans les zones les plus reculées telles que Mawuya, le lieu d'habitation des Pygmées Ndenga et de leurs voisins. Le constat établi révèle que la coexistence respectueuse des biens et des droits de chaque individu n'est pas un acquis structurant le vivre-ensemble.

Dans cet état de choses, il apparaît que les peuples de Mawuya vivent encore à l'état de nature d'avant l'établissement des sociétés démocratiques accordant à chaque individu des droits et des devoirs[6].

Bien que la constitution congolaise, en rapport avec la Déclaration universelle des droits de l'homme et les supports juridiques qui s'y rapportent, garantisse le respect des droits humains les plus fondamentaux, l'application desdits droits n'est toujours pas d'actualité. D'après notre constat, comme celui de la plupart des observateurs avertis, l'ignorance serait la cause principale de la violation des droits humains en République démocratique du Congo et plus particulièrement à Mawuya, en matière de discrimination et d'exclusion. Cette crise de connaissances est due à un système éducatif désuet, sélectif et ne proposant pas un programme adapté aux diverses réalités de chaque Congolais.

---

5 www.cd.undporg/content/dam/...congo/.../UNDP-CD-RNDH%202016-%20final.pdf ?, consulté le 17 mars 2018.

6 Thomas HOBBES, *Léviathan*, trad. François Tricaud, Paris, Éditions Sirey, 1971.

Ainsi, il semble nécessaire que la lutte contre l'ignorance en vue de l'établissement d'un État de droit, ainsi que l'émergence d'un développement intégral, passent par la mise en place d'un système éducatif intégratif, adapté et ouvert à tous. Ce projet serait à même de résorber tous les écueils du système éducatif congolais actuel, notamment la disparité d'accès (les taux d'accès sont plus importants en milieu urbain qu'en milieu rural), l'exclusion, le mauvais traitement des enseignants...

Tout cela doit résulter d'une volonté politique visant à mettre en place une planification rigoureuse et adéquate des programmes scolaires adaptés à chaque milieu et au marché du travail congolais.

Tout compte fait, l'enjeu scientifique d'une recherche construite à partir d'une analyse critique de ce cas d'application, consistera à justifier si, parmi les théories contemporaines de la justice, certaines peuvent être appliquées plus spécialement dans un contexte d'extrême pauvreté, comme celui du cas évoqué. L'objectif est de proposer un programme de développement acceptable, puisque jusqu'à ce jour, celui mis en place en République démocratique du Congo a montré, dans la façon dont il a été compris (ou incompris, ou encore trahi au Congo), ses limites en créant des conditions d'injustice.

Il faudra à partir de ce constat d'échec, soit proposer une autre théorie idéale de la justice capable de prendre en compte les injustices et les inégalités subies par les plus vulnérables et les plus démunis, en l'espèce les Pygmées Ndenga, soit changer de démarche en s'engageant dans une philosophie politique appliquée partant des indicateurs de l'extrême pauvreté ou des indicateurs du développement humain au Congo. A partir de cette deuxième alternative, il faudra alors élaborer de nouveaux référentiels normatifs pour dégager les priorités qu'il serait juste de mettre en avant dans un processus de remédiation à ces injustices qui s'expriment en termes d'extrême pauvreté.

Au-delà de la question particulière, soulevée par le sort des Pygmées du Congo, la démarche entreprise consistera aussi en une contribution à la réflexion sur l'alternative entre philosophie de principes et philosophie *ex datis* dans le domaine du développement. Il s'agira aussi de justifier les théories contemporaines de la justice fondées sur un principe comme celui de l'extension des libertés réelles, et à quelles conditions elles ont atteint l'objectif qu'elles se sont fixé elles-mêmes pour la réduction des inégalités entre les individus confrontés à des situations d'injustice extrême.

Dans ce contexte, l'approche par les « capabilités », comprise comme la liberté réelle dont dispose chaque personne pour valoriser ce qu'elle a raison de valoriser[7], mise en place par Sen, servira d'outil de réflexion. Cette

---

7 A. SEN, *Repenser l'inégalité*, Paris, Éditions du Seuil, 2000, p. 63.

approche développe une conception de la justice qui s'attache moins à la recherche des principes d'une justice pure et idéale. La conception de justice de Sen change de perspective en philosophie politique en inversant les démarches et en évitant toutes celles en surplomb qui visent à trouver des procédures idéales pour obtenir la diminution des inégalités[8] entre les individus.

Il promeut l'accès aux prestations et aux droits sociaux, ce qu'il nomme *entitlement*[9]. Par là, Sen entend garantir les conditions de l'exercice des libertés et des droits de chaque individu. De cette manière, il estime que les désirs, les préférences et les besoins sont donc l'émanation d'un travail collectif qui tient compte du respect des libertés de chaque membre de la société. Ainsi, l'approche de Sen repose-t-elle sur la distinction entre les ressources considérées comme des droits formels et les capacités, les droits réels, ainsi que les fonctionnements considérés comme des comportements effectifs[10].

Les ressources, d'après Sen, désignent tous les biens et les services dont dispose un individu. Ces biens peuvent être produits sur le marché ou en dehors de celui-ci. De cette manière, l'accès à l'éducation, au travail, à la discussion publique, constitue un ensemble de ressources mobilisables pour l'action, en vue du bien-être de chaque personne. Les capabilités se définissent comme étant la liberté réelle dont dispose chaque personne pour valoriser ce qu'elle a raison de valoriser[11].

Sen établit clairement que posséder les ressources est une chose, mais les transformer en libertés réelles en est une autre. La transformation des ressources en capacité d'agir dépend de plusieurs facteurs, dont le contexte social, l'environnement social et les aptitudes de chaque individu. Sen aboutit à la conclusion selon laquelle la liberté réelle de chaque individu dépend de plusieurs facteurs combinés : la possession de ressources et les facteurs favorisant la conversion en capacité d'agir, notamment les

---

8 A. SEN, *L'Idée de justice*, *op. cit.*, p. 15.

9 A. SEN, *Un nouveau modèle économique. Développement, Justice, Liberté* [1999], trad. Michel Bessières, Paris, Odile Jacob, 2000a., p. 218 et *Poverty and Famines: An Essay on Entitlement and Deprivation*, New York : Oxford University Press, 1981 ; voir Muriel GILARDONE, « Amartya SEN sans prisme », *Cahiers d'économie politique/Papers in Political Economy*, n° 58, 2010/1, p. 9-39. DOI : 10,391 7/cep.058.0009, URL : https://www.cairn.info/revue-cahiers-d-economie-politique-2010-1-page-9.htm

10 A. SEN, *L'Idée de justice*, *op. cit.*, p. 97 et *Éthique et économie*, *op. cit.*, p. 217, voir Marie VERHOEVEN, Vincent DUPRIEZ et Jean-François ORIANNE, « Politiques éducatives et approche par les capacités » dans *Justice scolaire et école publique*, vol. 11, n° 1/2009.

11 A. SEN, *Repenser l'inégalité*, *op. cit.*, p. 63.

compétences individuelles, le contexte social et le milieu de vie : « Une personne invalide, par exemple, peut faire beaucoup moins avec le même niveau de revenu et les biens premiers qu'une personne valide[12]. »

Enfin, par les fonctionnements, Sen entend la manière dont se comporte effectivement chaque individu. C'est la raison pour laquelle un même fonctionnement peut résulter de l'absence ou de la présence des capacités ou libertés réelles[13]. Sen estime qu'il existe tout de même une pluralité des systèmes de valeurs et de critères pour penser la justice. Cette pluralité permet de concevoir la justice comme l'émanation exclusive de la délibération publique. Car l'utilisation des biens à distribuer pour accroître sa capacité d'agir dépend de chaque individu et de son milieu social. Ainsi, la justice consiste, d'après Sen, en l'égalisation des libertés concrètes dont dispose chaque individu pour accroître son bien-être[14].

Il veut donc faire émerger une nouvelle justice respectueuse des aspirations de chaque individu à réaliser son bien-être. Ainsi, la justice telle que conçue par Sen s'oppose à la conception d'une justice déterminée à l'avance en partant des intentions bonnes pour fixer ses principes[15].

La conception de justice comme promotion des capabilités présente un double avantage. D'une part, elle évite la dérive technocratique fondée sur l'expertise et l'impartialité des experts pour proposer des solutions en vue d'améliorer la qualité de vie d'une personne ou d'un groupe de personnes. D'autre part, elle met en cause le corporatisme dans lequel les intérêts d'un groupe de personnes s'imposent au détriment du bien commun[16]. Cette approche de la justice permet de concevoir le développement comme une extension des libertés offrant à chaque individu plus de possibilités de choisir tel ou tel mode de vie. Cette conception du développement est différente de la vision traditionnelle qui repose exclusivement sur la croissance économique, l'industrialisation et le progrès technique[17].

Ce modèle de développement appliqué au contexte d'extrême pauvreté, telle que vécue par les Ndenga, tiendra compte, pour son efficacité, des aspects essentiels suivants :

---

12 A. SEN, *L'Idée de justice*, *op. cit.*, p. 97 et *Repenser l'inégalité*, *op. cit.*, p. 149.

13 A. SEN, *Repenser l'inégalité*, *op. cit.*, p. 76-90, voir Jean-Michel BONVIN et Nicolas FARVAQUE, *Amartya SEN, une politique de la liberté*, Paris, Éd. Michalon, 2008, p. 47.

14 A. SEN, *L'Idée de justice*, *op. cit.*, p. 251 et 281.

15 A. SEN, *L'Idée de justice*, *op. cit.*, p. 226 et 228.

16 A. SEN, *Repenser l'inégalité*, *op. cit.*, p. 101-104, et *Un nouveau modèle économique*, *op. cit.*, p. 185-186.

17 A. SEN, *Un nouveau modèle économique*, *op. cit.*, p. 15.

- Le programme de développement à entreprendre devra être procédural, c'est-à-dire qu'il devra être l'aboutissement d'un processus de délibérations et de discussions publiques[18]. Cependant, il ne doit en aucun cas considérer que les ressources à disposition sont à elles seules suffisantes pour satisfaire chaque membre de la collectivité.
- Le programme à mettre en place par les parties concernées ne peut se limiter à créer des conditions optimales de l'établissement des contrats entre les individus, mais doit se fonder sur l'octroi des droits inconditionnels à chaque membre de la collectivité pour éviter ce qui pourrait s'apparenter à une conception élitiste de la vie sociale[19]. Il est question ici de garantir les droits de tous, surtout des plus démunis ou défavorisés.
- La pluralité des normes et des acteurs dans ce processus doit avoir pour seul but de déterminer de manière endogène les conditions d'évaluation des règles et des principes d'action[20].
- Enfin, les critères de justice admis par toutes les parties ne devraient pas être déduits à partir d'un critère supposé idéal et substantiel, mais devraient tenir compte des réalités de chaque membre de la collectivité[21].

Comme l'approche par les capabilités, quels que soient ses mérites, présente aussi des limites dont la principale est la durée de mise en place des capabilités, il est indispensable de la compléter avec l'approche proposée par A. Renaut consistant à établir dans le cas extrême un ordre des priorités à partir duquel proposer une piste de sortie de l'extrême pauvreté[22].

Si les conditions ci-dessus évoquées sont réunies, elles permettront à la population de Mawuya, y compris les Pygmées Ndenga, de mettre en place un programme de développement intégré prenant en compte les aspirations de chaque groupe pour endiguer la pauvreté multisectorielle qui colonise cette partie de la République démocratique du Congo. Ce programme pourrait, si possible, être étendu aux autres régions où la pauvreté

---

18 *Ibid.*, p. 206.
19 A. SEN, *Repenser l'inégalité*, *op. cit.*, p. 140.
20 A. SEN, *Un nouveau modèle économique*, *op. cit.*, p. 114-120.
21 A. SEN, *Un nouveau modèle économique*, *op. cit.*, p. 17.
22 A. RENAUT, *L'Injustifiable et l'extrême. Manifeste pour la philosophie appliquée*, *op. cit.*

multiforme a élu domicile, pour que le pays dans son ensemble atteigne les objectifs du millénaire, c'est-à-dire l'élimination de l'extrême pauvreté caractérisée par l'accès limité à l'éducation et aux autres services sociaux de base, la discrimination, l'exclusion et le manque de participation politique. Cela se résumant par l'insuffisance des revenus et des ressources nécessaires afin de s'assurer des moyens de substance durable.

Cette thèse se veut aussi être une contribution à la réflexion sur l'alternative entre philosophie de principes et philosophie *ex datis* dans le domaine du développement. Il s'agit aussi de justifier dans quelles conditions et pourquoi les théories contemporaines de la justice fondée sur un principe comme celui de l'extension des libertés réelles peuvent proposer un modèle de développement susceptible d'être appliqué à l'extrême pauvreté. Cet ouvage permettra de comprendre l'extrême pauvreté autour des questions suivantes.

La première partie portera essentiellement sur les promoteurs de cette théorie devenue aujourd'hui emblématique dans la lutte contre l'extrême pauvreté[23]. Comment l'approche par les capabilités, de la manière dont elle était construite, a-t-elle été appliquée aux situations jugées extrêmes ? Ces questions permettront de fournir des éléments de compréhension, du moins théoriquement. Comment de théoriciens, tels que A. Sen, Thomas Pogge, Martha Nussbaum et A. Renaut, chacun dans des circonstances qui leur sont propres, ont-ils contribué au prolongement de cette approche et en ont fait l'un des moyens les plus efficaces de réduction de l'extrême pauvreté dans différents domaines existentiels ?

La deuxième partie abordera une situation aussi complexe que celle des Ndenga où la pauvreté extrême atteint un seuil intolérable où tout devient urgent, et permettra de justifier les raisons de prioriser l'approche par les capabilités comme critère de distribution par rapport à d'autres approches. Cette hypothèse, à tester et éventuellement à débattre, offre une alternative permettant de réduire les écarts entre les principes et les faits. Ainsi, l'extension des libertés appliquée dans le cas où l'humain franchit le seuil de l'inhumain et perd sa dignité, et où l'indécence le conduit à la bestialité, devient-elle le moyen idéal de la mise en place d'agendas politiques et sociaux susceptibles d'améliorer leur qualité de vie ?

La troisième partie sera consacrée à la proposition d'un cadre politico-économique idéal pour accéder à une société juste, et dans laquelle sera mis

---

[23] Depuis 1990, le Programme des Nations unies pour le développement (PNUD) se sert de cette théorie pour évaluer le niveau de développement humain des pays du monde.

en évidence la pertinence de la mise place du modèle de développement intégré. Cette perspective implique plusieurs paramètres compris comme un ordre des priorités envisageable : d'abord le renforcement des compétences dans un cadre social adapté, ensuite un cadre juridique reconnaissant le pluralisme raisonné à cause des situations diverses de chaque individu. Enfin, cette reconnaissance doit tenir compte de la liberté de chaque agent agissant en vue de mettre en place un programme de développement différencié, selon les aspirations et les objectifs que les personnes et leurs groupes d'appartenance se sont fixés[24][25].

[24] C. TAYLOR, *Multiculturalisme. Différence et démocratie*, Paris, Aubier, 1994, p. 41 *sq*

[25] P. SAVIDAN, *Le Multiculturalisme*, deuxième édition, Paris, PUF, 2009, p. 34 *sq.*

Partie I –
POURQUOI PENSER LA JUSTICE À PARTIR DES INJUSTICES EXTRÊMES ?

Cadre théorique

Pourquoi recourir à l'expérience sensible ou aux faits dans leur particularité au risque de ne pas se figer dans des normes ou principes, afin de tenir un discours philosophique qui soit à même de répondre efficacement à certaines situations jugées extrêmes ? Pourquoi prendre le risque de situer un discours philosophique dans un contexte particulier afin d'élaborer la conception d'une société juste et équitable pour influer sur l'organisation sociale et politique ?

Pour répondre à ces questions, il faut se tourner vers quelques philosophes ayant été inspirés de Kant qui, au même titre que Copernic, démontrant que contrairement aux certitudes ancrées dans l'imaginaire collectif la Terre tournait autour du Soleil et non le contraire, a fait du sujet pensant le centre de la connaissance, et non une réalité extérieure. Philosopher à partir du sujet a nourri plusieurs discours philosophiques post-kantiens. Ainsi, de John Rawls en passant par Sen, Nussbaum, Pogge et Renaut, chacun a essayé de construire un discours philosophique qui porte essentiellement sur le sujet ou le fait sensible afin d'en tirer un principe d'intelligibilité.

Cette nouvelle manière de philosopher a renouvelé la philosophie politique en un outil d'analyse du réel, un moyen de réflexion critique permettant de penser autrement la vie au sein de la société et, de fait, réorienter le questionnement philosophique. Cette nouvelle orientation se servira de la description du réel, non à la manière des sciences sociales, mais en utilisant le point nodal pour une réflexion philosophique à même de répondre aux situations les plus extrêmes du monde dans sa globalité. Ainsi, Christian Delacampagne estime que l'ambition de ramener les philosophes vers le réel est de taille, mais qu'elle est à la mesure de cette prise de conscience selon laquelle la philosophie politique ne saurait être un simple corpus de doctrines disparates coupées de la réalité[26].

De fait, la lutte contre les plus grandes injustices et les plus grandes discriminations se construit indubitablement à partir d'expériences vécues en vue de proposer des solutions qui répondent aux attentes de chaque individu dans sa situation particulière. C'est dans cette optique qu'il faut comprendre les motivations qui nourrissent la philosophie politique appliquée aujourd'hui.

[26] Voir Christian Delacampagne, *La philosophie politique aujourd'hui. Idées, débats, enjeux*. Paris, Éditions du Seuil, 2000.

Section I. ARMATYA SEN : DU CHOIX SOCIAL AUX CAPABILITÉS

Parcours

Philosophe et économiste indien, Armatya Kumar Sen est né en 1933 à Santiniketan au Bengale (Inde). Dès son jeune âge, il est marqué par la famine qui a sévi au Bengale en 1943, et au Bangladesh en 1974. Il connaît aussi les violences entre les hindous et les musulmans en 1947. Issu d'une famille d'universitaires, il entreprend des études d'économie en Inde qu'il poursuit à l'université de Cambridge en Angleterre où il obtient un doctorat. Docteur en sciences économiques de l'université de Cambridge (1959), il devient professeur à l'université de Calcutta dès l'âge de 23 ans. Il exercera ensuite son professorat à Cambridge, New Delhi, puis à la London School of Economics et à Oxford. De 1987 à 1998, il enseignera l'économie et la philosophie à Harvard (États-Unis). Actuellement, il enseigne à Trinity College, à Cambridge. Le contexte de son enfance lui a permis d'orienter ses recherches vers la question des inégalités, de l'extrême pauvreté et de l'éthique dans l'économie. En 1998, il reçoit le prix Nobel d'économie pour sa théorie du choix social.

Sen propose, avec son approche par les capabilités, une nouvelle vision du développement qui désormais est compris comme extension de libertés substantielles, c'est-à-dire la possibilité dont dispose un individu ou un groupe d'individus de choisir la vie qu'il souhaite mener. Cette approche change radicalement la manière de voir le développement en inversant les tendances se fondant sur les indicateurs traditionnels de la croissance, de l'industrialisation, au profit d'autres, plus adéquates, pour mesurer le bien-être.

Chapitre I. Quelques concepts majeurs

1. Du choix social comme point de départ

Le choix social est la théorie qui se propose de justifier comment, à partir de préférences individuelles sur les différents choix possibles, on peut parvenir à l'ordre des préférences de l'ensemble de la communauté ou même à une décision unique. Le but n'est pas ici de justifier comment un choix peut se faire, mais comment celui-ci se ferait dans l'idéal. Autrement dit, le choix social établit de possibles liens entre les préférences individuelles des membres d'un groupe social donné avec les décisions prises par ce groupe, décisions reflétant la préférence collective du groupe. Aristote l'avait déjà abordé au IVe siècle en ces termes :

> Le choix judicieux est l'affaire des gens de savoir : par exemple, le choix d'un géomètre appartient à ceux qui sont versés dans la géométrie, et le choix d'un pilote à ceux qui connaissent l'art de gouverner un navire. Car, en admettant que, même dans certains travaux et certains arts, des profanes aient voix au chapitre, leur choix en tout cas n'est pas meilleur que celui des hommes compétents. Par conséquent, en vertu de ce raisonnement, on ne devrait pas abandonner à la masse des citoyens la haute main sur les élections de magistrats[27].

Aristote estime que malgré les mérites de la démocratie de fédérer les préférences individuelles, elle aboutit malheureusement à un pouvoir dictatorial réactivant le vieux fantasme du pouvoir unique et providentiel. Ainsi, Aristote démontre de la sorte les limites des choix collectifs qui sont incapables de refléter réellement les préférences individuelles[28].

Vers la fin du XVIIIe siècle, dans le contexte de la Révolution française et sous l'influence du mouvement des Lumières, cette théorie a connu un moment décisif avec les apports successifs de Jean-Charles de Borda en 1781 et de Condorcet en 1785. Ces précurseurs de la théorie du choix collectif n'avaient pour motivation que l'élimination ou mieux la réduction de l'arbitraire et de l'instabilité dans le choix collectif[29]. De Borda mit en place un système de comptage qui s'inspire de la méthode utilisée par le Sénat romain, tandis que Condorcet abordait cette méthode par des théorèmes mathématiques[30]. Toutes ces approches entreprises pour justifier la pertinence du choix collectif tout en tenant compte des préférences individuelles aboutirent malheureusement à des résultats pessimistes, c'est-à-dire que les règles pouvant conduire à l'agrégation de la majorité sont ou seraient incohérentes.

C'est dans ce contexte aporétique que Kenneth Arrow reprit la réflexion sur l'aboutissement du choix collectif. Il systématisa la théorie des choix collectifs en lui conférant un statut moderne sous un aspect axiomatique formalisant le théorème d'impossibilité qui démontre que, compte tenu des diverses préférences individuelles, il est impossible de parvenir de manière

---

[27] Aristote, *La Politique III, 11*. Paris, Vrin, 2014, p. 219.

[28] Voir Olivier BABEAU, *L'Horreur politique, l'État contre la société*, Paris, Les Belles-lettres, 2017.

[29] Voir A. SEN, *L'Idée de justice*, *op. cit.*, p. 126.

[30] Voir A. Denis SCHOR, *A. Sen, vie, œuvres, concepts*, Paris, Ellipse, 2009, p. 22-23 et A. SEN, *L'idée de justice*, *op. cit.*, p. 126.

cohérente aux choix qui reflètent les préférences de chaque individu au sein d'une communauté. Autrement dit, Arrow admet par le théorème de l'impossibilité qu'il est inenvisageable pour une société de parvenir à une décision qui tienne compte des choix et des préférences de chaque membre, car ceux-ci sont hétéroclites et varient en fonction des choix et des préférences qui sont aussi divergents. Ainsi, la seule façon de parvenir à un choix collectif est de s'en remettre à un dictateur[31].

En d'autres termes, la dictature est l'unique voie qui permet d'éviter l'incohérence et de parvenir à maximiser le bien-être de toute la communauté. Le pessimisme de Kenneth Arrow conduit à des résultats impressionnants qui amènent Sen à cette affirmation :

> C'est un résultat mathématique d'une rare puissance et d'une grande élégance qui montre que, même sous des conditions très raisonnables de sensibilités des décisions sociales à ce que veulent les membres d'une société, il n'existe pas de procédures des choix sociaux capables de satisfaire les préférences individuelles qui puissent être décrites comme rationnelles et démocratiques[32].

La conséquence de cette tendance fut l'éloignement de la théorie formelle du choix social et la recherche de solutions aux problèmes immédiats à cause de la nature purement mathématique de la théorie du choix social. Sen estime, en guise de conclusion, que la théorie du choix social, parce qu'elle est foncièrement transcendantale, ne peut en aucune manière être appliquée aux différentes questions que pose la justice dans une société.

Sa base informationnelle est très limitée, ce qui ne lui permet pas de rendre une société plus juste[33]. C'est ainsi que les discours philosophiques tenus après l'élaboration de la théorie du choix social furent remarqués pour leur pertinence et bénéficièrent d'un accueil hautement favorable parce que plus proches des réalités[34]. Ils permettaient d'aborder avec plus de certitudes les questions d'injustice sociale.

Motivé par ce constat, Sen essaie de conceptualiser une procédure ou un système capable d'agréger « les préférences individuelles de manière relativement rationnelle », autrement dit, « de voir sous quelles conditions une collectivité peut classer des états sociaux en se fondant sur les seules préférences individuelles[35] ». C'est ainsi qu'il contribua à l'amélioration et à

---

31 Voir A. SEN, *L'idée de justice*, *op. cit.*, p. 127.

32 Voir A. SEN, *L'idée de justice*, *op. cit.*, p. 127-128.

33 *Ibid.*, p. 131.

34 *Ibid.*, p. 130.

35 Samuel FEREY, « Choix collectifs et bien-être social, de Amartya K. SEN », in *Dictionnaire de l'Économie*, sous la dir. de Jézabel Couppey-Soubeyran, Paris,

l'enrichissement de la théorie de Arrow en y introduisant des idées telles que l'inégalité, les droits et la liberté et en choisissant délibérément de se passer de l'utilité comme critère d'évaluation des préférences individuelles. Sen articule avec aisance l'économie, qu'il ne peut dissocier de l'éthique, et la justice sociale.

2. Applications théoriques

Sen est reconnu sur le plan international comme l'un des spécialistes qui a contribué à l'élargissement des réflexions sur la pauvreté et le développement. Pour ce faire, il a élaboré des théories sur diverses questions de la société telles que le développement humain, l'économie du bien-être, les inégalités entre hommes et femmes, les causes des famines, théories qui favorisent la compréhension des mécanismes fondamentaux de la pauvreté. Il s'agira ici de reprendre quelques traits essentiels de ces théories, les innovations qu'elles ont apportées, les contradictions qu'elles soulèvent, comme l'ont reconnu certains philosophes ou chercheurs, contemporains de Sen.

3. Les causes des famines

Dans *Poverty and Famines*, publié en 1981, qui est une synthèse des recherches menées par Sen entre 1976 et 1980, il propose une nouvelle approche des causes des famines qu'il réinterprète comme étant la conséquence formelle de la non-accessibilité à la nourriture disponible, mais qui, selon Sen, ne dépendent pas de problèmes de disponibilité. Ce faisant, il s'éloigne de la théorie économique orthodoxe qui situe les causes de famines dans le déclin de la disponibilité alimentaire (*Food Availability Decline*, FAD), théorie elle-même inspirée de l'approche malthusienne justifiant la famine à partir de la croissance démographique[36].

En effet, Malthus estimait que les inégalités sociales sont le résultat de lois naturelles quantifiables. Ainsi, les famines devraient être appréhendées par rapport à la loi de croissance démographique et la diminution de la production agricole. Autrement dit, plus il y a de populations, moins il y a de denrées alimentaires disponibles. En d'autres termes il perçoit les famines

---

Encyclopædia Universalis/Albin Michel, 2007, p. 130. Voir Maroine BENDAOUD, « Des travaux de Amartya SEN à l'Indice du développement humain » in *Centre d'études sur l'intégration et de la mondialisation*, IEIM-UQUAM, avril 2011, p. 4.

[36] Voir Thomas-Robert MALTHUS, *Essai sur le principe de la population*, préface et trad. docteur Pierre Theil, Paris, Gonthier, 1963, p. 236.

comme le régulateur naturel de la croissance démographique. L'analyse qui découle de cette théorie considère que les famines sont liées au manque cruel de denrées alimentaires disponibles à cause de la surpopulation.

Mais Sen refuse d'aborder les causes des famines telles que présentées par cette théorie traditionnelle ; il cherche au contraire à appréhender les famines non pas en se focalisant sur les aspects ayant trait à l'offre alimentaire, mais en se plaçant du côté des victimes. Pour preuve, il fait une observation déconcertante selon laquelle toutes les classes sociales ne seraient pas touchées ou concernées de la même manière par ces famines au Bengale.

Sen démontre, en revanche, en s'appuyant davantage sur le cas du Bengale en 1943, que les famines dépendent exclusivement de facteurs sociaux, économiques et politiques, mais non de la sous-production.

> Tout projet pour éliminer la faim dans le monde moderne implique, en premier lieu, de comprendre les causes du phénomène et de ne pas simplement le réduire à un mécanisme d'équilibre entre nourriture et population.
>
> L'analyse de la faim doit partir des libertés substantielles dont disposent les personnes et les familles pour s'approprier des ressources suffisantes de nourriture, en les cultivant elles-mêmes (c'est le cas des paysans) ou bien en se les procurant sur le marché. Il n'est pas rare que des individus soient réduits à la famine alors que les ressources abondent autour d'eux, tout simplement parce qu'ils ne peuvent plus les acheter, suite à une perte de revenus[37].

Autrement dit, Sen affirme que l'inaccessibilité alimentaire résulte du manque de liberté d'un individu pour se nourrir correctement, car son revenu insuffisant l'en empêche.

Sen argue aussi en faveur d'un Etat démocratique qui, d'après lui, dispose des instruments juridiques pour lutter contre les famines, parce que si la liberté d'opinion, l'action publique et la justice sociale sont étouffées, alors que les famines s'installent. L'absence de la démocratie est l'une des circonstances qui favorisent les famines, car le pouvoir public ne dispose pas de meilleur système de redistribution des droits et des devoirs de manière égale envers tous ses citoyens[38]. L'égalité des droits et des devoirs est un facteur indispensable favorisant l'accès de chaque individu à l'emploi et de surcroît au revenu important qui lui permettra d'accéder en toute liberté aux

---

37 A. SEN, *Un nouveau modèle économique*, *op. cit.*, p. 216.

38 Extraits du *Monde* : Entretien avec Sen « La famine apparaît seulement là où il n'y a pas de démocratie ». France, 13 juin 2002, consulté le 6 novembre 2018.

biens alimentaires de son choix afin de faire face aux désastres liés aux famines et au chômage[39]… Ce sont des facteurs sociaux caractérisés par l'inégalité d'accès à la nourriture qui créent les famines.

Pour venir à bout de cette situation, Sen développe un nouveau concept qu'il nomme approche par les *entitlements*[40] qui s'articule autour de trois concepts majeurs, à savoir : les ressources (*endowment*), les droits d'accès (*entitlements*) et la carte d'accès (*entilement mapping*)[41]. Par les ressources ou dotations, Sen entend l'ensemble ou la combinaison de tout ce que peut légalement posséder un individu. Elles peuvent être produites sur le marché ou en dehors de celui-ci et comprennent à la fois les actifs tangibles et non tangibles. Ainsi, la terre, les biens immobiliers… la force, le travail, l'intelligence constituent la ressource ou la dotation.

Tandis que les droits d'accès que Sen nomme *entitlements* représentent la combinaison des biens et des services disponibles dont peut disposer de manière légale un individu en usant de ses ressources. Les droits comprennent aussi bien le salaire gagné par une occupation, une culture ou un élevage que des dons, des investissements et des héritages[42].

Enfin, par les cartes d'accès (*entilement mapping*), Sen établit qu'il doit y avoir une relation réflexive entre les ressources et les droits d'accès. En clair, il s'agit d'un processus de conversion des dotations en biens et service qui peut s'effectuer par les trois moyens légaux suivants : la production ; l'échange ; l'héritage.

Toutefois, l'*entilement mapping* d'un individu tient aussi à certains critères légaux tels qu'une meilleure distribution des droits politiques, sociaux et économiques de la société ainsi que la position de l'individu dans cette société[43]. Ces critères sont variables d'une société à une autre en raison des différents systèmes économiques inhérents à chacune d'entre elles.

L'approche par les *entitlements* se focalise donc sur l'aptitude des individus à contrôler la nourriture par l'intermédiaire des moyens dont dispose la société. Elle insiste sur deux options majeures : d'une part sur les

---

39 Voir A. SEN, *Un nouveau modèle économique*, *op. cit.*, p. 216-217.

40 Voir A. SEN, *Poverty and Famines, An Essay on Entitlement and Deprivation*, *op. cit.*, p. 45.

41 *Ibid.* et SEN, 1982.

42 A. SEN, *Poverty and Famines*, *An Essay on Entitlement and Deprivation*, *op. cit.*, p. 45, voir wp.unil.ch/bases/2013/07/amartya-sen-et-les-capabilites

43 Voir SEN, *Poverty and Famines*, *op. cit.*, p. 45 et Charles GORE, « Entitlements relations and "unruly" social practices: a comment on the work of Amartya SEN », *Journal of Development Studies*, 1993, n° 29, p. 429-460, p. 438-440, www.educrevues.fr, consulté, le 10 décembre 2018.

moyens de production et, d'autre part, sur le droit d'un individu à disposer de ressources importantes pour accéder facilement à la nourriture[44].

4. La portée de l'approche par les *entitlements*

L'approche par les *entitlements* présente des atouts majeurs qui ont permis à Sen de contribuer de manière efficace à l'analyse de la pauvreté en matière de privation de nourriture. Il soutient qu'il y a une large diversité de moyens pour se procurer de la nourriture : production, commerce, travail, cadeaux ou transferts. Ainsi, il établit que la famine n'est pas due en premier lieu à l'indisponibilité en matière de nourriture ou du fait de mauvaises récoltes, mais plutôt à l'incapacité d'un individu à accéder à la nourriture. La famine ne relèverait pas seulement de la disponibilité ou de l'indisponibilité des vivres, cette nouvelle perspective intègre diverses combinaisons qui dépendent principalement de la liberté du sujet à accéder facilement aux vivres. C'est cette perspective qui a permis à Sen de comprendre les famines au Bengale et en Afrique orientale notamment en Éthiopie et en Somalie en 1984 et en 1992[45].

Sen admet que les famines ne devraient plus être analysées seulement à partir de facteurs exogènes, mais à partir de facteurs endogènes, c'est-à-dire à partir du sujet lui-même et de ses diverses capacités à disposer de ressources et de sa liberté de les transformer en moyens de production pour se nourrir comme il le souhaite.

Étant donné que la pénurie alimentaire n'est plus l'unique cause des famines, l'approche par les *entitlements* permet de distinguer clairement d'une part l'offre, d'autre part la privation alimentaire. Car l'offre dépend uniquement d'un bien ou d'un ensemble de biens, tandis que la privation relève de la relation entre un individu et un bien ou un ensemble de biens. Hormis la compréhension et la prévention des famines, cette perspective présente un autre atout non négligeable, celui de favoriser l'analyse de la pauvreté sous un nouveau jour. Dorénavant, la pauvreté peut se comprendre non pas seulement en termes de manque de revenu, mais par le manque de liberté réelle d'accès à un ensemble de droits[46].

Le second atout de l'approche par les *entitlements* est celui de la concrétisation des critiques que Sen adresse à l'approche libertarienne de

---

44 Charles GORE, « Entitlements relations and "unruly" social practices: a comment on the work of Amartya SEN », art. cit., p. 438-440.

45 *Ibid.*

46 Voir SEN, *Poverty and famines*, *op. cit.*, p. 9 *sq.*

Robert Nozick[47]. En effet, Sen critique la priorité accordée aux droits formels qui, au lieu de procurer la satisfaction de tous, produisent un effet contraire : elle ne permet pas l'évaluation interpersonnelle en termes de satisfaction des droits réels et favorise certaines situations catastrophiques telles que les famines et les injustices extrêmes[48].

Sen estime qu'il faut plutôt travailler à rendre possible la coexistence des droits formels et des droits réels afin d'élargir les bases informationnelles permettant une évaluation interpersonnelle en vue de favoriser l'accès à tous les droits. Tenir compte, selon Sen, des droits et des opportunités réelles de chaque individu permettra d'éviter les catastrophes existentielles (injustices, famines)[49].

5. Les critiques de l'approche par les *entitlements*

L'insistance de Sen pour lier les famines à l'absence du droit d'accès et non à la carence alimentaire a déclenché de vives critiques qui persistent jusqu'à ce jour. La publication de *Poverty and Famines* a été rejetée par les uns et soutenue par les autres. Bien que l'approche par les *entitlements* ait le mérite de proposer une réflexion théorique applicable à toutes les situations extrêmes telles que les famines, les discriminations etc., cette approche présente, de l'avis de nombreux penseurs, comme Bowbrick ou Devereux, des faiblesses qui la rendent inefficace.

Âlamgir (1980), Bowbrick (1986) et Goswami (1990), tous trois partisans de la théorie traditionnelle d'obédience malthusienne, admettent que les causes des famines ne devraient pas être situées en dehors du FAD (*decline in the food avaibility*), déclin de la disponibilité alimentaire, ce qui contredit les conclusions de Sen sur les causes des famines au Bengale en 1943 et en Afrique orientale en 1970. C'est ainsi, sur un ton presque polémiste, que Bowbrick réfute les propos de Sen sur les causes des famines en les opposant aux conclusions de la commission de la famine au Bengale et en affirmant que les famines ne peuvent être comprises que si l'on tient compte de l'approvisionnement alimentaire global.

Il estime que Sen, par ses analyses, a posé un mauvais diagnostic des famines qui a abouti à des résultats incohérents : « Il existe des faiblesses majeures dans sa théorie, ce qui signifie qu'il est plus susceptible de causer

---

47 Voir Robert NOZICK, *Anarchy, State and Utopia*, New York, Basic Books, 1974.

48 Voir A. SEN, *Idée de justice*, *op. cit.*, p. 32.

49 Voir www.educrevues.fr, consulté le 10 décembre 2018.

des famines que de les guérir[50]. » Selon lui, Sen n'apporte rien de nouveau, car il ne présente pas un modèle cohérent capable d'expliquer l'ensemble de tous ces phénomènes, mais plutôt des cas isolés, chacun destiné à n'expliquer qu'une gamme limitée de phénomènes.

En conclusion, Bowbrick souligne que l'unique moyen de mettre fin aux famines serait de valoriser l'importation des denrées alimentaires lors des pénuries, alors que Sen pense qu'une meilleure distribution ou la liberté d'accès à ces denrées constituent la solution idéale.

Les réfutations de Bowbrick ont réduit les conclusions de Sen sur les causes des famines et les moyens de les prévenir à de simples spéculations n'ayant pas de fondement théorique cohérent. Tandis que Devereux estime que les famines qui ont frappé certains pays d'Afrique orientale avaient deux causes : d'une part la mauvaise distribution, et d'autre part la mauvaise production à la suite d'une longue période de sécheresse :

> La plupart des famines de l'Afrique, de l'Asie et de l'Europe du vingtième siècle ont été déclenchées par des catastrophes naturelles : sécheresse, les insectes ou le froid extrême qui ont dévasté les récoltes, ou les maladies du bétail qui ont décimé les troupeaux et les troupeaux. Celles-ci, déclencheurs naturels opérés dans des contextes où les économies locales, étaient faibles (sur la base de la subsistance, imparfaitement intégrée à des marchés plus larges) et la volonté politique ou la capacité logistique d'intervenir manquait[51].

De l'avis de Devereux, la famine est un phénomène très complexe qui s'explique soit par une catastrophe naturelle, soit par une crise économique née d'un échec de l'action politique pour assurer une meilleure distribution des denrées alimentaires, soit par l'échec de la communauté tant nationale qu'internationale de faire respecter l'un des droits fondamentaux en matière d'accès libre à la nourriture, soit, encore, en raison de conflits armés.

En conclusion, Devereux pense que puisque les causes de la famine sont multiples et complexes, une seule théorie, comme Sen a tenté de le faire, ne peut les expliquer. Il faut inclure plusieurs paramètres pour en déterminer les causes sous-jacentes, c'est-à-dire prendre en compte les multiples facteurs tout en reconnaissant que toutes les famines se produisent dans des contextes particuliers, les famines en Afrique orientale ne pouvant être analysées de la même façon que celles du Sud asiatique. Cependant Devereux rejoint Sen

---

50 P. BOWBRICK, « The Causes of Famine: a Refutation of Professor Sen's Theory », *Food Policy*, 11 (2), p. 105-124.

51 Stephen DEVEREUX, *Famine au XXe*, document de travail IDS 105, 1988, p. 13.

sur le fait qu'une bonne information et un meilleur régime politique sont des moyens efficaces pour prévenir les famines[52].

On ne peut que partager ces points de vue Devereux : premièrement sur la prise en compte de multiples facteurs pour déterminer les causes des famines ; deuxièmement sur le fait que les famines sont les conséquences d'échecs de l'action publique, au sens où elles suivent une longue période de gestation avant leur déclenchement. En voici une illustration concrète ;

Dans la province du nord Ubangi, tout au long du fleuve Ubangi se trouvent des Centrafricains qui, depuis plus de cinq ans, ont fui les hostilités dans leur pays pour se réfugier en République démocratique du Congo. Ils sont pris en charge par le Haut Commissariat des Nations unies pour les réfugiés (UNHCR) qui leur fournit des aides nécessaires à leur survie. Quoi de plus normal que leur prise en charge ?

Cependant, si la situation perdure le risque de famine est à craindre dans cette partie de la RDC. Prenons le cas du centre de regroupement des 17 000 réfugiés de Inke, village situé à 45 km de Gbadolite – une ville semi-citadine d'au moins 198 839 habitants[53] – dont trois quarts des denrées alimentaires nécessaires à la population sont essentiellement fournis par les villages environnants.

Gbadolite et les villages environnants n'échappent pas à la pauvreté multisectorielle qui frappe la RDC de manière générale où la population vit en dessous de la moyenne de 2 $ par jour. La prise en charge par l'UNHCR des réfugiés soulève le problème de la raréfaction des denrées alimentaires sur le marché. En effet, chaque fin du mois, l'UNHCR distribue des vivres aux réfugiés en y ajoutant 10 $ par personne, ce qui représente une somme de 170 000 $ par mois, alors que la population environnante ne pratique qu'une agriculture de subsistance et parvient difficilement à subvenir à ses besoins.

La catastrophe alimentaire se profile à l'horizon sans que le gouvernement local en prenne conscience. Car, d'une part, la rareté a augmenté les prix des denrées dans les villages environnants, parce que la production n'a pas augmenté, et d'autre part, Gbadolite n'est plus desservie comme avant, ce qui crée une flambée des prix des denrées alimentaires sur le marché. Si le gouvernement congolais n'a pas pris conscience de cet état de fait, qu'en est-il de l'UNHCR ?

Il y a une situation d'injustice criante en ce qui concerne l'accès à certains services sociaux de base. L'UNHCR a construit pour ces réfugiés des écoles et des dispensaires, tandis que dans les villages avoisinants les

---

52 *Ibid.*, p. 26.

53 Voir https://www.populationdata.net/pays/republique-democratique-du-congo, consulté le 4 décembre 2018.

enfants ont un accès très limité aux soins médicaux et à l'éducation. Cette situation illustre les difficultés qu'éprouvent les organisations internationales lors des interventions en zones de conflits, mais révèle aussi l'inefficacité de leurs actions à cause du non-approfondissement de la situation avant d'intervenir, mettant au grand jour les limites des interventions d'urgence.

Dans le cas évoqué, la famine serait due à l'inertie bureaucratique de l'UNHCR, du manque de volonté politique et du manque d'une bonne information qui est l'une des meilleures conditions des prédictions de prévention des famines. D'où la nécessité de tenir compte des causes multiples de la famine avant de proposer des solutions efficaces pour les enrayer.

6. L'approche par les capabilités

L'originalité de Sen en matière de justice sociale est telle qu'il conçoit la justice comme une manière de disposer de ressources et d'avoir la liberté réelle de les convertir pour choisir le mode de vie que l'on veut mener et de travailler aux fins que l'on souhaite promouvoir[54]. Cette conception de la justice a permis à Sen de rejeter tour à tour la justice comme « la réalisation du bonheur du plus grand nombre en maximisant l'utilité sociale conçue comme la somme des utilités individuelles[55] » et la conception purement formelle des droits et de la liberté, ce qui lui a permis de proposer une autre théorie de justice différente de l'utilitarisme et de la théorie libérale de justice développée par Rawls. Sen estime que pour résoudre la question des injustices sociales, il faut tenir compte des réelles opportunités dont dispose chaque individu pour opérer des choix, et non du calcul de la satisfaction des préférences.

En plus de cela, la justice devrait tenir compte des libertés réelles des individus et non seulement de la liberté formelle. S'appuyant sur cette double critique, Sen soutient qu'une société est jugée juste dans la mesure où elle est capable de distribuer de manière équitable les libertés réelles qu'il nomme les capabilités.

Sen considère que l'approche par les capabilités est essentiellement fondée sur la liberté, c'est-à-dire la capacité dont dispose un individu de faire les choses qu'il veut mettre en valeur : « La liberté d'accomplir [...] la possibilité réelle de faire ce que nous valorisons[56] ». Selon cette conception, l'avantage d'un individu en matière de possibilités de réalisation est jugé

---

[54] A. SEN, *L'Idée de justice*, *op. cit.*, p. 281.

[55] A. SEN, *Un nouveau modèle économique. Développement, justice, liberté*, *op. cit.*, p. 27.

[56] A. SEN, *Repenser l'inégalité*, *op. cit.*, p. 63.

inférieur par rapport à un autre ou à un groupe d'individus s'il dispose de moins de possibilités de faire ce qu'il juge bon.

La liberté seule ne suffit pas, estime Sen, il faudra qu'elle s'harmonise avec l'autonomie du sujet agissant selon son mode de vie[57]. Donc, selon le concept des capabilités, c'est la possibilité de liberté globale que Sen met en valeur « la totalité des ensembles d'accomplissements entre lesquels nous pouvons choisir[58] ».

Pour rendre plus claire sa pensée, Sen prend le soin de distinguer les principaux concepts de cette théorie : les fonctionnements et les capabilités. Il appelle fonctionnements, l'ensemble des réalisations de la personne qu'il précise en ces termes : « Une vie est faite d'un ensemble de fonctionnements liés entre eux, composés d'états et d'actions[59] ». Pour cette raison, il considère que le bien-être d'un individu dépend de la qualité de sa vie : bien se nourrir, avoir une bonne santé, être bien éduqué, avoir du travail. Selon lui « les fonctionnements sont constitutifs de l'existence de la personne, et l'évaluation de son bien-être doit nécessairement prendre la forme d'un jugement sur ces composantes[60] ».

Les capabilités constituent l'ensemble des fonctionnements, des états et des actions qu'une personne est susceptible d'accomplir. Autrement dit, elles représentent la capacité réelle dont elle dispose de choisir, parmi les ensembles de fonctionnements possibles, celui qu'elle valorise le plus : « [...] notre aptitude à réaliser diverses combinaisons de fonctionnements que nous pouvons comparer et juger les unes par rapport aux autres au regard de ce que nous avons des raisons de valoriser[61] ».

La capabilité est la liberté réelle dont dispose chaque individu pour accomplir son mieux-être. De ce fait, les biens premiers tels que conçus par Rawls constituent des moyens qui permettent à l'individu de jouir de sa liberté pour accomplir son mieux-être. Et Sen de confirmer que l'approche par les capabilités permet d'éviter de se focaliser sur les moyens d'existence pour ne s'intéresser qu'aux possibilités réelles de vivre. De ce point de vue, il considère que les biens premiers sont des moyens qui nous permettent de réaliser notre mieux-être et ne peuvent pas être considérés comme des fins valorisées de l'existence humaine[62].

---

57 A. SEN, *L'idée de justice*, *op. cit.*, p. 84.

58 *Ibid.*, p. 68.

59 *Ibid.*, p. 76.

60 A. SEN, *Repenser l'inégalité*, *op. cit.*, p. 76.

61 A. SEN, *Repenser l'inégalité*, *op. cit.*, p. 140, 286, voir A. SEN, *Éthique et économie et autres essais*, *op. cit.*, p. 220.

62 A. SEN, *Éthique et économie et autres essais*, *op. cit.*, p. 220-221.

Ainsi, pour Sen, disposer de ressources est une étape qui doit aboutir à la liberté de choix, à la possibilité d'user de sa liberté pour valoriser ce que l'on a raison de valoriser. C'est en cela, selon lui, que réside le critère de la justice, et donc avec cette approche qu'il entend éradiquer les inégalités entre les individus. Cette conception du développement, redéfinie comme expansion des libertés par l'élargissement des capabilités, dépasse largement la vision traditionnelle qui se fonde exclusivement sur la croissance économique ou l'industrialisation : elle se traduit par plus de possibilités de choisir tel ou tel mode de vie, et renverse la vision commune de la pauvreté.

La pauvreté ne se conçoit alors plus comme un manque de revenu monétaire, mais comme un manque de capacité d'agir ou de choisir. Ce renversement a valu à Sen l'élaboration de l'indice du développement humain adopté par le Programme des Nations unies pour le développement (PNUD), depuis les années 1990, et un prix Nobel en 1998.

Malgré cette reconnaissance et l'unanimité incontestable qu'a suscité son approche par les capabilités, certains chercheurs lui ont adressé de vives critiques sur un fond de polémiques visant à réfuter son originalité et à démontrer son inefficacité à résoudre les situations les plus complexes de la pauvreté.

C'est le cas d'Emmanuelle Bénicourt qui a formulé sept critiques acerbes à l'approche par les capabilités dans un article au titre évocateur dont Nicolas Farvaque a relevé, à titre de réponse, les lacunes et la fausseté des argumentations[63]. D'après Bénicourt, il n'existerait aucune critique de l'approche par les capabilités élaborées par Sen[64]. « Cet auteur faisant consensus, il n'existe pratiquement aucune critique des thèses qu'il avance[65]. ».

À cette critique, la réponse de Farvaque ne s'est pas fait attendre ; il s'oppose à l'ignorance et l'opiniâtreté de Bénicourt, qui ne s'est pas contentée des contre-arguments qui ont été formulés contre sa critique de 2002, mais qui a persévéré dans un article dont le seul but était d'annihiler les travaux de Sen.

Pour démontrer l'ignorance de Bénicourt des travaux de Sen, Farvaque s'est référé à plusieurs chercheurs, comme Martha Nussbaum[66] ou Thomas Pogge, qui ont eu pour objectif de comprendre d'abord les théories de Sen

---

[63] N. FARVAQUE, « L'approche alternative de Amartya SEN : réponse à Emmanuelle Bénicourt », *L'Économie politique*, n° 27 (3), 2005, p. 38-51.

[64] Emmanuelle BÉNICOURT, « Contre Amartya Sen », *L'Économie politique*, n° 23, 2004/3, p. 72-84.

[65] *Ibid.*

[66] Voir Martha Nussbaum, *Femmes et développement. L'approche des capabilités*, trad. Camille Chaplain, Paris, Des femmes, 2008, p. 21.

avant de lui opposer des critiques ouvrant à d'autres perspectives ignorées de l'auteur.

Quant à l'argument selon lequel l'approche par les capabilités serait incompréhensible : « les concepts centraux de sa théorie [...] confèrent peut-être à Sen une certaine aura de savant, mais rendent la lecture et la compréhension de ses écrits particulièrement ardues[67] », Farvaque admet la difficulté de traduction de certains concepts clés de cette approche dont la traduction en français paraît peu évidente, mais n'altère pas le sens que Sen leur accorde dans ses travaux.

Farvaque voit dans cette critique la pauvreté des arguments de Bénicourt et la suspecte même de mauvaise foi, car Sen ne réclame pas la paternité de ces concepts, mais affirme les avoir empruntés à l'économie classique portée par Marx et à la philosophie antique d'Aristote...

Tout en reconnaissant que l'approche par les capabilités présente aussi bien les avantages que les limites qu'exigent les contributions académiques, comme l'ont fait certains chercheurs, Farvaque estime que Bénicourt s'est lancée dans une polémique peu académique et *ad hominem*, ignorant royalement que les résultats des recherches scientifiques ne sont que des conjectures qui peuvent être complétées et mêmes dépassées sans détruire les présupposés de base.

Car, comme l'a fait remarquer Farvaque :

> Sen n'a jamais prétendu que son approche était une théorie complète, et on peut voir dans cette incomplétude un argument pragmatique pour que la question de l'évaluation ne soit pas confisquée dans les mains de quelques experts, mais soit également confiée au débat public[68].

Malgré la pertinence de certaines critiques formulées par Bénicourt, Farvaque estime que la condescendance qui les sous-tend les rend peu crédibles et non académiques.

Sen n'ignore pas le rôle de l'État dans la planification du projet de développement et ne se limite pas seulement à des vœux pieux comme le prétend Bénicourt : « Sen n'aborde pratiquement jamais la question de la politique économique de l'État, des moyens à mettre en œuvre effectivement pour permettre à chacun d'acquérir la "liberté de choisir", la capabilité[69]. »

Alors que Farvaque estime que Sen plaide en faveur des « fonctions positives du gouvernement comme la fourniture d'une éducation publique,

---

67 E. BÉNICOURT, art. cit., p. 72.

68 N. FARVAQUE, « Alternative de Amartya Sen :réponse à Emmanuelle Bénicourt », art. cit., 2005, voir A. SEN, 2004.

69 E. BÉNICOURT, « Contre Amartya Sen », *art. cit.*, p. 29.

de services de santé, de droits à une assurance chômage et à des revenus d'assistance, de droits sociaux permettant de sécuriser la personne[70] ».

En conclusion, Nicolas Farvaque est d'avis qu'un débat académique constructif et sérieux serait envisageable en lieu et place d'une polémique inutile de bas étage afin de dégager les mérites et les limites de l'approche élaborée par Sen. Tel est l'avis de Martha Nussbaum.

---

70 Voir A. SEN, *Éthique et économie et autres essais* [1984], trad. Sophie Marnat, Paris, PUF, 1993 ; FARVAQUE, « L'approche alternative de Amartya SEN : réponse à Emmanuelle Bénicourt », art. cit.

Section II. LES CONTINUATEURS ET LES CRITIQUES DE SEN

Chapitre I. Le féminisme libéral et les dix capabilités de Martha Nussbaum

1. Paradigme : le cas Vasanti

La philosophie politique – ou mieux, le féminisme – de Martha Nussbaum se fonde sur un cas paradigmatique. Ce point de départ purement existentiel, mêlant la pratique et la théorie, permet de réfléchir sur le sort des femmes de manière générale, et indiennes en particulier, en vue de formuler une théorie qui partirait d'une situation réelle pour résoudre des situations aussi complexes telles que l'inégalité genrée et la pauvreté extrême. Telle est la raison pour laquelle Nussbaum analyse le cas Vasanti.

Vasanti, une jeune femme indienne, issue d'une classe sociale inférieure, mais ayant épousé un alcoolique et dépensier, finit par se résoudre à la vasectomie de son mari pour essayer de subvenir aux besoins de sa famille. Finalement, elle divorce et retourne dans sa famille. Aidée par ses frères, elle est finalement prise en charge par la SEWA[71] afin de retrouver son autonomie.

Comme brièvement décrit, le cas Vasanti est une situation typique des injustices genrées où les femmes sont surexploitées, privées d'autonomie et soumises à la dépendance et aux privations de tous genres. Les contextes ne lui sont pas favorables : son statut dans une société telle que l'Inde où les droits des femmes n'existent qu'en principe[72], l'appartenance à une classe sociale inférieure, et la dépendance à un époux violent, alcoolique, irresponsable ont pour conséquence une pauvreté extrême irrésolvable sans la mise en place d'une théorie de justice appropriée.

Nussbaum découvre un terrain de prédilection pour asseoir son féminisme libéral, qui considère chaque être humain, et de surcroît chaque femme, comme une fin en soi, c'est-à-dire, un être capable de s'autodéterminer. Dans ce cas de figure, ce qui compte, c'est la liberté

---

71 *Self-employed women's association* : une association de travailleuses indépendantes de plus de 5 000 membres… Voir Martha Nussbaum, *Femmes et développement. L'approche des capabilités*, *op. cit.*, p. 33.

72 Voir Paula BANERJEE, « Femmes en Inde : législation et réalités », *Diogène*, vol. 212, n° 4, 2005, p. 107-127.

d'agencement ou de combinaison de ses choix avec ses préférences propres. Autrement dit, elle milite pour que chaque femme trouve le moyen de se libérer de ses privations et de ses dépendances en vue de sa pleine liberté et de son autonomie. Ce nouveau paradigme insiste essentiellement sur la qualité de vie jugée conforme à l'égalité et à la dignité humaine.

Les privations subies, par Vasanti en particulier et toutes les femmes en général, influent sur leur qualité de vie, engendrent l'indécence et leur ôtent les droits et la liberté de décider de leur propre destin. De fait, par son approche du féminisme, Nussbaum dépasse la dimension identitaire pour un féminisme éclairé, capable de se défendre par un « programme systématique et légitime qui s'empare de la question de la hiérarchie à tous les niveaux, au nom de la dignité humaine[73] » qui est inhérente à la possibilité de mener une « bonne vie », selon la conception que chacun s'en fait. Ainsi, si l'État favorise chaque femme à développer les dix capabilités, prendront fin toutes sortes d'injustices et d'inégalités, genrées y compris.

2. Martha Nussbaum : une féministe libérale et internationale

Martha Nussbaum se réclame de l'école d'Aristote, car elle estime qu'à l'instar de la raison, comme l'a fait Kant, la sensibilité, incluant les émotions et les sentiments, l'imagination aussi, doit être cultivée dans les sphères des activités humaines. Elle se fonde sur cette conviction pour proposer un modèle de vie qui soit véritablement humaine. Dans la même optique, Nussbaum estime que la justice sociale consisterait à rendre effectives les combinaisons des capabilités qu'elle propose afin de permettre à chaque individu de disposer réellement des moyens de faire et d'être pour que sa vie soit la plus humaine possible. Autrement dit, elle oriente sa recherche en philosophie sur la question de « la bonne vie ».

Tout en s'inspirant de la Stoa[74], elle oppose la tragédie grecque à la littérature moderne[75]. Ses recherches en philosophie politique, notamment sur la mise en application de la liste des dix capabilités, l'ont amenée à s'intéresser à d'autres questions telles que le multiculturalisme, le cosmopolitisme, la justice internationale, la vulnérabilité de l'existence humaine, l'intelligence des émotions, l'apport de la littérature et de l'imagination aux politiques publiques, l'éthique de la contingence et de

---

73 Martha NUSSBAUM, *Sex and Social Justice*, New York, Oxford, 1999, p. 71.

74 Mouvement philosophique d'inspiration stoïcienne.

75 Voir Martha NUSSBAUM, *Femmes et développement humains*, *op. cit.*, p. 30.

l'improvisation, la doctrine des capacités[76], car elle estime que les capabilités sont universelles et peuvent être appliquées à n'importe quelles situations d'injustice. Cependant, elle s'est surtout engagée pour défendre la cause féminine en développant plus largement le féminisme libéral. Associée à Sen, ses recherches sur les capabilités et la politique du développement lui ont valu sa notoriété (prix et autres reconnaissances scientifiques).

Si elle épouse presque entièrement sa pensée sur certains points comme les capabilités, elle insiste davantage sur les capabilités de chaque personne en y ajoutant la notion de seuil comme élément comparatif essentiel pour permettre à chaque État d'initier un programme de développement[77]. Nussbaum s'appuie donc sur une théorie philosophique mettant en valeur la nature humaine encline à la tragédie et à la vulnérabilité. Ainsi, elle s'inspire et prolonge aussi la théorie de justice telle qu'élaborée par Rawls, mais elle s'inscrit en faux contre quelques aspects de la théorie contractualiste qui donne une mauvaise présentation de l'individu.

En effet, l'individu, considéré dans le prisme de la théorie contractualiste, n'est pas conçu comme un être porteur de vulnérabilités et de faiblesses, seul l'accès aux droits, de manière à recouvrer son indépendance, compte. Or, Nussbaum place au centre de sa théorie les vulnérabilités et les fragilités de chaque individu. Dès lors, les lois cessent d'exister uniquement pour préserver l'indépendance naturelle, mais servent davantage à créer les conditions de l'autonomie individuelle. Cette conception individuelle, à la mesure du changement opérationnel apporté par Nussbaum, justifie l'élaboration de la liste des capabilités comme une possibilité offerte à chaque individu de dompter ses vulnérabilités et multiplier ses capacités d'actions[78].

Mais, sa plus grande différence avec Sen est ainsi affirmée : « Le plus important reste que Sen n'a jamais établi une liste des capabilités centrales. Il a donné quantité d'exemples, et les rapports sur le développement humain [...] offrent une certaine ressemblance avec quelques-uns des éléments de ma liste[79]. »

Elle considère les dix capabilités essentielles comme des biens sociaux de base dont l'égalisation en matière de justice relève de la responsabilité de l'État.

---

76 Voir Michel TERESTCHENKO, « Amartya Sen, Martha Nussbaum et l'idée de justice », *Revue du MAUSS permanente*, 14 octobre 2010.

77 Voir Martha NUSSBAUM, *Femmes et développement*, *op. cit.*, p. 29.

78 Voir Solange CHAVEL, *Le Paradigme des capabilités face aux situations de désastre*, 23 novembre 2015.

79 Martha NUSSBAUM, *Femmes et développement humain. L'approche des capabilités*, *op.cit.* p. 30-31.

Elle ne s'arrête pas à sa liste pour continuer de marquer sa différence avec Sen, mais elle introduit une distinction à l'intérieur même des capabilités en y définissant trois types : les capabilités de base, internes et combinées. Elle s'accorde avec Sen sur certaines distinctions, notamment celle entre le bien-être et l'action, mais estime que « toutes les distinctions importantes peuvent être prises comme des aspects de la distinction entre capabilité et fonction[80] ». Enfin, elle relève un désaccord entre Sen et elle sur la conception des droits. Sen estime que les droits sont des contraintes additionnelles, tandis que Nussbaum considère que ce sont les capabilités centrales qui constituent les droits[81].

3. Application

Les réflexions de Nussbaum sur les capabilités souhaitent promouvoir le libéralisme et l'internationalisme, et ce, dans le contexte féminisme libéral et international. Elle estime que les problèmes auxquels sont confrontées les femmes de manière générale, à cause de leur appartenance sexuelle, constituent un point d'ancrage d'après lequel devrait s'élaborer tout projet de développement international. À cette fin, une théorisation philosophique devrait être envisagée afin de permettre à chaque nation de proposer des solutions plus humaines aux problèmes des femmes et rendre ainsi universelle cette approche philosophique[82] : « [...] un féminisme international qui veut tant soit peu avoir de l'impact dans l'élaboration de recommandations normatives qui transcendent les frontières de culture, de nation, de religion et de classe[83]. »

Ainsi, Nussbaum considère les capabilités comme moyen de liberté indispensable à l'épanouissement personnel. À titre de rappel, l'approche par les capabilités est opposée à l'approche traditionnelle qui s'appuie sur l'omniprésence des richesses pour mesurer la qualité de vie, faisant du PIB l'outil de mesure indispensable. Tandis que l'approche par les capabilités telle qu'élaborée par Sen et ses disciples dont Martha Nussbaum répond à la question suivante : « Qu'est-ce que cette personne est capable de faire et d'être ?[84] ».

---

80 *Ibid.*, p. 31.

81 *Ibid.*, p. 32.

82 Martha NUSSBAUM, *Femmes et développement*, *op. cit.*, p. 18-19.

83 *Ibid.*, p. 59.

84 Martha NUSSBAUM, *Capabilités. Comment créer les conditions d'un monde plus juste ?*, trad. Solange Chavel avec le concours du Centre national du livre, Climats, 2012, p. 39, voir Martha NUSSBAUM, *Femmes et développement*, *op. cit.*, p. 110.

Par cette question, Nussbaum met en valeur un ensemble de conditions pour qu'un acte posé soit le plus libre et le plus humain possible. Autrement dit : comment la qualité de vie d'un individu peut-elle être évaluée à partir du niveau de seuil minimum pour que sa vie soit vraiment humaine ? En revanche, comme elle le précise, « il ne s'agit donc pas simplement des capacités dont une personne est dotée, mais des libertés ou des possibilités créées par une combinaison de capacités personnelles et d'un environnement politique, social et économique[85] ».

Pour cela, elle introduit des distinctions entre les capabilités de base, les capabilités internes et les capabilités combinées.

Par capabilités de base, Nussbaum entend les facultés innées dont est doté chaque individu, considérées comme le tremplin pour le développement d'autres capabilités. Cependant, elles sont rudimentaires et ne peuvent être converties en un fonctionnement effectif, affirme-t-elle[86].

Par capabilités internes, Nussbaum entend les attitudes ou les talents acquis par la pratique dans un environnement sociopolitique économique et familial, c'est-à-dire, qui ont trait à la personnalité, aux capacités tant motrices que perceptives ou intellectuelles – qu'il ne faut pas confondre avec les caractères innés d'une personne qui demandent un temps de maturité physique pour être mis en valeur[87].

Quant aux capabilités combinées, elles sont des capabilités internes « auxquelles s'ajoutent les conditions sociales, politiques et économiques dont le fonctionnement correspondant peut effectivement être choisi[88] ». Elles sont conditionnées par d'autres circonstances telles que l'environnement propice à l'exercice d'une capabilité et d'autres fonctions majeures[89]. Ce que Nussbaum relève de plus important dans les capabilités combinées, c'est de savoir comment les individus placés dans un contexte donné peuvent se comporter en s'appuyant sur leurs capabilités de base.

En fin de compte, Nussbaum reconnaît que cette distinction entre les capabilités internes et les capabilités combinées n'est qu'apparente, parce qu'elles sont liées, mais elles sont toutes deux importantes pour mettre en place une politique publique de développement fondée sur la liberté et l'égalité des droits. Nussbaum estime qu'une société juste est celle dont les politiques publiques sont susceptibles de rendre effectives des libertés d'accomplissement pour chaque individu, vécues et définies en tenant compte des contextes particuliers de chacun.

---

[85] *Ibid.*

[86] Martha NUSSBAUM, *Femmes et développement*, *op. cit.*, p. 128.

[87] *Ibid.*, p. 40, p. 128.

[88] Martha NUSSBAUM, *Femmes et développement*, *op. cit.*, p. 41.

[89] *Ibid.*, p. 129.

Pour Nussbaum, contrairement à John Rawls, la finalité d'une théorie de la justice telle que celle des capabilités ne consiste pas seulement à créer les conditions pour vivre ou survivre, mais aussi à créer des conditions pour vivre vraiment de manière humaine, en toute dignité conformément à une certaine éthique. Ce qui permettra de proposer des pistes de solutions aux problèmes des femmes et, au-delà, de proposer des solutions éthiques à toutes les formes de vulnérabilité. On voit clairement ici l'influence aristotélicienne portant sur l'accomplissement de soi dans les multiples aspects de l'existence humaine. En y ajoutant une dimension éthique, Nussbaum estime que chaque individu devrait vivre décemment en se profilant une conception du bien.

Elle insiste sur la conception libérale du bien qui devrait guider l'action de tout individu. Celui-ci est considéré dans ce cas de figure, non pas comme un être égoïste et tenant l'autre en ennemi, comme l'estime Thomas Hobbes[90], mais comme un être social et amical. Bref, c'est ce que Michel Terestchenko appelle « un individualisme écologique[91] », parce que l'individu est défini par son rapport à son environnement, familial, socio-économique et politique, prenant aussi en compte le contexte particulier dans lequel les préférences et les choix seront effectués.

Tenant compte de cette considération de l'individu, Nussbaum s'éloigne de la pure procédure pour s'attacher à l'expérience existentielle de chaque individu, afin de montrer que la liste des capabilités est une condition essentielle d'une vie vraiment humaine, bonne et digne, comme illustré dans le cas Vasanti. C'est-à-dire, fournir à l'individu les possibilités de se créer ses propres conditions de bien-être afin de se libérer des privations et de la pauvreté extrême.

4. De la liste des capabilités comme dépassement de Sen

Ainsi, en pratique Nussbaum établit une liste de dix capabilités qu'elle considère comme un consensus par recoupement qui servirait à mettre en place une politique publique de développement. Ces capabilités sont aussi dites des capabilités centrales parce qu'elles constituent un noyau sur lequel gravitent les conditions essentielles d'une vie bonne et humaine. Mais aussi, parce qu'elles offrent « la possibilité de réalisations multiples : les éléments qui la constituent peuvent être définis plus concrètement, conformément aux

---

[90] Voir Thomas HOBBES, *Léviathan*, *op. cit.*

[91] Michel TERESTCHENKO, art. cit.

croyances et aux conditions locales[92] ». Ces capabilités sont les suivantes : la vie, la santé, l'intégrité physique, les sens, l'imagination et la pensée, les émotions, la raison pratique, l'affiliation, les autres espèces, le jeu et le contrôle sur son environnement[93].

Pour Nussbaum, ces capabilités de base doivent absolument être conjuguées pour correspondre au minimum exigé par la dignité humaine. Car, « toutes sont d'une importance fondamentale et toutes ont une qualité distinctive... et même temps, elles sont liées les unes aux autres[94] ». Bien que les capabilités proposées par Nussbaum soient considérées comme garantes de domaines de liberté si centraux que leur absence rend la vie indigne, elle estime que parmi les capabilités, compte tenu de leur importance particulière, deux capabilités sortent du lot car elles « organisent et imprègnent les autres[95] » : l'affiliation et la raison pratique. Au sommet de la liste, elles sont considérées comme le noyau autour duquel gravitent les autres pour qu'une action soit véritablement humaine.

Penser l'amélioration des conditions de vie humaines par les capabilités comme l'ont fait Sen et Nussbaum, ouvre les conditions du développement individuel et communautaire, car cela offre à chaque individu la possibilité d'opérer des choix utiles pour son bien-être. De ce fait, elle ne se contente pas des approches déclaratives et procédurales qui ne se limitent qu'à l'énonciation des règles et des lois sans tenir compte des conditions propres de chaque individu pouvant bénéficier de ces lois ou de ces procédures.

Il faut des procédures qui tiennent compte des comparaisons interpersonnelles pour favoriser l'épanouissement de tous et de chacun. Il est ici question de dépasser le libéralisme abstrait et de prioriser les expériences humaines afin d'accorder plus de possibilités à chaque individu d'opérer le choix pour le mode de vie qu'il veut mener.

Nussbaum conçoit les capabilités comme des droits humains, comme des conditions indispensables à l'élaboration de politiques publiques du développement. En d'autres termes, comme les fondements moraux sur lesquels s'élaborent les principes politiques pouvant être garantis constitutionnellement[96]. Ce faisant, les capabilités comme liberté de choisir peuvent être appliquées à toutes les cultures et à toutes les situations

---

92 Martha NUSSBAUM, *Femmes et développement*, *op. cit.*, p. 119.

93 *Ibid.*, p. 119-123.

94 *Ibid.*, p. 124.

95 *Ibid.*, p. 125.

96 Voir Laura LEE DOWNS, « Martha Nussbaum. Justice et développement humain », *Travail, genre et sociétés*, vol. 17, n° 1, 2007, p. 3.

humaines pour rétablir la justice et permettre à chaque individu de jouir de ses droits[97].

Ainsi, les injustices tant sociales, genrées, ethniques, climatiques ou religieuses peuvent être éradiquées par la mise en application des capabilités et créer les conditions d'un développement harmonieux pour chaque individu, car les capabilités offrent aux pouvoirs publics le moyen de réguler les libertés des uns et des autres. Le contexte féministe à l'origine de l'élaboration de liste des capabilités par Nussbaum peut être étendu à d'autres situations de privation et d'injustice telles que le non-accès ou l'accès limité à l'éducation, jusqu'à la vulnérabilité associée à la vieillesse et aux mauvais traitements que subissent les animaux.

5. Approche critique

Ces aspects des travaux de Nussbaum ne rendent pas compte de l'ampleur de sa recherche philosophique, mais permettent de se faire une idée de la richesse et de la cohérence du projet philosophique dans lequel s'inscrit sa pensée féministe. Quelles que soient la richesse et la nouveauté qu'apporte Nussbaum à la théorie des capabilités, notamment par l'élaboration de la liste des capabilités en tant que droits humains, il n'en demeure pas moins qu'elle soulève quelques préoccupations qui mériteraient d'être éclaircies pour rendre cette approche plus cohérente.

Tel est l'avis de Brooke Ackerly qui estime que de la même manière que les théories idéales demeurent vagues en n'ayant pas vraiment de rapport avec des situations concrètes, autant les capabilités, bien qu'elles soient des approches contextualisées, en utilisant la méthode dite aussi immanente et multidisciplinaire, tiennent compte des situations particulières de chaque individu ou d'un groupe d'individus, de leur diversité culturelle, et se nourrissent de plusieurs disciplines. Ackerly constate qu'elles ont la prétention d'être englobantes et universelles.

Alors qu'en procédant par induction, elle élimine plus ou moins partiellement l'expérience anthropologique qui sert d'ancrage méthodologique, ce qui lui fait perdre sa prétention d'universalité[98].

En partant du fonctionnement humain de manière universelle pour en déduire les conditions de bonne vie de chaque individu, les capabilités conçues par Nussbaum ne représentent plus l'universalité comme elles le prétendent, estime Ackerly. Cette méthode poursuit-elle, ne permet pas de saisir l'universalité en tant que telle. Elle se veut être universaliste, mais ne

---

97 Voir Martha NUSSBAUM, *Femmes et développement*, *op. cit.*, p. 76.

98 Voir Brooke ACKERLY, *Universal Human Rights in a World of Difference*, Cambridge U.K. ; New York : Cambridge University Press, 2008, p. 119.

se fonde que sur des connaissances ou situations propres à un groupe social, à une époque donnée.

Bien que justifiable, la critique méthodologique de Ackerly reveint à détruire le fondement de la philosophie politique appliquée, qui en s'inspirant des contextes pour légitimer sa pertinence, ne fait pas de généralisation hâtive, mais procède par des comparaisons interpersonnelles pour évaluer le bien-être.

Si Nussbaum part de l'expérience de Vasanti pour établir la liste des capabilités comme conditions d'une « bonne vie », elle considère que toutes les femmes et même les personnes vulnérables placées dans les mêmes conditions que Vasanti subiraient le même sort : pauvreté, violences conjugales... C'est ainsi que l'universalité de la méthodologie de Nussbaum se justifierait. Comme la pauvreté, les violences conjugales n'ont pas de frontières, elles peuvent affecter toutes les femmes de n'importe quel endroit de la planète.

Cependant, même si cette liste des capabilités répond aux exigences souhaitées, il reste à savoir si tous les êtres humains peuvent facilement s'y reconnaître. Ne faudrait-il pas laisser cette liste ouverte ? Ou en faire une base de propositions comme l'a fait Sen ?

Il convient de lui accorder l'avantage de se limiter à « une base informationnelle sur laquelle se concentrer pour juger et comparer les avantages individuels globaux[99] ». Sen estime que l'approche par les capabilités devrait être une méthode générale orientant les informations vers des comparaisons interpersonnelles, mais elle n'est pas une approche normative indiquant ce que pourrait être un projet spécifique marquant la bonne marche de la société. Il se pose la question de savoir s'il est vraiment possible, et même souhaitable, dans nos sociétés modernes et métissées parcourues par de nombreuses voies morales, philosophiques, religieuses ou culturelles, de se mettre d'accord sur un ensemble de dimensions essentielles au développement humain[100].

L'approche par les capabilités, développée par Sen et Nussbaum au cours des dernières décennies a joué un rôle important dans la restructuration de la philosophie politique et de l'économie normative grâce à son réalisme. Adoptée de manière unanime par les agences internationales en délaissant les approches welfariste et ressourciste, elle ne résiste néanmoins pas à certaines critiques tendant à son amélioration ou mieux à son efficacité. Tel est le cas de Thomas Pogge qui reconnaît la pertinence de l'approche par les capabilités, mais lui adresse des critiques plutôt constructives.

---

99 Armatya SEN, *L'idée de justice*, *op. cit.*, p. 285.

100 Voir Martha NUSSBAUM, *Femmes et développement*, *op. cit.*, p. 115.

Chapitre II. Thomas Pogge

1. Vie et parcours

Né en Allemagne à Hambourg en 1953, Pogge commence ses études universitaires à Hambourg et les achève à Harvard aux États-Unis. Sa rencontre avec Rawls à Harvard marqua la suite de ses études. Il fit des recherches en philosophie kantienne, d'où il s'inspira de la conception du libéralisme, la philosophie politique et la théorie de la justice[101]. Les apports de Kant en philosophie politique portent essentiellement sur le rapport entre la liberté individuelle, en tant que valeur ultime de la vie politique et l'État, dont la fonction normative première est à la fois de restreindre et de protéger la liberté individuelle[102]. Étudiant, il poursuivit ses recherches sur la justice globale sous la supervision de Rawls, qui, lui-même marqué par les philosophes classiques, l'incita à orienter celles-ci particulièrement sur Platon, Aristote, Hobbes[103]…

Désormais très outillé, par un cadre théorique très approfondi d'une part, et d'autre part par les connaissances pratiques issues de ses études en sociologie d'autre part, se donna pour mission de réfléchir sur la pauvreté comme fait global nécessitant aussi une prise en charge à l'échelle globale. Ainsi, au travers de ses recherches, de manière originale, il insista sur les devoirs négatifs des plus riches envers les plus pauvres. Il parvint à la conclusion que pour éradiquer la pauvreté dans le monde, les plus riches ont le devoir impérieux de contribuer au mieux-être des plus pauvres. Épris de justice et d'équité à l'échelle globale, convaincu par les résultats de ses recherches, il y consacra sa vie professionnelle.

Pour concrétiser son combat, il a pris part aux diverses actions œuvrant pour la lutte contre la pauvreté extrême et présida plusieurs organisations, notamment Yale Global Justice Program, Health Impact Fund et Academics Stand Against Poverty. Cette dernière est une organisation ayant pour but de lutter contre la pauvreté mondiale en plaidant par des actions et des enseignements dans le milieu académique. Marqué par sa liberté d'esprit, il

---

101 Voir Thomas POGGE, *Comprendre RAWLS*, trad. Mattieu Lassale, Laval, PUL, 2017, p. XI.

102 Voir E. KANT, *Critique de la raison pratique*, présentation et trad. Jean-Pierre Fussler, Paris, GF, 2003.

103 Voir Thomas POGGE, *Kant's theory of justice in Kant studien*, 79 (1-4) : 407-433 (1988), voir Emmanuel KANT, *Critique de la raison pratique*, *op. cit.* ; voir bullesdesavoir.com/2013/01/29/combattre-la-pauvrete-mondiale-avec-thomas-pogge, « Lectures critiques », *Raisons politiques*, n° 33, 2009/1, p. 171-177.

n'a pas manqué d'adresser des critiques très constructives à Rawls qui fut son maître.

Les observations de Thomas Pogge à Rawls témoignent ici de l'esprit critique qui motivait ses recherches.

2. Non-respect des droits de l'homme, ou non-assistance des États ?

Bien que disciple de Rawls, Thomas Pogge ne s'est pas empêché de lui adresser une critique qui est à la fois une défense et une contribution à sa philosophie politique. Pour Rawls, construire un ordre social et politique dans une société dont les valeurs sont en rivalité passe indubitablement par l'introduction d'une idée de justice qui serait à même de concilier toutes ces valeurs concurrentielles. Cependant, dans sa théorie de justice, Rawls n'a aucune intention de s'intéresser à une société typique ou particulière, mais énonce des principes généraux susceptibles d'être appliqués à toute forme de société[104].

Ce faisant, il propose deux principes de justice pour faciliter l'accès de tous aux biens premiers. Lesquels principes seraient issus des parties concernées, sous le voile de l'ignorance, dans le but de les créditer et de les universaliser pour'éviter tout arbitraire. Les deux principes sont les suivants :

1. La plus grande liberté pour tous.
2. La maximisation du sort du plus mal loti. Le second principe contient aussi deux principes subsidiaires : le principe de différence, c'est-à-dire que les différences peuvent être justifiées à condition qu'elles avantagent les plus faibles ; le principe de la plus grande égalité des chances, c'est-à-dire que les individus de mêmes compétences doivent disposer des mêmes opportunités[105].

En se voulant réaliste, Rawls a espéré que l'application de ces deux principes par certains départements du gouvernement poserait la structure de base d'une société juste, dans l'accès libre et équilibré au marché et la distribution des droits et des allocations, la stabilisation des compétences et la protection du plus faible[106]. Tout en évoquant très brièvement dans la

---

104 Voir RAWLS, *Théorie de la justice* [1971], trad. Catherine Audard, Paris, Points, 2009, p. 33-34.

105 *Ibid.*, p. 92-98.

106 *Ibid.*, p. 316-317.

théorie de justice d'élargissement ses principes de justice à l'international dans le cas d'une guerre juste[107], c'est dans *The Law of People* que Rawls essaie de construire de manière systématique sa théorie afin qu'elle soit appliquée à toutes les sociétés politiques de manière plus générale. Pour autant, ici sera évoqué sa conception de la justice distributive appliquée au problème mondial de la pauvreté, émergent plus précisément les critiques formulées par Pogge[108].

Dans *Realizing Rawls*, Thomas Pogge reproche à Rawls de considérer que les difficultés d'ordre mondial telles que la pauvreté sont le manquement des devoirs d'assistance des États, alors que Pogge estime qu'avant que d'être domestique, la pauvreté est une privation des droits au bien-être d'une partie de la population mondiale. Mais Pogge propose d'approfondir le deuxième principe de justice rawlsien en lui accordant un statut tel qu'il peut intervenir dans les relations internationales pour rendre plus éthique le devoir envers les plus pauvres[109].

D'après cette perspective, l'aide internationale devrait être considérée comme un devoir négatif des pays riches vis-à-vis des pays pauvres, c'est-à-dire, le devoir de ne pas nuire aux pauvres, de ne pas déstabiliser les institutions qui les gèrent ou de se compromettre dans les pratiques immorales :

> […] le droit de ne pas être torturé et violé par les bourreaux, mais aussi par ceux qui contribuent à instituer un système tel que des êtres humains peuvent être soumis à la torture. Cette dernière catégorie concerne les fonctionnaires et les hommes politiques qui autorisent ou ordonnent la torture[110].

En effet, pour Pogge, les pays riches sont en partie responsables de l'extrême pauvreté dans les pays du Sud en soutenant l'établissement de structures internationales injustes.

Alain Renaut estime que la position de Pogge se fonde exclusivement sur la dimension éthique, sur l'indignation, mais qu'au-delà de l'émotion provoquée, « les propositions ultérieures de Pogge n'ont en rien contribué à renforcer les raisons de mettre en œuvre cette suggestion de lutte contre la

---

107 *Ibid.*, p. 417-421.

108 John RAWLS, *The law of the people*, Harvard University Press, 1999.

109 Voir Thomas POGGE, *Comprendre Rawls*, *op. cit.*, p. 183 *sq.*

110 Thomas POGGE, « Reconnu et bafoué par le droit international : les droits de l'homme et les pauvres du monde », *Raison publique*, n° 6, 2007, p. 74.

pauvreté[111] ». Renaut reste sur un constat d'échec, car la perspective normative déontologique kantienne se révélerait inopérante.

Malgré ce constat d'échec, Pogge persiste dans l'idée que la situation des pauvres du monde correspond tout simplement au non-respect des droits de l'homme. Ce faisant, il attribue la responsabilité d'une part aux gouvernements des pays pauvres qui s'illustrent dans le népotisme et la mauvaise gouvernance privant une grande majorité de leurs populations des biens et des services, et d'autre part aux gouvernements des pays riches qui soutiennent le népotisme et la mauvaise gouvernance : « Les arrangements internationaux actuels tels qu'ils sont exprimés dans le droit international sont une violation collective des droits de l'homme[112]. »

Ceci conforte Pogge à développer la conception de l'aide internationale qui serait plus éthique et consisterait à mettre en place un ordre institutionnel mondial plus juste – le régime du commerce mondial actuel contribuant à perpétuer la pauvreté par l'attribution des marchés de manière injuste en avantageant les pays riches et en leur accordant le droit d'imposer des mesures les favorisant. Ainsi, Pogge plaide pour l'instauration d'un dividende global sur les ressources consacrées à l'éradication de la pauvreté par la transformation des institutions qui encouragent les mesures protectionnistes, car elles participent au maintien de la pauvreté dans le monde.

Partageant la position de Pogge, Alain Policar estime que sa vision est plus réaliste, car les changements institutionnels sont plus efficaces dans la lutte contre la pauvreté que la conduite des agents, pour plusieurs raisons. Tout d'abord, parce que le coût pour les pays riches serait très négligeable et qu'il assurerait aux citoyens l'équité de traitement entre les pauvres et les riches. De plus, une fois mises en place, les réformes structurelles perdurent et ne peuvent être modifiées qu'en cas de nécessité. Elles constituent donc un gage de stabilité et d'équilibre favorisant le transfert des richesses du Nord vers le Sud[113].

3. Thomas Pogge *versus* les capabilités

Thomas Pogge tout en appréciant l'apport de Sen dans le domaine du développement et de la justice globale par la mise en place de l'approche par les capabilités, ne s'est pas privé de lui adresser quelques remarques que lui-même juge constructives : « C'est une évaluation qui cherche les forces et

---

[111] Alain RENAUT, *Un monde juste est-il possible ?*, Paris, Stock, 2013, p. 185.

[112] Thomas POGGE, art. cit., p. 77-78.

[113] Voir Alain POLICAR, *Le Libéralisme politique et son avenir*, Paris, CNRS, 2012, p. 259-265.

les faiblesses de l'approche des capabilités[114] ». Tout bien considéré, Thomas Pogge estime qu'il reste encore des points à éclairer : il conteste, tout comme Bénicourt[115], le fait que la paternité de cette approche soit attribuée à Sen, car selon lui, ce dernier se serait inspiré de l'approche antérieure aux capabilités appelée « l'approche des ressources de base[116] ». Cette même critique est formulée par Bénicourt qui refuse d'attribuer à Sen la paternité de l'approche par les capabilités.

Pogge constate une certaine insuffisance dans la manière dont l'approche par les capabilités a été abordée par Sen et ses disciples, la rendant quelque peu confuse et tendant de plus au relativisme. Car, estime-t-il, la sous-exploitation conceptuelle des capabilités pourrait faire croire que finalement tout puisse se définir en termes des capabilités, « par exemple, ne pas souffrir est une capabilité, être bien nourri est une capabilité, avoir un revenu et de la richesse en sont d'autres aussi[117] ». Même si Nussbaum par la proposition de dix capabilités a énormément contribué à la théorisation de cette approche, Thomas Pogge pense que son contenu demeure flou.

La troisième critique porte sur la conception de la justice proposée par Sen par rapport à la théorie de justice élaborée par Rawls. Si tous les deux militent pour l'égalité entre les peuples, la voie empruntée par chacun pour y arriver est différente. Sen par l'approche par les capabilités conçoit la justice en termes d'égalité d'accès à la liberté pour réaliser un mode vie librement choisi, tandis que Rawls par sa théorie basée sur les deux principes, conçoit l'égalité en termes de la disponibilité des ressources nécessaires accessibles à tous. Ainsi Pogge considère que la différence « réside dans la manière dont il faut répondre aux écarts de capacités entre les personnes[118] ».

Parce que la justice ne consiste pas, d'après lui, à partager les mêmes capacités, mais d'avoir part aux mêmes ressources disponibles. Ce qui l'amène à critiquer la manière dont l'indice du développement humain a été obtenu.

---

[114] Voir bullesdesavoir.com/2013/01/29/combattre-la-pauvrete-mondiale-avec-thomas-pogge, voir Thomas POGGE, « Can capability approach be justified? », *Philosophical topics*, 30 (2):167-228 (2002).

[115] Voir Emmanuelle Bénicourt, « Amartya Sen : un bilan critique », *Cahiers d'économie politique*, vol. 52, n° 1, 2007, p. 57-81.

[116] *Ibid.*

[117] bullesdesavoir.com/2013/01/29/combattre-la-pauvrete-mondiale-avec-thomas-pogge, voir Thomas POGGE, « Can capability approach be justified? », art. cit.

[118] Voir bullesdesavoir.com/2013/01/29/combattre-la-pauvrete-mondiale-avec-thomas-pogge, voir Thomas POGGE, « Can capability approach be justified? », art. cit.

4. Critiques des indices du développement humain

Les recherches de Sen se sont attachées à déterminer les paramètres pertinents permettant de définir les indices du développement humain notamment l'alphabétisation, l'espérance de vie et le revenu. Il s'agissait pour lui de spécifier les indices multidimensionnels expliquant la cause objective de la pauvreté[119], mais aussi d'identifier les obstacles susceptibles d'empêcher un individu de choisir, parmi les moyens à sa disposition, ceux qui lui permettraient de se réaliser. Ainsi, cette définition multidimensionnelle adoptée par le PNUD et les institutions internationales de lutte contre la pauvreté mettait fin à l'indice unidimensionnel basé sur le revenu, et renvoyait dos à dos les ressourcistes et les utilitaristes.

Cependant, Pogge estime que malgré le succès et l'adoption des IDH proposés par Sen, tant par les académies que par les institutions ayant pour but de lutter pour la réduction ou l'éradication de la pauvreté, quelques critiques lui résistent. Car selon lui, les indicateurs sélectionnés par Sen sont arbitraires et manquent d'informations essentielles pour définir en toute objectivité la pauvreté[120]. Le PNUD a d'ailleurs lui-même reconnu que l'amélioration du revenu « n'est jamais qu'une aspiration parmi d'autres[121] ».

Pogge s'appuyant sur les recherches de l'ASAP, association des universitaires pour des recherches appliquées à la pauvreté, dont il est le président, fait intervenir la philosophie sur le terrain pour examiner les indices multisectoriels de la pauvreté adoptés par des institutions internationales telles que le PNUD et la Banque mondiale. En scrutant ces indices, Pogge découvre dans la manière dont ils sont obtenus une discrimination envers les populations les plus pauvres entachant la fiabilité de leurs résultats. Pour prouver la non-fiabilité des résultats obtenus, il démontre que considérer l'alphabétisation et le revenu comme indices du développement humain n'est pas juste[122]. Car il rejette le fait que l'alphabétisation soit mesurée, du fait que les pauvres n'y ont pas accès. De plus, la méthode de conversion n'est pas sûre à cause de la non-fiabilité et de la disponibilité des sources, c'est-à-dire que les registres nationaux sont

---

[119] Voir Armatya SEN, « Equality of what ? » in *Choise welfare and measurent*, Oxford, Basil Blackwell, 1979.

[120] Voir bullesdesavoir.com/2013/01/29/combattre-la-pauvrete-mondiale-avec-thomas-pogge, voir Thomas POGGE, « Can capability approach be justified? », art. cit.

[121] PNUD, 1990, p. 10.

[122] Voir bullesdesavoir.com/2013/01/29/combattre-la-pauvrete-mondiale-avec-thomas-pogge, voir Thomas POGGE, « Can capability approach be justified?», art. cit.

irréguliers et défectueux. Par conséquent, ils ne peuvent pas fournir des données objectives pour une conversion qui soit représentative de toutes les couches sociales[123]. Quant à la mesure du revenu, les ménages sont utilisés comme unité de mesure pour évaluer le niveau d'accès au revenu. Or, Pogge constate qu'au sein d'un même ménage, il y a des inégalités d'accès aux sources de revenus, particulièrement une disparité entre hommes et femmes. Il estime qu'au sein d'un même foyer, les hommes sont plus avantagés que les femmes ; alors qu'il n'y a aucun mécanisme pour corriger cette inégalité.

Partant de la conviction qu'une société juste est celle qui est équitable comme l'a démontré Rawls dans sa théorie de justice en proposant ces deux principes d'égalité absolue et d'intégration de l'inégalité, à condition que celle-ci soit profitable aux plus démunis, Pogge dans sa relecture du contrat rawlsien adopte une attitude universaliste et déplace la question de la pauvreté des institutions vers les individus, car affirme-t-il : « C'est l'appauvrissement des individus qui compte[124]. » Cette posture privilégie les droits universels que les institutions ont le devoir absolu de faire respecter[125]. Pour lui, cette inégalité n'est pas prise en compte dans la conversion pour obtenir les IDH. Fort de cette conviction, Pogge estime que ce sont les informations d'ordre individuel qu'il faudrait rassembler, ensuite les agréger entre elles pour obtenir un résultat non discriminatoire[126].

Pour Pogge, en l'état actuel, les indices relevés ne traduisent pas de manière objective l'état de la pauvreté au niveau mondial ; au pire, ils le cachent et minimisent les efforts à déployer pour éradiquer la pauvreté. Par conséquent, il accuse les institutions internationales responsables de la lutte contre la pauvreté de profiter de cet état de fait pour faire main basse sur les chiffres objectifs de la pauvreté au profit de leur succès politique[127].

Notons que Pogge n'est pas le seul à relever les insuffisances de la manière dont les indices ont été proposés par Sen en 1990. Le rapport PNUD de 2002 avait déjà relevé certaines insuffisances constatées dans les indices retenus en 1990, compte tenu de l'évolution de certains indicateurs, notamment l'adoption du système démocratique comme mode de gouvernance par une grande partie de la population mondiale. D'après ce rapport, en 1980, seulement 54 pays soit 46 % de la population mondiale accédaient à la démocratie comme système de gouvernance, tandis qu'en

---

[123] Voir bullesdesavoir.com/2013/01/29/combattre-la-pauvrete-mondiale-avec-thomas-pogge, voir Thomas POGGE, « Can capability approach be justified?», art. cit.

[124] *Ibid.*

[125] *Ibid.*

[126] *Ibid.*

[127] *Ibid.*

2000, sur 147 pays qui ont fait l'objet d'études, 121 ont adopté la démocratie soit 68 % de la population concernée[128].

Toutes ces indications démontrent suffisamment la nécessité d'adoption d'autres indicateurs tels que la participation politique et la liberté, l'inégalité du genre, qui constituent des éléments fondamentaux du développement humain pour évaluer le bien-être et de surcroît déterminer les IDH.

C'est ainsi qu'en 2015 lors de la célébration du 25e anniversaire de l'adoption par le PNUD des indices multidimensionnels, cinq observations ont été formulées en vue d'améliorer les indicateurs d'IDH, et peuvent être résumées de la manière suivante : l'IDH ne permet pas de cerner de manière objective le développement humain, c'est-à-dire qu'il relève uniquement les dimensions les plus essentielles de la vie humaine laissant de côté d'autres dimensions aussi importantes qui pourraient concourir à l'épanouissement et au bien-être individuel. En second lieu, il se compose de résultats du développement humain à long terme, Parce que les résultats obtenus ne tiennent pas compte de l'effort politique consenti à court terme. Troisièmement, il comporte tous les handicaps propres aux mesures composites. Néanmoins, le fait de préserver sa simplicité garantit son acceptabilité, sa compréhensibilité, de même que sa prévisibilité. Quatrièmement, l'IDH étant une mesure de synthèse, il tend à occulter une série de disparités et d'inégalités au niveau des pays. La désagrégation de l'IDH en matière de sexes, de régions et de catégories ethniques peut être utilisée – et l'a déjà largement été – pour la formulation de politiques au niveau de pays. Cinquièmement, le revenu intervient dans l'IDH en tant que reflet des ressources nécessaires pour garantir un niveau de vie décent – transmué comme il l'est dans les dimensions santé et éducations de l'IDH[129].

En définitive, Pogge, fort de sa conviction conséquentialiste (c'est-à-dire un principe moral qui a pour règle « le plus grand bien pour le plus grand nombre »), estime que « les institutions ont pour préoccupation première de garantir le droit universel et le devoir de les faire respecter[130] ». D'où la pertinence de ses critiques à l'approche des capabilités proposée par Sen. Même si cette approche le satisfait dans la mesure où elle permet de tenir compte du potentiel d'épanouissement individuel, comme contentement des réalisations de choix consentis, Pogge estime que l'approche par les capabilités a ses limites : elle n'est pas en mesure de proposer un critère plus convaincant et plus plausible en matière de justice sociale que la théorie de

---

[128] Voir *Rapport sur le développement humain*, 2002.

[129] Voir https://www.ituc-csi.org/l-indice-de-developpement-humain, consulté le 6 décembre 2018.

[130] Voir Thomas POGGE, 2002, 2010.

justice de John Rawls. Cette dernière, d'après lui, est en mesure de mettre en œuvre un programme cohérent pour relever le défi des injustices les plus intolérables[131].

Chapitre III. Alain Renaut : de l'expérience sensible comme fondement de la philosophie politique appliquée.

1. Parcours

Alain Renaut, philosophe français contemporain, professeur émérite à l'université de Paris Sorbonne, a dirigé durant quatre ans le Centre international de philosophie politique appliquée (CIPPA), un programme de recherches sur les injustices globales extrêmes. Auteur de plusieurs ouvrages et d'articles, il décline son parcours philosophique en quatre actes. Mû par le désir de confronter le réel aux principes philosophiques, il s'intéresse très tôt à la conception philosophique de Heidegger, surtout à son souci du dépassement de la métaphysique[132].

Après avoir constaté une sorte d'abstentionnisme en philosophie heideggérienne, il se réinvestit autrement à partir du double apport de cette même philosophie[133]. Traducteur de plusieurs ouvrages de Kant, il s'est intéressé à la révolution copernicienne opérée par Kant en faisant du sujet le pôle central d'une réflexion philosophique comme ne l'avaient pas fait Descartes, Hegel et Nietzsche par la métaphysique de subjectivité. Ce repli vers Kant, comme il le dit lui-même, n'a pas été vain, puisqu'il lui a permis, par la publication de son ouvrage *Kant aujourd'hui*[134] de proposer sa propre vision de la philosophie de Kant comme l'avaient fait Habermas et Rawls.

En revanche, ce repli ne s'entend pas comme un ralliement systématique au kantisme – comme on le voit dans ces derniers travaux, où il rompt avec les limites kantiennes de la dimension applicative de la philosophie pratique. Il s'est résolument tourné vers la philosophie politique appliquée à toutes les sphères de l'existence humaine : politiques universitaires, politiques sociales ainsi qu'à la justice globale et au développement humain.

---

[131] Voir bullesdesavoir.com/2013/01/29/combattre-la-pauvrete-mondiale-avec-thomas-pogge, voir Thomas POGGE, « Can capability approach be justified? », art. cit.

[132] Voir Alain RENAUT, « Alain Renaut par lui-même », in *Cités*, 58 (2014), p. 247.

[133] *Ibid.*

[134] Voir Alain RENAUT, *Kant aujourd'hui*, Paris, Aubier, 1997.

2. « De l'indignité » comme point de départ d'une réflexion philosophique

« L'indignation n'est pas une politique… si l'indignation n'est pas une philosophie, le silence ne l'est pas non plus[135]. »

Alain Renaut, fort de sa conviction que la philosophie ne peut rester que dans sa conception transcendantale *ex principiis*, replace le sujet pensant au centre de la réflexion philosophique comme l'a fait Kant, et estime que la philosophie doit se construire désormais non pas à partir des principes, mais doit mobiliser un ensemble de faits et d'expériences comme sources à partir desquelles elle doit se construire. Cette posture le place parmi les philosophes qui « *ex datis*ent » la méthodologie en philosophie politique appliquée. C'est-à-dire qu'il s'inscrit dans une démarche consistant à recourir aux données sensibles pour nourrir les principes généraux. Comme il l'affirme lui-même : « Une démarche trop rassurante pour faire bouger les lignes de l'obsession principielle, inhérente à la culture philosophique et à sa fermeture à l'apport de disciplines en prise avec les données[136]. » Étant lui-même héritier du kantisme, il lui reproche, et au kantisme contemporain, de proposer des solutions trop globales pour lutter contre la pauvreté, et il estime que l'efficacité du combat contre les injustices extrêmes passe absolument par la considération d'un contexte extrême particulier afin de mobiliser une formule de déchiffrage tout aussi particulière en partant de ceux-ci[137].

En cela, il se démarque de Rawls, qui a construit sa propre version du kantisme consistant à poser ses principes sur des sphères particulières d'inégalité et d'injustice qu'elles soient ethnoculturelles, linguistiques, genrées. Il se démarque également de Sen qui, avec la théorie des capabilités, définit la justice en termes d'égalité d'accès à la liberté de choisir un mode de vie convenable pour chacun. Et il se distingue tout autant de Thomas Pogge qui déploie sa pensée dans le contexte du deuxième principe rawlsien. Mais s'en détache en estimant que la pauvreté extrême ne peut être éradiquée en se limitant au devoir d'assistance aux populations les plus pauvres du monde, et considère la pauvreté extrême comme une privation en termes de droits. D'après Pogge, la pauvreté dans les pays du Sud est liée à l'histoire qui, bien souvent, comporte l'esclavage et le

---

[135] Voir Alain RENAUT, *L'Injustifiable et l'extrême. Manifeste pour une philosophie appliquée*, *op. cit.*

[136] Alain RENAUT, « Alain Renaut par lui-même », art. cit., p. 251.

[137] *Ibid.*

colonialisme ; la prise de conscience du scandale de l'extrême pauvreté permet de résumer les traits saillants du ressourcisme[138].

3. Vers une nouvelle méthodologie en philosophie politique appliquée

Comme Sen, Renaut mobilise les arguments en faveur de la compréhension de la pauvreté[139]. Il admet que les inégalités qui conduisent à l'indignité ou à l'indécence à l'intérieur d'une société nationale sont intolérables, mais essaie de les replacer dans le contexte global. Il souhaite proposer des pistes visant à rétablir la justice entre les nations riches et les nations pauvres et étendre la justice à l'humanité tout entière : « Les hasards de la géographie, du lieu de naissance, n'étant pas plus pertinents que ceux de la classe sociale d'origine pour justifier des inégalités de perspectives et de développement de soi[140]. »

Au regard des chiffres avancés par les institutions internationales de lutte contre la pauvreté, Renaut estime qu'il est de nos jours inadmissible et surréaliste que l'extrême pauvreté ait atteint des dimensions inimaginables. Selon le rapport PNUD 2018, plus ou moins 1,3 milliard de personnes vivent en situation de pauvreté multidimensionnelle, soit presque un quart de la population. Sur ce 1,3 milliard, presque la moitié (46 %) est considérée comme étant en situation d'extrême pauvreté et souffre de privations pour au moins la moitié des dimensions prises en compte par l'IPM[141].

Pour ce faire, Renaut examine à fond l'approche ressourciste et l'approche par les capabilités, et les renvoie dos à dos en estimant que ni l'une ni l'autre n'est en mesure de combattre avec plus d'efficacité les injustices sociales ni, de surcroît, de servir à éradiquer l'extrême pauvreté. Il se fonde sur le dialogue entre Sen et Rawls pour relever les faiblesses de l'argumentation de Sen contre Rawls en estimant que Sen a manifesté une certaine incompréhension vis-à-vis de certains points de réflexion de Rawls, notamment la substitution des libertés de base en capabilités de base.

---

138 Voir Alain POLICAR, *op. cit.*, p. 263, voir Alain RENAUT, *Un monde juste est-il possible ?*, *op. cit.*, p. 181.

139 Voir Alain RENAUT, *L'Injustifiable et l'extrême. Manifeste pour une philosophie appliquée*, *op. cit.*, 2015.

140 Catherine AUDARD, *Qu'est-ce que le libéralisme. Éthique, politique, société*, Paris, Gallimard, 2009, p. 539.

141 Voir www.undp.org, « La moitié des pauvres dans le monde sont des enfants », 2018, consulté le 10 décembre 2018.

De l'avis de Renaut, Sen n'a pas visiblement « maîtrisé ce dédoublement qui intervient dans le traitement rawlsien de la question des libertés[142] », ce qui fait dire à Renaut que le dialogue entre Sen et Rawls est un rendez-vous manqué.

Mais la critique la plus importante de Renaut envers Sen reste la durée extrêmement longue de création des capabilités[143]. Cette critique se justifie dans la mesure où il est pratiquement impossible de répondre à une situation d'urgence si l'on suit la logique selon laquelle la construction des capabilités requiert la mise en place d'un système de santé efficace et d'un système éducatif fiable, alors que chaque jour on compte des morts par manque de prise en charge appropriée, et que chaque année plusieurs millions d'enfants n'ont pas d'accès à l'éducation par manque de moyens.

De même, Renaut se fonde sur la thèse de Pogge qui, à partir du principe de différence rawlsien, se limite au devoir d'assistance et à notre responsabilité morale à l'égard de l'extrême pauvreté, mais s'en démarque en estimant que la pauvreté est due au manque du respect des droits humains, et imputable à des facteurs institutionnels. Pour Pogge, il y a une double responsabilité : d'une part, celle des responsables politiques des pays en voie de développement d'assumer correctement leurs obligations et d'autre part, celle des responsables des gouvernements et des citoyens des pays riches[144].

Quelle que soit la portée pratique de proposition de Pogge, Renaut n'a pas manqué de lui formuler des critiques démontrant ses limites. Il exprime deux motifs de crainte : d'une part, la solution emprunte l'image du puits sans fond : ressources rapidement épuisées par leur consommation et donc réapparition de la pauvreté ; d'autre part, il souligne le risque de dépendance à l'infini à l'égard des pays riches[145]. Ainsi Renaut considère que ni l'approche ressourciste ni l'approche par les capabilités ne peuvent être efficaces pour éradiquer l'extrême pauvreté à l'échelle globale.

Au regard de l'inefficacité des méthodes employées jusqu'alors pour combattre l'extrême pauvreté, Renaut essaie de poser la fondation d'une théorie systématique de la justice globale, en se fondant sur les enjeux de l'opposition entre le ressourcisme et l'approche par les capabilités pour défendre une solution à partir de ce qu'il nomme « antinomie de la justice globale ». Pour lui, la solution rationnelle ne peut pas être envisagée[146],

---

[142] Alain RENAUT, *Un monde juste est-il possible ?*, *op. cit.*, p. 205, voir RAWLS, *Théorie de la justice*, *op. cit.*, p. 123.

[143] Alain RENAUT, *Un monde juste est-il possible ?*, *op. cit.*, p. 213.

[144] Voir Alain POLICAR, *Le Libéralisme politique et son avenir*, *op. cit.*, p. 260.

[145] Voir Alain RENAUT, *Un monde juste est-il possible ?*, *op. cit.*, p. 181.

[146] *Ibid.*, p. 219.

c'est-à-dire une solution « dont les raisons de la défendre transcenderaient les contextes et feraient ainsi échapper à un simple tâtonnement [...] entre des approches dont ni l'une ni l'autre ne s'impose par elle-même et dont, en conséquence, l'affrontement semble voué à demeurer interminable[147] ».

Passant par la méthode proposée par Kant en vue de résoudre les antinomies, Renaut démontre que l'antinomie de la justice globale, « inscrite dans la structure même de la raison », doit prendre pour modèle l'antinomie de la nécessité et de la liberté[148]. Si le ressourcisme, par sa conception de la justice, insiste sur le fait que « la première et indispensable dimension d'une justice à l'échelle du monde réside dans la mise à disposition de tous les peuples du quantum de ressources matérielles absolument nécessaires à leur survie[149] », l'approche par les capabilités considère le « développement de l'humain en l'homme ».

Renaut pense que la théorie de justice proposée par Rawls, qui se veut universaliste, ne peut être conçue dans un contexte de justice comme une finalité. En revanche, il essaie de mobiliser la discussion sur la justice comme un facteur de l'extension de la liberté à l'échelle globale[150].

Se situant dans cette double option du développement par les ressources et par la promotion de capacités d'agir, Renaut propose de réfléchir sur l'antinomie de la justice globale. Autrement dit, il s'interroge sur le conflit qu'entretient la raison avec elle-même quand il faut choisir entre l'approche globale par les ressources et l'approche globale par les capabilités. Renaut ne propose pas de troisième voie, mais entend articuler les deux approches pour une justice globale capable de repenser le bien-être, car « l'approche par les ressources aide seulement à trouver un financement à l'approche par les capabilités[151] » tout en apportant une précision de taille selon laquelle l'approche par les capabilités faciliterait l'accès des populations pauvres à des pouvoirs d'agir leur permettant de transformer eux-mêmes les conditions de leur existence collective[152].

Car le ressourcisme et les capabilités sont les deux pôles complémentaires mobilisables pour un développement harmonieux et durable par la mise à disposition des ressources en cas d'urgence et pour favoriser l'émergence d'un programme de développement à partir de l'aspiration propre à chaque peuple. La prise de position de Renaut s'inscrit

---

[147] *Ibid.*, p. 219-220.

[148] *Ibid.*, p. 233 *sq.*, voir Alain RENAUT, « Alain Renaut par lui-même », art. cit., p. 253.

[149] Alain RENAUT, *Un monde juste est-il possible ?*, *op. cit.*, p. 234.

[150] *Ibid.*, p. 235.

[151] Alain RENAUT, *Un monde juste est-il possible ?*, *op. cit.*, p. 184.

[152] *Ibid.*, p. 187.

en faux contre le libertarianisme de gauche, partisan de la justice attributive, estimant que la lutte contre la pauvreté passe exclusivement par l'attribution de manière équitable des ressources à chaque individu, la ressource mondiale appartenant à tous[153].

Autrement dit, Alain Renaut propose d'établir la nécessité d'une reformulation des théories contemporaines de la justice. Elle fait échapper la philosophie politique à la problématique qui avait été la sienne dans cette tradition ouverte par Rawls en 1971[154]. Selon les critères qu'elles s'étaient fixés, les théories de justice nées à la période de l'État-providence avaient privilégié l'interrogation sur les principes d'une société juste. Ces principes étaient compris comme ceux d'une société où les inégalités ne seraient pas injustifiables.

Cette interrogation apparaît dépassée d'une part à la faveur du déplacement du social vers le global qu'a connu, aux alentours du changement de siècle, la question même de la justice : aborder l'interrogation sur le justifiable et l'injustifiable apparaît requérir désormais de changer de focale, en considérant que les inégalités se déploient à l'échelle du monde[155] ; d'autre part, précisément sur le plan global, surgissent des inégalités d'autant plus injustifiables qu'elles sont extrêmes entre l'Afrique subsaharienne, par exemple, et les régions de l'Europe et de l'Amérique du Nord.

C'est notamment la particularisation contemporaine de ces injustices, comme le souligne leur approche globale, que Renaut tente de mettre en lumière[156]. Pour ce faire, le fil conducteur de l'extrémisation de la pauvreté, de la violence et du risque s'emploie à rendre sensible la manière dont elles « font intersection » dans les trois secteurs d'inégalités en s'attachant aux injustices ethnoculturelles, aux injustices de genre et à ce qu'il peut y avoir d'injustifiable dans les inégalités liées au changement climatique.

Dans une première démarche, Renaut propose de solliciter des philosophes une contribution à la réflexion sur l'alternative entre philosophies *ex principiis* et *ex datis*, que Kant en son temps avait opposées jusqu'à exclure la possibilité de la seconde[157]. La philosophie *ex datis* est une démarche philosophique consistant à construire une réflexion à partir

---

153 *Ibid.*, p. 246 *sq.*

154 Voir John RAWLS, *Théorie de la justice*, *op. cit.*

155 Voir A. RENAUT, E. BROWN, M.-P. CHARTRON et G. LAUVAU, *Inégalités entre globalisation et particularisation*, Paris, PUPS, 2016, p. 35-38.

156 *Ibid.*

157 A. RENAUT, E. BROWN, M.-P. CHARTRON et G. LAUVAU, *Inégalités entre globalisation et particularisation*, *op. cit.*, p. 123 ; voir A. RENAUT, *Kant aujourd'hui*, *op. cit.*, 1997, chap. VIII.

des données de l'expérience plutôt qu'à partir des concepts. Renaut se fonde sur l'expérience kantienne faisant état du rapport d'interdépendance entre les principes et les faits afin d'en dégager l'intelligibilité de la science et de l'agir moral pour construire sa démarche en philosophie politique. À ce propos Kant affirme : « L'unité systématique est ce qui transforme une connaissance commune en science[158]. »

Il ne s'agit certainement pas ici de prendre congé des principes, ce qui serait absurde, mais bien « plutôt de montrer qu'il importe, dans l'urgence dont le monde accable les hommes, à moins que ce ne fussent les hommes qui en accablent le monde, de confronter les principes aux épreuves du réel[159] ».

Une seconde démarche plus spécifique encore, peut être mise en œuvre dans les études ici proposées. Il s'agit d'une démarche philosophique, non idéale s'inspirant du jugement réfléchissant de Kant permettant au sujet placé devant un objet particulier de se donner un moyen d'universalisation. D'où la justification d'après ce principe, de partir d'une situation extrême en vue de s'orienter dans le réel et de dégager les priorités pour l'action.

Dès lors, philosopher politiquement, c'est s'engager dans une réflexion partant de données complexes et extrêmes, telles que l'humiliation, l'indécence, l'indignité. Ceci dans le but d'élaborer de nouveaux référentiels normatifs afin d'en dégager les priorités qu'il serait juste de mettre en avant dans un processus de remédiation à ces injustices extrêmes.

Cette nouvelle approche de la philosophie politique appelle à s'ouvrir à d'autres champs d'investigations lui permettant d'intégrer l'apport des sciences sociales, comme la sociologie, l'anthropologie, l'histoire et des approches statistiques. Assurément d'autres ont déjà emprunté cette voie dans divers domaines : Susan Okin avec *Justice genre et famille* (1989) avait déjà ouvert la philosophie bien au-delà de ces concepts et même de ces principes ; Will Kymlicka, avec *Citoyenneté multiculturelle*, dans le domaine des cultures ; Simon Caney (2005, 2008, 2009a, 2009b, 2009c) dans celui du changement climatique ; et Thomas Pogge avec *The health impact fund making new médecine accessible for all* (2011), qui s'est interrogé sur les inégalités d'accès aux soins de santé.

Tel est l'apport de Renaut à la reformulation des théories de justice et de surcroît à la philosophie politique appliquée. Les philosophies du « contrat » et du « marché » divergent, mais elles reposent en fait sur la même définition individualiste de l'homme et une conception identique de la vie en société.

---

[158] E. KANT, « Architectonique de la raison pure », *Critique de la raison pure*, trad. A. Renaut, Paris, 1987, p. 675.

[159] A. RENAUT, E. BROWN, M.-P. CHARTRON et G. LAUVAU, *Inégalités entre globalisation et particularisation*, *op. cit.*, p. 39-40, 104.

Renaut, en passant en revue l'œuvre de libéraux tels que Burke, Constant ou Hayek, met en relief l'inquiétude de ces penseurs face à la tentative de reconstruction abstraite à quoi mène la théorie du contrat social ; ces derniers voient dans le refus de toutes les traditions et des coutumes, une avancée vers la terreur, approche à laquelle il convient aujourd'hui de s'intéresser.

De nos jours, la philosophie politique appliquée doit résolument aborder les injustices, les inégalités et les discriminations dans une forme fortement désidéalisée en s'appuyant exclusivement sur des faits ou des contextes précis, en vue d'élaborer des principes normatifs corrigeant ces injustices et ces discriminations. Cette approche est à l'opposé de Rawls et ses successeurs qui en matière de justice distributive avaient privilégié les théories idéales de la justice. Cette perspective offrait aux individus la possibilité de respecter un certain nombre de principes justes de distribution, pour que le bien à distribuer soit relativement abondant pour chaque individu.

Au-delà de l'intérêt majeur qu'apporte la méthodologie de Renaut, la théorie de justice développée par Sen, qui fait preuve de plus de réalisme, mérite également de s'y attarder. Sen, en critiquant la conception de la justice de Hobbes à Kant et de Locke à Rousseau, fondée exclusivement sur la recherche de dispositifs sociaux parfaitement justes[160], s'inscrit aussi en faux contre une autre tradition. Celle allant d'Adam Smith à Marx et de Condorcet à John Stuart Mill, dans laquelle la question de la justice n'est résolue que par les « comparaisons entre les divers modes de vie que les gens pourraient avoir[161] » au sein des différentes structures.

4. Démarche applicative

Une fois la méthodologie comprise, Alain Renaut, au travers d'une démarche applicative, s'emploie à faire comprendre l'inefficacité de principes généraux face à certains cas extrêmes tels que les génocides, la prostitution et les viols massifs accomplis au Rwanda, en Bosnie ou aujourd'hui au Burundi – sans oublier les effets catastrophiques du changement climatique au Niger ou au Bangladesh. À cela, s'ajoutent d'autres formes d'injustice nécessitant la mobilisation d'une nouvelle façon de philosopher, ne se consacrant plus à établir des principes généraux de justice, mais incluant la détermination des agendas en vue de résoudre la

160 A. SEN, *L'Idée de la justice*, *op. cit.*, p. 20.
161 *Ibid.*, p. 21.

situation tout à la fois globale et particulière selon laquelle le réel s'inhumanise[162].

C'est donc un constat d'échec de la philosophie politique, sous cette forme, à entrer dans le réel et à contribuer à une réduction des inégalités entre les individus et les collectifs. Notamment, au regard des situations d'injustice extrêmes, comme le génocide rwandais face auquel ces théorisations grandioses sont restées silencieuses et incapables d'agir ; ou comme les conditions à Haïti, avant et après le séisme de 2010, devant lesquelles la communauté internationale n'a su arracher Haïti à sa si grande pauvreté[163].

Alain Renaut mobilise à la fois le bien-être matériel et l'accès des individus à la liberté comme moyen de se déterminer pour une éthique du développement juste et équitable[164]. D'après cette logique, le bien-être passe absolument par la mise à disposition des ressources et la possibilité d'en créer et d'en jouir selon une conception de vie propre à chaque individu, c'est-à-dire de créer un environnement économique et social qui permette aux capacités de s'exprimer en liberté d'agir. C'est cette nouvelle approche multisectorielle du développement qui se réfère à la justice compensatrice que John Rawls met en place à travers son principe de réparation[165].

Ainsi, la pauvreté extrême des Pygmées Ndenga dont il est question ici peut se comprendre à partir des démarches entreprises par Sen, Pogge et Nussbaum, mais davantage encore par Renaut. En effet, il a, à partir des cas particuliers, plaidé en faveur d'une démarche de la délibération publique et collective pour définir les priorités susceptibles d'être promues en vue de la théorisation d'un système de justice mobilisable pour le bien-être des populations concernées par les situations extrêmes.

Aussi, afin de rendre plus intelligible la situation de pauvreté extrême des Pygmées Ndenga, il est indispensable de proposer une méthodologie appropriée comme l'a fait Renaut en alliant la dotation des ressources nécessaires en cas d'urgence et le renforcement de la capacité d'agir. Et ce dans l'objectif de présenter un programme de développement qui soit à même de résorber, au moins en partie, la pauvreté multisectorielle à laquelle les Pygmées Ndenga sont confrontés pour sortir de la survie et vivre plus ou moins décemment.

---

[162] *Ibid.*, p. 309 *sq.*

[163] Voir A. RENAUT, *L'Injustifiable et l'extrême, manifeste pour une philosophie appliquée*, *op. cit.*

[164] Voir A. RENAUT, *Un monde juste est-il possible ?*, *op. cit.*, p. 295 *sq.*

[165] A. RENAUT, E. BROWN, M.-P. CHARTRON et G. LAUVAU, *Inégalités entre globalisation et particularisation*, *op. cit.*, p. 35-38.

De manière concrète, il paraît évident que la situation des Pygmées Ndenga requiert la mobilisation des ressources en matière de vêtements, médicaments, outils de travail et autres biens matériels, en bref de produits de première nécessité. Aussi, et de manière plus durable, il semble nécessaire de faciliter leur accès à l'éducation afin d'accroître leur liberté de choisir un mode de développement qui leur convienne. C'est dans cette optique que l'approche de Renaut en philosophie politique est séduisante car adaptée au contexte étudié.

Partie II –
POURQUOI APPLIQUER CES APPROCHES AUX CAS DES PYGMÉES NDENGA ?

Toutes ces approches qui s'inspirent des capabilités initiées par Sen se fondent non sur les ressources, ni sur les résultats visés pour analyser la pauvreté, les inégalités et les injustices, mais sur les comparaisons interpersonnelles pour relever ce que les individus sont capables d'être ou de faire réellement.

Ces approches proposent une alternative évaluative qui offre un double avantage.

D'une part, elles ne se contentent pas de mesurer le bien-être par la quantité de biens disponibles ; elles vont au-delà en prenant en compte des différences inhérentes aux modes opératoires qui incluent les procédures d'exclusion empêchant un individu ou un groupe d'accéder aux droits en raison de leur race, de leur couleur ou de leur sexe[166].

Ainsi, compte tenu des diversités humaines, retenir comme critère de justice la distribution équitable des libertés et des droits n'est pas légitime. Il faut inclure les libertés réelles de jouir des ressources dont peut disposer chaque individu, puisqu' « une personne invalide, par exemple, peut faire beaucoup moins avec le même niveau de revenus et de biens premiers qu'une personne valide[167] ».

L'approche par les capabilités permet aussi de tenir compte de la liberté dans toute son étendue afin d'autoriser la comparaison interpersonnelle et de mesurer les inégalités dans la société. Aussi, elle offre une autre perspective de distribution, par rapport à la focalisation sur les préférences individuelles qui ne peuvent malheureusement pas tenir compte de la situation de handicap dont souffriraient certains individus et de leur choix pour les libertés à valoriser[168].

Par conséquent, l'approche capacitaire oppose un autre critère de l'évaluation du bien-être, fondé sur les comparaisons interpersonnelles qui tiennent compte du sujet agissant et de la manière dont il agit. En revanche, l'évaluation par le résultat ne peut pas constituer le fondement d'une théorie normative à cause de sa pauvreté et de son caractère restrictif :

> La conception utilitariste est étroite et inadéquate, et la théorie moderne du bien-être l'a appauvrie davantage, imposant d'autres restrictions, en particulier le rejet des comparaisons interpersonnelles d'utilité. On peut compenser cet appauvrissement supplémentaire en

---

[166] A. SEN, *L'Idée de justice*, *op. cit.*, p. 95.
[167] *Ibid.*, p. 97.
[168] A. SEN, *Éthique et économie et autres essais*, *op. cit.*, p. 210.

revenant à une conception utilitariste plus « pure », mais cela ne remédiera pas à la pauvreté de la vision utilitariste de la personne[169].

Sen trouve dans la pauvreté de l'utilitarisme une justification pour réintroduire les comparaisons interpersonnelles dans le choix collectif comme seul critère pour mesurer l'égalité et la justice. Ainsi, il veut par-dessus tout réintroduire l'évaluation des résultats dans l'évaluation morale. L'approche par les capabilités est une approche théorique qui offre un cadre empirique permettant d'élaborer l'Indice du développement humain comme l'a fait Sen dans les années 1990.

Les approches de Sen, Nussbaum et beaucoup d'autres philosophes tels que Renaut et Pogge offrent un cadre théorique idéal applicable aux situations les plus extrêmes. Sen dans *Poverty and Famines* a permis de comprendre que la famine au Bengale et au Bangladesh n'était pas la conséquence de l'indisponibilité, mais le résultat de la non-accessibilité d'une partie de la population à la nourriture disponible[170].

Quand Nussbaum se posant cette question : « Qu'est-ce que les gens sont réellement capables de faire et d'être ? », elle essaie de rendre effectif un ensemble de capabilités humaines qui reflètent ce que les personnes ont réellement les moyens de faire et d'être pour rester digne. Pour elle, cette dignité humaine concerne plus particulièrement les femmes, dont Vasanti est l'exemple type, car partout dans le monde elles sont confrontées aux inégalités qui les empêchent de se réaliser[171]. Ces exemples fournissent des arguments et confortent la thèse permettant d'envisager que l'extrême pauvreté des Pygmées peut être jugulée à condition lui trouver une approche correspondante.

---

[169] A. SEN, *Éthique et économie et autres essais*, *op. cit.*, p. 55 ; et A. SEN, *L'Idée de justice*, p. 337 ; voir E. MONNET, « La théorie des "capabilités" d'Amartya Sen face au problème du relativisme », *Tracés. Revue de Sciences humaines*, 12 | 2007.

[170] Voir A. SEN, *Poverty and Famines. An Essay on Entitlement and Deprivation*, *op. cit.*

[171] Voir M. NUSSBAUM, *Femmes et développement humain. L'approche des capabilités*, *op. cit.*

Section I LES PYGMÉES NDENGA, LES HYPOTHÈSES ET LES CONTRADICTIONS

Chapitre I. Peu d'études : les Pygmées Ndenga, un peuple inconnu ou méconnu ?

Pourrait-on affirmer que l'inattention, le manque d'intérêt ou les falsifications des faits historiques sont les causes de la méconnaissance de certains peuples parmi lesquels les Pygmées Ndenga de la République démocratique du Congo ? Sont-ils le même peuple que celui décrit par certains ethnologues et anthropologues qui le citent dans leurs études ? Que disent-ils d'eux-mêmes ?

Ayant pris connaissance auprès d'eux de leurs valeurs culturelles, ces questions se sont imposées eu égard à divers éléments : les contradictions des sources les concernant[172] ; la concentration des recherches sur les Pygmées sur les mêmes terrains[173] ; la non-actualisation des résultats des recherches effectuées à l'aube de la découverte des Pygmées depuis le xixe siècle jusqu'aujourd'hui. L'arrêt ou la non-reprise des recherches entreprises par les anthropologues africains rendent aujourd'hui complexes, voire problématiques, certaines affirmations sur l'appartenance d'une tribu isolée des Pygmées par rapport à un groupe plus proche ou éloigné. Le doute persiste aussi sur les caractéristiques communes des groupes partageant ou non les mêmes territoires.

1. Les craintes et les incertitudes sur les sources

Serge Bahuchet a récemment exprimé une inquiétude en se posant cette question : « Tous ces groupes, dispersés, mais réunis sous le même nom, ont-ils quelque chose en commun ? La réponse nécessite des informations d'ordres divers, mais se heurte à des difficultés méthodologiques qui ne sont pas à négliger[174]. » Cet argument ne fait qu'éclairer et renforcer les inquiétudes et les incertitudes sur tout ce qui a été rapporté sur le peuple

---

[172] Voir Paul SCHEBESTA, *Les Pygmées du Congo*, Bruxelles, 1940 et Vedas MAES, *Les peuples de l'Ubangi. Notes ethno historiques*, Kinshasa, 1984.

[173] Voir Serge BAHUCHET, « Pygmées ou "Pygmées". Quelques étapes pour une meilleure compréhension du complexe des communautés sylvestres d'Afrique centrale », in *Journal des africanistes*, 82 – 1/2 | 2012, p. 5-14.

[174] *Ibid.*

pygmée en général et les Ndenga en particulier. D'où la pertinence des questions suivantes : les Ndenga sont-ils inconnus parmi les peuples de l'Ubangi ou sont-ils simplement méconnus ? Si tel est le cas, quelles en sont les raisons ? Les sources à disposition sont-elles fiables et suffisantes ? À ces questions dont les réponses relèvent des anthropologues et ethnologues, il n'est pas possible d'apporter de réponses satisfaisantes. Néanmoins, toutes les sources relancent la question de la véritable identité des Pygmées qu'elles ont toujours évoqués et souvent décrits.

Ces questions ont succédé une série de constats issue des recherches effectuées sur place sur la connaissance ou la méconnaissance des Ndenga. Un travail harassant, dans des conditions difficiles et éprouvantes – « ces explorations longues et fatigantes sur des routes caravanières[175]… » — qui a fourni des éléments anthropologiques non négligeables sur certains peuples d'Afrique. Il est à préciser que ces interrogations ne constituent nullement une prise de position en faveur du réseau afrocentriste, qui considère que seuls les Africains seraient en mesure de produire des résultats fiables pour des recherches anthropologiques, ethnologiques… effectués sur le sol africain[176]. Tout équivoque doit être levé afin de réfléchir en toute objectivité sur les sources livrées ici.

2. Sources contradictoires

Les Ndenga constituent un petit groupe de Pygmées qui vivent en forêt en République démocratique du Congo. Leur territoire s'étend entre Yumbi et Mbati-Ngombe dans le secteur de Libenge-Sud, cité de Mawuya, dans la province du Sud-Ubangi située à peu près à 1 000 km à vol d'oiseau de Kinshasa[177]. C'est un groupe sur lequel trop peu d'études ont été menées, la plupart ayant porté soit sur la République centrafricaine, soit sur la

[175] Serge BAHUCHET, « Pygmées ou "Pygmées". Quelques étapes pour une meilleure compréhension du complexe des communautés sylvestres d'Afrique centrale », art. cit., p. 16.

[176] Voir échanges sur un ton polémique entre Bouquiaux et Bissengué. https://www.sangonet.com/hist/FichHistoire/Pygm/civilis-af-hist.html, consulté le 12 mars 2018 ; https://www.cairn.info/publications-de-Bouquiaux-Luc--28821.htm, consulté 12 mars 2018.

[177] Voir Paul SCHEBESTA, *op. cit.*, p. 34 ; voir Vedast MAES, *Les Peuples de l'Ubangi. Notes ethno-historiques.* p. 21-22 ; voir Jean JADIN, *Les Groupes sanguins des pygmoïdes et des nègres de la province équatoriale. Congo belge*, p. 4, 8.

République du Congo. Quant à ceux qui se trouvent de l'autre côté du fleuve Ubangi de la République démocratique du Congo, ils sont, à notre avis, très mal connus, parce qu'ils n'ont jamais été l'objet d'une étude sérieuse. C'est pourquoi ils ont souvent été assimilés aux Pygmées Bonzenze qui habitent l'autre rive du fleuve Ubangi en République du Congo ou en Centrafrique. P. Schebesta pense qu'ils formaient un même groupe avec les Pygmées Bonzenze qu'il nomme Babinga, Ndenga ou Yandenga qui se trouvent de l'autre côté du fleuve Ubangi en territoire centrafricain ou congolais-Brazzaville et auraient choisi de traverser le fleuve en territoire congolais-Kinshasa : « Ces derniers sont en réalité des nains Babinga, les frères de ceux qui vivent dans l'Ubangi français.[178] » Tel n'est pas l'avis de Vedast Maes[179] qui estime que les Ndenga ou Babinga seraient venus du nord-est de leur territoire actuel, c'est-à-dire en République démocratique du Congo : « [...] les vieux disent que leurs pères vivaient encore du côté gauche de Lua[180] . » Ils n'auraient donc pas, selon lui, traversé l'Ubangi.

En résumé, Schebesta, comme beaucoup d'autres ethnologues qui se sont penchés sur l'étude des Pygmées Ndenga ou Babinga, situent leur origine soit au Congo-Brazzaville ou en République centrafricaine, tandis que Vedast Maes situe leur origine en territoire congolais (Kinshasa).

Comment concilier ces deux hypothèses sur l'origine des Ndenga qui sont fortement opposées ? Après constat sur le terrain, la description de Maes correspond à un groupe de Ndenga situé plus au sud par rapport à ceux qui sont aux alentours de Mawuya situé un peu plus au nord. Si l'hypothèse de Schebesta suscite des interrogations, il en est autant pour Maes. Comment peut-on situer l'origine d'un peuple aussi disparate à partir d'un seul groupe ? Pour avoir évangélisé dans la région, Maes s'est-il pour autant rendu compte de l'existence d'autres groupes Ndenga situés un peu plus en amont ? Son hypothèse ne correspond-elle pas à un clan pygmée qu'il nomme des Kuba ? S'est-il rendu sur le terrain pour recueillir des informations ou s'est-il contenté de recherches d'autres ethnologues ?

3. Remarques sur les sources

Ces deux hypothèses induisent deux remarques. Première remarque : tout d'abord, la rivière Lua prend incontestablement sa source en République

---

[178] Jean JADIN, *Les Groupes sanguins des pygmoïdes et des nègres de la province équatoriale. Congo belge*, *op. cit.*, p. 4.

[179] Le père Vedast (Gaston Alfons) MAES fut missionnaire au Congo belge de 1933 à 1978, il a passé toute sa vie dans la région de l'Ubangi (Vicariat apostolique de l'Ubangi, actuel diocèse de Molegbe).

[180] Vedast MAES, *Les Peuples de l'Ubangi. Notes ethno-historiques*, *op. cit.*, p. 22.

démocratique du Congo et se jette dans le fleuve Ubangi à la hauteur de Mbati Ngombe toujours en RDC. Cependant, même si l'hypothèse de Maes semble être la plus plausible, rien ne garantit qu'elle concerne tous les Ndenga de cette forêt qui s'étend sur plus ou moins 100 km^2. Il convient alors de vérifier si les Kuba dont parle Maes et les Botobi dont se réclament les Ndenga sont issus du même groupe, et pour ce faire de mener une recherche approfondie.

Deuxième remarque : pour arriver en République démocratique du Congo à partir du territoire centrafricain ou congolais (Brazzaville) dans les environs de Mawuya, zone d'habitation des Ndenga, il faut absolument traverser la rivière Ubangi. Si les Ndenga sont venus du Congo-Brazzaville comme l'affirme Schebesta, ils se seraient donc forcément servis de pirogues ou de radeaux. Pourquoi n'ont-ils pas conservé le souvenir de l'usage de la pirogue ou du radeau ? Pourquoi sont-ils restés à l'intérieur de leur terre, vivant exclusivement de la chasse, de la cueillette et de la pêche dans les ruisseaux et les marais sans jamais s'aventurer sur le fleuve Ubangi ?

Alors que les autres familles supposées des Ndenga ou les Babinga du Congo-Brazzaville et de Centrafrique, que les Ndenga nomment les Banzenze, sont à la fois chasseurs, cueilleurs et excellents pêcheurs sur le fleuve Ubangi, se servant de pirogues et de filets pour exercer leur métier. Sur le terrain, il est aisé de constater que ceux qui sont de l'autre côté du fleuve Ubangi c'est-à-dire au Congo-Brazzaville maîtrisent les techniques de pêche sur le fleuve Ubangi. Alors que ceux de RDC, malgré leur proximité avec le fleuve Ubangi, n'y pratiquent pas la pêche et ne savent rien de la fabrication de pirogues, sauf si leur maître leur demande d'en fabriquer une sous leur responsabilité.

Voici ce que pensent Marine Robillard et Serge Bahuchet :

> Le long de la Sangha, les chasseurs-cueilleurs Mbenzele. Dans ce cas précis, les groupes de la rive gauche parlent une langue bantoue (un dialecte de l'aka) alors que ceux de la rive droite parlent le baka, une langue oubanguienne, sans intercompréhension possible. Par cette terminologie, ce groupe reconnaît ce qui fait la similitude entre eux et en même temps la différence avec les autres[181].

Cette thèse atteste clairement une différence de grande importance entre les deux familles Ndenga des deux rives opposées du fleuve Ubangi : les uns parleraient une langue bantoue, tandis que les autres une langue

[181] Voir Marine ROBILLARD et Serge BAHUCHET, « Les Pygmées et les autres : terminologie, catégorisation et politique », dans Identités « pygmées » dans un monde qui change : questions et recherches actuelles, *Journal des africanistes*, t. 82, fasc. 1-2, 2012.

oubanguienne. Sont-ils vraiment un même peuple dont les uns auraient connu une mutation ? Pourquoi ceux de RDC se sentent-ils menacés par la présence du Congo-Brazzaville ?

Toutes ces contradictions ont permis d'établir que les termes pygmées et Ndenga ne sont que des noms d'emprunt. De l'avis de Robillard et Bahuchet, ce terme ne serait qu'un terme générique décrivant un groupe de peuples hétérogènes et dispersés qui sont manifestement différents génétiquement, physiquement, linguistiquement et même culturellement. De cette généralisation, on est parvenu à la conclusion selon laquelle tous les groupes pygmées seraient identiques quand bien même l'on ne disposerait d'aucune information culturelle sur chaque membre du groupe[182]. Cet argument est convaincant au sens le terme Ndenga serait attribué arbitrairement à un peuple ayant une certaine manière de vivre apparentée.

Ndomu[183], l'un des Ndenga rencontrés sur place dira : « Tu sais que les Bonzenze[184] sont très sauvages, ils nous battent et nous ravissent tous nos produits de chasse quand ils nous rencontrent dans la forêt. Pourtant ce sont eux qui traversent pour nous provoquer ici[185]. » Ce témoignage semble corroborer le doute qui subsiste : sont-ils un même peuple ? Pourquoi les uns seraient-ils plus violents que les autres ? Autant de questions aujourd'hui sans réponse.

Chapitre II. Dénomination incertaine

1. Du nom comme déterminant identitaire et culturel

Une autre question subsiste à propos de leur dénomination. Quels noms les Pygmées Ndenga se donnent-ils ? Ndenga, Babinga ou Yandenga ? Certains ethnologues ou anthropologues affirment que leurs voisins leur auraient attribué la dénomination Ndenga ou Yandenga, tandis qu'eux-mêmes s'appelleraient les Babinga, « les Pygmées sont appelés Ndenga par d'autres populations, eux-mêmes s'appellent Babinga[186] ». Mais d'autres

---

[182] *Ibid.* et voir BAHUCHET, « Les Pygmées d'aujourd'hui en Afrique centrale », *Journal des africanistes*, vol. 61, n° 1 ; Alain FROMENT, 1993, « Adaptation biologique et variation dans l'espèce humaine : le cas des Pygmées d'Afrique », *Bulletins et Mémoires de la Société d'anthropologie de Paris*, 5 : 417-448 ; Stefan SEITZ, *Pygmées d'Afrique centrale*, trad. L. Bouquiaux & G. Lex, Paris, Peeters – SELAF, 1993.

[183] Chef du campement Ndenga.

[184] Le nom que les Pygmées Ndenga attribuent aux Pygmées de l'autre côté du fleuve Ubangi en territoire du Congo-Brazzaville.

[185] Témoignage recueilli lors de notre premier séjour en 2012.

[186] Vedast MAES, *Les Peuples de l'Ubangi. Notes ethno-historiques*, *op. cit.*, p. 21.

ethnologues affirment le contraire, en estimant que ce sont leurs voisins qui leur attribuent cette dénomination de Babinga : « On appelle, ainsi que nous l'avons dit déjà, Babinga les rares Pygmées qui sont éparpillés parmi eux.[187] » Un autre chercheur, cette fois-ci congolais, confirme cette hypothèse en ces termes : « On les appelle Mbenga (mais aussi Ndenga) en Ubangi, un nom à connotation péjorative, signifiant "les marginaux de la société" en sud Ubangi[188]. » D'autres ethnologues parmi lesquels on compte Schebesta affirment au contraire que les Ndenga eux-mêmes se donneraient le nom de Ndenga : « [...] ils prennent le nom d'Andenga[189] ». Alors qu'en les approchant, ils ne se présentent jamais comme Babinga ou autres, qu'ils considèrent comme des noms d'emprunt. Hypothèse confirmée par Robillard et Bahuchet qui attestent que :

> Tous ces noms d'origine européenne ont été appliqués indistinctement à tous les groupes présentant une différence quelconque d'avec leurs voisins, au fur et à mesure qu'on les contactait. Les savants proposèrent d'autres termes, tels que Négrilles. À ceux-ci s'ajoutèrent rapidement des noms locaux, la plupart du temps dérivants de noms donnés par les voisins de ces groupes : Batwa, Bambuti. Les Ndenga appartiendraient au groupe Aka Babinga, employé comme synonyme de, ou accolés à Pygmées[190].

---

[187] Jean JADIN, *Les Groupes sanguins des pygmoïdes et des nègres de la province équatoriale*, *op. cit.*, p. 4.

[188] Jean OMASOMBO TSHONDA (sous la direction de), *République démocratique du Congo. Sud-Ubangi. Bassins d'eau et espace agricole*, Tervuren, Samsa, 2013.

[189] Paul SCHEBESTA, *Les Pygmées du Congo belge*, p. 34.

[190] Marine ROBILLARD et Serge BAHUCHET, « Les Pygmées et les autres : terminologie, catégorisation et politique », art. cit.

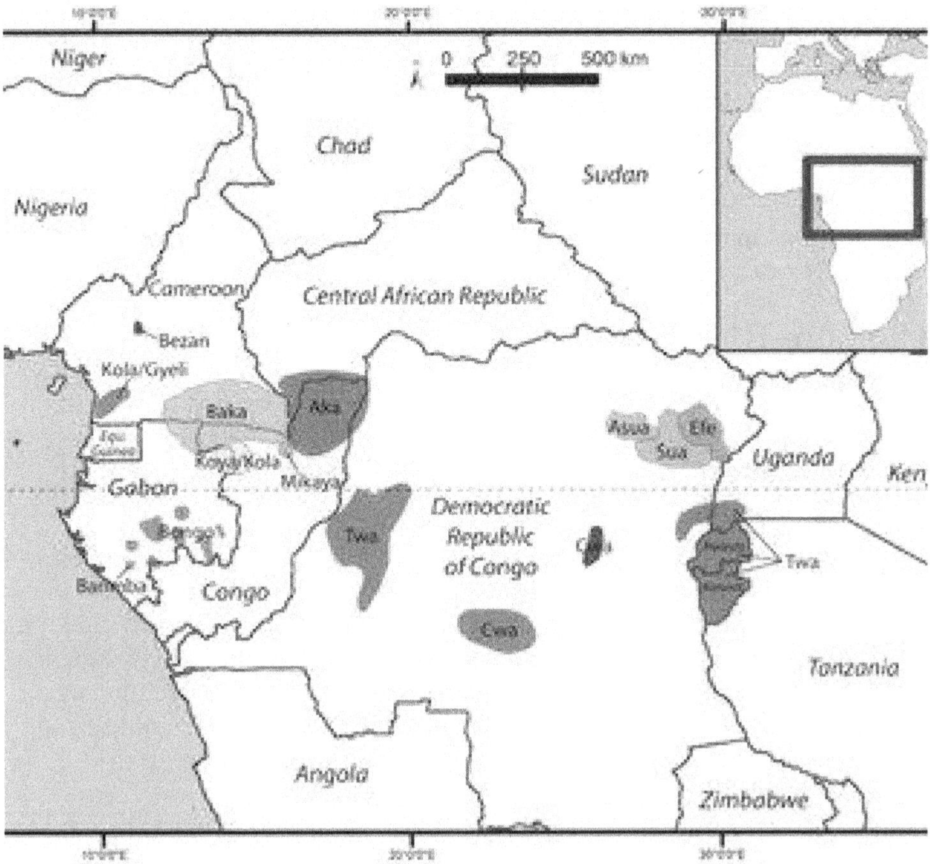

Fig. 1. Répartition des principaux groupes pygmées

Tandis qu'eux-mêmes se présentent très souvent par les noms de leurs clans : Kuba, Botobi… Le choix s'avère complexe face à toutes ces hypothèses. Laquelle des trois est la vraie ?

2. Impossibilité logique

Il ne s'agit pas de se lancer dans des analyses linguistiques pour authentifier les sources, ce qui relèverait d'autres compétences. Cependant ces hypothèses soulèvent des questions sur le traitement des sources et l'identité des Pygmées qu'elles décrivent. Les difficultés liées à la dénomination des Pygmées de cette zone ne peuvent se comprendre par le principe aristotélicien de non-contradiction, principe fondamental de la logique énoncée par Aristote : il est impossible d'affirmer une chose et son contraire en même temps. Ce qui serait une impossibilité logique. Dans le cas d'espèce, il ne s'agit pas seulement de termes ou de propositions, mais il est ici question de faits ou de réalités. L'existence du peuple pygmée n'est plus à prouver. Les Pygmées existent en réalité. Ainsi leurs différentes dénominations ne peuvent pas remettre en cause leur existence, mais cette contradiction manifeste laisse apparaître un problème philosophique d'un autre ordre : celui du nom touchant à l'identité des Ndenga.

Chapitre III. Localisations des recherches sur les Pygmées

1. Concentration des recherches dans un même territoire

Toutes les recherches effectuées sur les Pygmées Ndenga ou Babinga, que ce soit en République démocratique du Congo, en République centrafricaine ou en République du Congo, ont été effectuées sur les mêmes terrains. Bahuchet confirme cette tendance en affirmant que « la plupart des recherches récentes sont réalisées au sein des mêmes équipes, qui s'impliquent longuement sur les mêmes terrains[191] ». En Centrafrique, le terrain de recherche

> s'étend dans sa quasi-totalité de l'Oubangui à la Sangha, à l'intérieur d'une zone comprise entre le premier degré de latitude nord et la Lobaye. Elle se prolonge au Nord par la région de Mbaïki, à l'Ouest le long de la rive droite de la Sangha, par une étroite bande nord-sud qui ne dépasse pas le seizième degré de longitude est[192].

Tandis que celles effectuées sur le territoire du Congo-Brazzaville partent de Likouala et débordent jusqu'au nord et nord-ouest de la République centrafricaine[193]. Ces territoires ont été visités par la quasi-totalité des anthropologues et ethnologues qui se sont consacrés aux études des Pygmées Ndenga ou Babinga et dont les résultats de recherches ont été étendus à ceux

---

[191] Serge BAHUCHET, « Pygmée ou "Pygmées" ? Quelques étapes pour une meilleure compréhension du complexe des communautés sylvestres d'Afrique centrale », art. cit.

[192] Lucien DEMESSE, *Technique et économie des Pygmées Babinga*, Paris, 1980, p. 10.

[193] *Ibid.*

qui vivent sur le territoire de la République du Congo. Aussi, sachant que les Pygmées vivent en petits groupes isolés, il est intéressant de savoir pourquoi l'extension des résultats de recherches sur le sol congolais (RDC) a été possible ?

De même, en République démocratique du Congo, les recherches sur les Pygmées se sont davantage concentrées dans la partie orientale du pays, notamment en Ituri dans la forêt avoisinant le Rwanda, l'Uganda, et au centre du pays, dans les régions environnantes de Mbandaka. Les Pygmées Bambuti situés en Ituri, les Batwa dans les environs de Mbandaka, ont été l'objet de plusieurs recherches dont les plus importantes furent celles du père Gustave Hulstaert[194] auprès de Batwa et de celle de Paul Schebesta auprès des Mbuti.

Schebesta affirme avoir effectué trois expéditions auprès des Mbuti pour :

> se procurer une vue d'ensemble de tous les clans de Bambuti, et établir leur unité de race et de structure sociale [...] à l'étude de la culture des Pygmées et de leur langage [...] les Bambuti de l'Ituri et les Batwa du Kivu ont donc été systématiquement étudiés au cours des longues années de travail, en sorte que nous nous sommes abondamment documenté sur leur compte, tant pour la race que pour leur culture[195].

C'est un argumentaire suffisant pour démontrer que des études sérieuses furent menées sur les Mbuti de l'Ituri afin de déterminer avec plus ou moins d'exactitude certaines de leurs caractéristiques à partir de leur environnement, de leur culture et définir ce qu'ils sont. Si de telles études avaient été faites sur les Ndenga de la République démocratique du Congo, elles lèveraient les équivoques qui subsistent à propos de leur parenté supposée avec ceux vivant de l'autre côté du fleuve Ubangi en territoires Centrafricain ou Congolais.

Cette hypothèse interpelle et ne fait que renforcer le doute :

> Entre un groupe et ce qui en constituerait des sous-ensembles, les divergences de vues sont parfois énormes. Certains peuples, devenus démographiquement (fortement) minoritaires, sont vite assimilés à d'autres groupes. Le recours à de nouvelles identités et à des noms collectifs qui n'existaient pas avant la colonisation (tels que « Bangala » et « Gens d'eau ») n'a pas résolu le problème. Faute d'études critiques approfondies d'ensemble sur la région, il est ainsi impossible de maîtriser l'identité des populations du sud-Ubangi

---

[194] Gustave HULSTAERT, « Le dialecte des Pygmoïdes Batswá de l'Équateur », 1948, *Africa*, 18, p. 21-28.

[195] Paul SCHEBESTA, *Les Pygmées du Congo belge*, *op. cit.*, p. 16-17.

actuel. Aussi le texte qui suit se veut-il un panorama général. Il ne remplace pas les sources citées, même si celles-ci nécessitent une lecture critique[196].

Cet extrait est tiré d'une étude faite récemment par un groupe de chercheurs congolais qui manifeste son impuissance face aux sources contradictoires dont il dispose, mais ne résout pas non plus les divers problèmes ou incohérences que soulèvent ces sources.

Comment peut-on établir des liens entre les Pygmées de deux rives opposées de l'Ubangi, alors que les recherches ont été exclusivement effectuées sur l'autre rive ? Pouvons-nous, dans le cas d'espèce, généraliser des résultats au niveau d'une vaste étendue à partir de recherches effectuées sur un terrain plus restreint ? Quelles en sont les conséquences anthropologiques, sociologiques et historiques ? Suffit-il qu'un peuple soit proche d'un autre pour qu'ils partagent la même histoire et la même sociologie ? Une fois de plus, ces questions laissent perplexe et ne permettent pas d'établir le lien de parenté entre les Ndenga qui se trouvent sur les deux rives opposées de l'Ubangi. Tout ceci mène à penser que les Ndenga de la République démocratique du Congo n'ont pas été encore systématiquement étudiés.

Pour quelles raisons les anthropologues qui ont étudié les Ndenga de la Centrafrique et du Congo-Brazzaville les associent-ils à ceux de la République démocratique du Congo ? Quels sont les facteurs qui déterminent l'appartenance d'un peuple à une tribu ? Ces facteurs sont-ils linguistiques, génétiques ou culturels ? L'extrait suivant illustre malheureusement cet état de fait :

> Après les Pygmées du Gabon et du Cameroun, on trouve les Babinga des rives de la Sangha et du Dja, qui s'étendent jusqu'au district de l'Ubangi belge. Eux aussi devraient être compris dans le groupe des Pygmées d'Afrique occidentale, mais leur genre de vie, calqué sur celui des Nègres d'alentour, et leur mélange racial avec les éléments non pygmides en font un groupe à part[197].

Le chercheur Jean Jadin, médecin de son état, après des examens pour déterminer les groupes sanguins des différents peuples de la région, considère, à la suite de Schebesta, que les Ndenga ou Babinga ne sont pas de vrais Pygmées, mais sont issus de mélanges entre les vrais Pygmées et les Bantous. D'où cette interrogation : si dans les années trente qui

---

[196] Jean OMASOMBO TSHONDA, *République démocratique du Congo. Sud-Ubangi. Bassins d'eau et espace agricole*, *op. cit.*, p. 69.

[197] Voir Paul SCHEBESTA, *Les Pygmées du Congo*, *op. cit.*, p. 18.

correspondent aux différentes expéditions de Schebesta[198], il y avait eu mélange racial entre les Babinga de l'Ubangi belge et les Nègres, pourquoi les Babinga d'aujourd'hui conservent-ils toujours leur mode de vie et sont autant discriminés ? Disons-le, les rapports entre les Babinga et leurs voisins ont considérablement évolué, mais cette évolution n'a pas d'impact positif sur la situation des Babinga toujours discriminés et privés de tous leurs droits.

Voici le témoignage de Ndomu à propos de la privation des droits :

> Une fois, j'étais allé ramasser des noix de cola, au retour je croise un groupe de Mbati qui revenait de la chasse. Ceux-ci m'ont ravi toutes les noix de cola que je transportais dans mon panier en me menaçant de ne pas disposer du droit de ramasser les noix de cola dans cette partie la forêt dont ils sont propriétaires, pourtant mon clan et moi avions toujours exploité cette forêt.

Ce témoignage glaçant discrédite la thèse du mélange racial entre les Babinga et leurs voisins.

Mieux encore, il est possible d'admettre que le mélange a effectivement eu lieu, mais avec les Babinga qui n'habitent plus la même forêt que ceux d'aujourd'hui. Car, les éléments existants actuellement ne permettent pas d'affirmer ou d'infirmer un possible mélange racial entre les Babinga et leurs voisins. Ne s'agit-il pas d'un autre groupe de peuples dits pygmées ayant d'autres caractéristiques ? Mais, imprégnés des traditions africaines et plus particulièrement oubanguiennes, il sied de noter que le mélange racial a toujours eu des conséquences positives sur les rapports entre les peuples. D'où la nécessité d'une étude approfondie sur les Babinga et leurs voisins pour clarifier cette affirmation.

2. De la pluridisciplinarité comme méthode d'approche

Bahuchet affirme :

> Pour comprendre les relations entre les divers groupes Pygmées d'Afrique et l'origine de leurs relations avec les agriculteurs, d'autres disciplines doivent intervenir : archéologie, anthropologie, écologie. En effet, une discipline est impuissante à elle seule à reconstruire un

[198] *Ibid.*, p. 16.

processus historique, et seule la conjonction d'approches différentes le permettra[199].

Cette affirmation accrédite le doute sur le rapprochement entre les groupes pygmées, car, jusqu'à présent, même ceux qui ont noué plusieurs contacts avec les ethnologues et les anthropologues ne sont que partiellement connus, comme le confirme Henri Guillaume : « N'ayant fait l'objet que de recensement partiel, ce peuplement pygmée reste difficile à évaluer[200]. »

Aucun élément à ce jour ne permet d'apporter des preuves suffisantes marquant les rapports étroits entre les Babinga et/ou les Ndenga sur chaque rive de l'Ubangi ; d'autant plus qu'aucune étude sérieuse n'a encore été effectuée en République démocratique du Congo pour justifier du rapprochement linguistique, musical, sociologique ou historique entre les deux familles de Pygmées. Ceci laisse supposer que les Pygmées Ndenga ou Babinga de la République démocratique du Congo constitueraient une autre famille distincte de celles se trouvant au Congo-Brazzaville et en République centrafricaine. Une fois de plus, Bahuchet réaffirme que « la plupart des recherches récentes sont réalisées au sein des mêmes équipes, qui s'impliquent longuement sur les mêmes terrains[201] ».

Le manque d'information fiable sur certains groupes de Pygmées avait été déjà relevé par H. Vallois et P. Marquer qui estimaient que « malgré l'intérêt qu'ils présentent, ces Pygmées n'ont été encore que partiellement étudiés[202]… » Même si pour ces derniers l'œuvre de Schebesta sur les Pygmées Bambuti de la RDC, publiée en 1948 et rééditée en 1952, est la référence pour l'étude sur les Pygmées de cette aire géographique, une actualisation de cet ouvrage est indispensable ; certaines affirmations pourraient être remises en question aujourd'hui[203].

Schebesta avait focalisé ses recherches à l'est de la République démocratique du Congo dans la région de l'Ituri sur les Pygmées Bambuti qu'il a considérés, à tort ou à raison, comme formant un groupe de Pygmées

---

[199] Serge BAHUCHET, « Fragments pour une histoire de la forêt africaine et de son peuplement les données linguistiques et culturelles », *L'Alimentation en forêt tropicale : interactions bioculturelles et perspectives de développement*, Paris, Unesco, 1996, p. 98.

[200] Henri GUILLAUME, *Du miel au café, de l'ivoire à l'acajou*, Paris, Éditions Peeters, p. 19.

[201] Serge BAHUCHET, « Pygmées ou "Pygmée" ? », art. cit., p. 14.

[202] H. VALLOIS et P. MARQUER, « Les notes ethno démographiques sur les Pygmées de la République populaire du Congo avec ses zones frontières avec les Républiques centrafricaine et gabonaise », in *Bulletins et mémoires de la société d'anthropologie de Paris*, tome 7, série XIII, 1980, p. 109.

[203] Voir Jean JADIN, *Les Groupes sanguins pygmoïdes et des nègres de la province équatoriale, op. cit.*

authentiques : « Si l'on veut aller jusqu'au bout de cette distinction, l'on ne doit admettre au nombre des Pygmées authentiques que les nains de race à qui leur petite taille a depuis longtemps valu ce nom. Ce sont incontestablement les Pygmées africains ou les Bambuti[204]. »

La prise de position de Vallois et Marquer vient étayer ces doutes qui s'appuient aussi sur Bahuchet. Ce dernier a écrit : « Les Pygmées, en dépit de l'ancienneté de l'intérêt qu'on leur porte, qui remonte à plusieurs siècles, restent encore connus d'une manière fort fragmentaire. Si quelques groupes font l'objet d'une ample littérature, plusieurs autres sont très faiblement documentés, certains ne le sont même pas du tout[205]. »

Si les doutes ou les inquiétudes persistent encore jusqu'aujourd'hui, même auprès des anthropologues et ethnologues éprouvés qui ont effectué plusieurs recherches de terrain auprès des Pygmées que ce soit en Centrafrique ou au Congo-Brazzaville, qu'en sera-t-il d'un groupe n'ayant pas ou jamais été méthodiquement étudié ?

S'il y a eu des recherches sur les Ndenga, elles sont très fragmentaires et très peu documentées. Jadin – déjà évoqué plus haut – a travaillé sur les groupes sanguins des peuples du nord-Ubangi dont les Ndenga : « Au cours d'une mission d'étude effectuée au Congo belge en 1934-1935, nous avons établi la répartition des groupes sanguins des Pygmées de l'Ituri ainsi que des peuplades qui habitent les mêmes régions[206]. » Comme Jadin le confirme lui-même, ces recherches avaient essentiellement pour but de classifier les peuples de l'Ubangi à partir de leurs groupes sanguins. Ainsi a-t-il déduit d'après les résultats de ces examens le lien entre le groupe sanguin et le métissage des Ndenga avec leurs voisins :

> Nous mentionnons ces quelques examens pour bien attirer l'attention sur la présence de ces groupes pygmoïdes disséminés dans la région, mais beaucoup plus nombreux sur la rive droite de l'Ubangi (entendez par cette expression Congo-Brazzaville). Peut-être les nains, plus nombreux jadis, ont-ils été absorbés par les populations actuelles. En tout cas, nous avons été frappés par les caractères pygmoïdes que nous retrouvions chez les Ngbundu-Sud, comme par la primitivité de leurs mœurs[207].

Cette affirmation corrobore l'hypothèse de Schebesta qui considère que seuls les Bambuti seraient issus des races pures des Pygmées et que les autres groupes de Pygmées en l'occurrence les Twa et les Babinga (les

---

[204] Paul SCHEBESTA, *Les Pygmées du Congo belge*, *op. cit.*, p. 10.

[205] Serge BAHUCHET, « Pygmée ou "Pygmée" ? », art. cit., p. 4.

[206] Jean JADIN, *Les Groupes sanguins des pygmoïdes et des nègres de la province équatoriale*, *op. cit.*, p. 4.

[207] *Ibid.*, p. 26.

Ndenga) ne seraient issus que du métissage avec leurs voisins. Ainsi se pose la question de savoir si l'on peut se fonder exclusivement sur la détermination du groupe sanguin pour conclure de l'appartenance à un peuple ou à un groupe donné. Si la commercialisation de la méthode d'identification de l'ADN n'a eu lieu en Europe que vers la fin des années quatre-vingt, comment pouvait-on déterminer avec fiabilité la parenté des Ndenga avec leurs voisins seulement à partir des groupes sanguins dans les années trente ?

Eu égard à ce qui précède, Bahuchet milite pour la pluridisciplinarité afin de déterminer avec plus ou moins d'exactitude l'appartenance d'un Pygmée X au groupe. Pour être fiable, la médecine devrait travailler en synergie avec d'autres sciences connexes telles que l'histoire, la sociologie, l'anthropologie... pour parvenir à un résultat plus ou moins satisfaisant. Tel est aussi l'avis de Kazadi Ntole qui estime que :

> Un énorme travail a été réalisé sur les populations pygmées du Zaïre. Bon nombre de ces études ont diffusé et privilégié l'image prédominante du Pygmée nomadisant à travers la forêt, son milieu naturel. Cependant, elles ont occulté la connaissance et empêché l'investigation de nombreux autres groupes de Pygmées vivant loin de la forêt. En effet, pour Schebesta, qui fait de l'anthropométrie un critère privilégié, les seuls vrais pygmées sont les Bambuti de la forêt de l'Ituri. Tous les autres ne seraient que des « Pygmoformes » ou des « Pygmoïdes » [...] De nos jours, les critères ont changé. Certains chercheurs se fondent sur le caractère polyphonique de la musique comme élément primordial dans la définition du Pygmée[208].

Il n'est pas question de porter un jugement sur les sources qui ont permis le constat de certaines contradictions sur l'anthropologie Ndenga. Cependant il est légitime de poser le problème de la méconnaissance de ce peuple, qui aggrave de ce fait sa discrimination et son exploitation par leurs voisins. Comment peut-on traiter avec respect et égalité un peuple auquel on attribue un nom d'emprunt ?

---

[208] Kazadi NTOLE, « Méprisés et admirés. L'ambivalence des relations entre les Bacwa (Pygmées) et les Bahemba (Bantu) », in *Africa*, 51 (4), 1981.

Section II. SITUATIONS D'EXTRÊME GRAVITÉ

Chapitre I. Extrême pauvreté

1. De la multidimensionnalité comme mesure du bien-être

Depuis l'adoption par le PNUD de l'indice multidimensionnel pour déterminer l'extrême pauvreté, toutes les organisations internationales sont d'avis que la pauvreté ne doit plus être réduite à son expression monétaire, c'est-à-dire se définir en termes d'insuffisance de ressources économiques pour vivre décemment. Elle implique toutes les sphères de la vie. Elle englobe à la fois le manque de ressources financières, le déficit d'éducation, le manque de liberté, la privation de participation à la vie politique, la non-reconnaissance de l'appartenance à une culture donnée, l'inaccessibilité aux soins médicaux, la sous-alimentation, la dégradation environnementale, un logement précaire. Définir la pauvreté comme quantifiable monétairement est l'un des outils permettant de mesurer le bien-être.

Pourtant, le recours au seul référent monétaire pour mesurer le bien-être reste très aléatoire et creuse un fossé entre la théorie et la pratique, entre la pauvreté conceptuelle et la pauvreté réelle, ce qui ne permet pas de saisir d'autres dimensions de la pauvreté en matière de souffrance. Aborder la pauvreté dans cette perspective revient à réduire la lutte contre la pauvreté à rétablir la satisfaction des besoins élémentaires, comme l'accès à la nourriture par exemple. Cette perspective est l'une des causes de l'échec des projets de développement entrepris dans les pays du Sud (thème repris plus bas), car elle soustrait à la pauvreté sa multidimensionnalité en la confinant dans une antichambre et délaisse ce qu'elle représente effectivement. Ainsi, l'inégalité dans la satisfaction des besoins primaires qui impacte lourdement les facultés des personnes à se procurer des biens sombre dans l'oubli.

C'est pourquoi une étude sur la pauvreté au plan de l'insuffisance monétaire laisse apparaître des lacunes qui ne peuvent être comblées que si l'on prend en compte toutes les dimensions de la vie humaine. En cela, ce n'est plus la ressource qui est au centre du débat, mais l'homme en tant qu'être, doué de raison et capable de se choisir les moyens d'améliorer son bien-être afin de se libérer de la déshumanisation, dans l'espoir d'une vie décente[209]. La pauvreté est l'absence ou l'insuffisance de capacités humaines de base.

Dans cette perspective, c'est toute la dimension humaine qui inspire le débat mettant en rapport l'homme et son développement considéré comme l'élargissement des capabilités et des choix offerts à chaque individu. Cette approche est celle développée par Sen qui estime que « la valeur du niveau de vie a tout à voir avec la vie, non pas avec la possession des biens[210] ». Sen s'inscrit en faux contre l'approche dite unidimensionnelle dont se servent les bailleurs de fonds et les institutions monétaires internationales pour identifier les pauvres du monde et dont les seuls critères se limitent aux revenus monétaires. Il considère que ces critères sont justes, mais demeurent insuffisants pour répondre aux différents problèmes que pose la pauvreté dans sa multidimensionnalité.

Ainsi, comme vu dans la première partie, la pauvreté ne sera plus considérée seulement comme un manque de ressources monétaires, mais devra tenir compte des capabilités et de l'accomplissement de chaque individu. Toutefois, ces facteurs déterminants de la pauvreté varient d'une région à une autre, d'un groupe de personnes à un autre... cette variabilité complexifie davantage la question de la pauvreté. Comment peut-on relever les indices de l'extrême pauvreté des Ndenga à l'aide de l'approche par les capabilités comme Sen l'a proposé ? Quels sont les indicateurs qui déterminent l'extrême pauvreté de cette communauté ?

En effet, l'extrême pauvreté traduit la précarité qui se matérialise par l'absence de sécurités multiples affectant à la fois plusieurs domaines de la vie et empêchant une personne ou un groupe de personnes de jouir de leurs droits les plus fondamentaux. Cette précarité se prolonge jusqu'à annihiler l'existence des personnes qui y sont soumises en leur enlevant même la possibilité de reconquérir leurs droits violés ou perdus. Et cette situation de précarité s'inscrit dans la durée.

2. De la pauvreté comme l'absence des droits

Les Ndenga mènent une existence vraiment dramatique à cause de leur environnement. Celle-ci s'est considérablement aggravée en raison du manque d'infrastructures et du complexe d'infériorité qui règle leurs rapports avec les Oubanguiens. De plus, ils sont victimes de l'expropriation

---

[209] Voir Avishaï MARGALIT, *La société décente*, trad. Françoise Billard, Paris, Flammarion, 2012.

[210] Voir Alexandre BERTIN, *Glossaire des termes techniques utilisés dans l'approche par les capabilités*, 2003, p. 5 : selon Sen, les différentes choses qu'une personne peut aspirer à être ou faire, ses *beings and doings*.

de leurs terres et de leurs ressources au profit de leurs maîtres, alors que le droit à la terre et aux ressources naturelles est reconnu en droit congolais, africain et international : « Nul ne peut être privé de sa propriété que pour cause d'utilité publique et moyennant une juste et préalable indemnité octroyée dans les conditions fixées par la loi. Nul ne peut être saisi de ses biens qu'en vertu d'une décision prise par une autorité judiciaire compétente[211]. »

Il est donc indispensable de comprendre que le droit à la terre et aux ressources est lié directement à d'autres droits humains tels que le droit au bien privé, à la propriété... Bien que ces dispositions juridiques soient connues de l'État congolais pour les avoir ratifiées, elles n'ont jamais bénéficié aux Ndenga, parce qu'ils les ignorent et que leurs voisins sont dans la même situation : l'ignorance de leurs droits humains les plus fondamentaux par manque d'instruction. Dans cette partie de la République démocratique du Congo, l'ignorance peut être associée à l'extrême pauvreté, car elle en est l'une des causes principales. La dépossession des Ndenga de leurs terres et de leurs ressources les oblige actuellement à abandonner leurs mœurs et coutumes ; ils survivent désormais dans les conditions les plus extrêmes de pauvreté et de précarité comme l'a reconnu un rapport de la Banque mondiale qui affirme que « tous les indicateurs de revenu, d'éducation, de santé, de sécurité sont inférieurs à ceux de leurs voisins pauvres, vulnérables et marginalisés, telle est aujourd'hui la qualification la plus adéquate de la situation des peuples autochtones pygmées de la RDC[212] ».

Comme souligné ci-dessus, l'extrême pauvreté chez les Ndenga se manifeste généralement par leur incapacité à accéder aux droits les plus fondamentaux – droits civiques et égalité de traitement dans leurs rapports avec leurs voisins respectifs – qui les marginalisent pour diverses raisons. Cette marginalisation se matérialise par l'inégalité d'accès aux biens primaires et aux droits les plus fondamentaux, les obligeant à vivre dans la précarité absolue tendant à la chosification de leur existence.

Ces rapports inégaux entre les Pygmées Ndenga et les Oubanguiens[213] se caractérisent par l'exclusion et les discriminations en tout genre. Les Ndenga sont privés de tous les droits, fonciers, économiques et politiques, qu'ils ignorent totalement bien qu'ils soient les plus fondamentaux pour l'existence et le développement d'un peuple. Par conséquent, ils ne peuvent les revendiquer. Ainsi s'installe un processus de violences inouïes qui enferme les Ndenga dans un cycle infernal. La précarité les oblige à se rapprocher de

---

211 *La Constitution de la RDC*, Kinshasa, 2006, article 34.

212 La Banque mondiale, *Indicateur du développement dans le monde*, 2009.

213 Nom donné aux divers peuples qui vivent aux confins du fleuve Oubangui. Dans cette région ce sont les Mbati, les Mbanza et les Monzombo qui sont concernés.

leurs voisins pour combler leurs besoins de première nécessité, tels que la nourriture, les vêtements… en échange de quoi ces derniers les violentent et les exploitent. Aussi longtemps que les Ndenga ne seront pas en mesure de se prendre totalement en charge, ce cycle infernal perdurera.

Discriminations, violences tant verbales que physiques et privations sont donc les ingrédients qui déterminent les conditions de l'extrême pauvreté, car ils maintiennent les Ndenga dans la précarité, et conduisent indubitablement à l'exclusion et au complexe d'infériorité. Concernant les violences à leur égard, Ndomu[214] se confie, la tête baissée :

> Disposons-nous du droit de propriété ? Nous n'en savons rien. Les villageois nous obligent à travailler pour eux pour une cigarette ou un peu d'alcool et si nous demandons une paie en espèces, ils nous battent et promettent de nous chasser si nous réitérons la demande de paie en espèces. S'ils nous payaient en espèces, chacun de nous utiliserait cet argent pour acheter quelque chose de son choix, mais malheureusement, ce n'est pas encore le cas.

Ce témoignage illustre bien les violences et les discriminations subies par les Ndenga depuis longtemps. Ces discriminations multiples auxquelles ils sont confrontés se concrétisent de cette manière : les enfants ne sont pas enregistrés dès la naissance et ne bénéficient d'aucun droit tel que l'accès aux soins de santé qui reste l'une des causes principales du taux élevé de mortalité infantile. Ils n'ont également pas d'accès à l'éducation qui est pourtant un droit constitutionnel. À cela, s'ajoute le manque de titres fonciers qui leur donneraient un droit à la terre afin de disposer des moyens de subsister en toute autonomie[215].

Chapitre II. La non-reconnaissance de leur identité culturelle

1. L'identité : concept et enjeux

Avant d'aborder la non-reconnaissance de l'identité culturelle qui s'apparente à l'inégalité ethnoculturelle, il serait souhaitable de réfléchir et d'expliciter le sens de l'identité et les nouvelles questions qu'elle peut soulever. Aussi sera-t-il important de dégager les conséquences qui peuvent découler de la coexistence de plusieurs cultures quand celles-ci ne

---

214 Le représentant du campement Ndenga que nous avons visité.

215 Voir Thomas POGGE, « Porter assistance aux pauvres du monde », trad. Patrick Savidan, Paris, Bayard, 2003, p. 114-118.

parviennent pas à la reconnaissance mutuelle des valeurs culturelles propres à chaque groupe.

L'identité d'après Charles Taylor peut se comprendre comme une « perception que les gens ont d'eux-mêmes et des caractéristiques fondamentales qui les définissent comme des êtres humains[216] ». Loin de comprendre l'identité comme la fixité d'une culture dans la perspective du *mêmisme* ou de la *mêmeté*, elle peut se comprendre comme étant ce qui reste authentique d'un individu, quels que soient les circonstances et les lieux qui le différencient des autres à partir de son arrière-fond culturel, elle est plutôt de l'ordre de l'ipséité[217]. Dans cette optique, l'identité est sujette à la variabilité du temps, du lieu et de l'histoire, mais reste authentique. C'est ce qui constitue le caractère irréductiblement spécifique d'un individu. C'est-à-dire que l'identité correspond à l'ensemble des comportements, des représentations et des valeurs traditionnelles, transmis de façon continue par des ères de civilisations se distinguant de manière consciente les unes des autres.

L'identité peut aussi se définir dans la société comme subjectivité réflexive, dans le sens où elle est intériorisée. D'une part, parce qu'elle comprend le fait d'être soi-même, et d'autre part, elle exprime le fait de se savoir soi-même. Dit autrement, l'identité n'est rien d'autre que la capacité de se reconnaître soi-même et le fait d'être reconnu par autrui tel qu'on voudrait être.

De nos jours, ce concept est d'une importance capitale dans les sphères sociopolitiques. La simple question de savoir qui je suis renvoie à des réponses complexes. Chacun voudrait se reconnaître en tant que tel et revendique le fait d'être reconnu de la même manière par les autres. Renaut et S. Mesure essaient de situer cette complexité à trois niveaux.

Primo, l'identité renvoie à la spécificité de l'individu comme faisant partie de la race humaine, c'est-à-dire qu'elle fait référence à l'appartenance de l'individu à l'ensemble de l'espèce humaine : « [...] par l'indication de ce qui fait de nous un être humain comme tous les êtres avec lesquels nous partageons l'humanité[218] ».

Secundo, elle se découvre par son caractère distinctif; elle établit un rapport entre l'individu et son appartenance à un groupe ethnique ou tribal, à son hérédité biologique qui le particularise grâce à son héritage culturel ; et son héritage culturel le singularise en tant que moi propre.

---

216 Charles TAYLOR, *Multiculturalisme. Différence et démocratie*, *op. cit.*, p. 41.

217 Voir Paul RICŒUR, *Soi-même comme un autre*, Paris, Points, 2015.

218 Sylvie MESURE et Alain RENAUT, *Alter Ego. Les paradoxes de l'identité démocratique*, Paris, Flammarion, 1999, p. 9 ; voir SEN, *Identité et violence*, Paris, Odile Jacob, p. 26.

Tertio, le dernier niveau est « axé sur la référence à des paramètres d'identification intermédiaires entre l'identité spécifique et l'identité distinctive[219] ». Chaque individu expérimente, dans des circonstances qui lui sont propres, ces trois formes d'identité.

Dans la définition de l'identité d'un individu « s'entrecroisent ce qui le singularise et ce qui le particularise[220] ». La complexité de la question identitaire pose un sérieux problème dans le contexte de la globalisation, qui est un processus d'internalisation des structures de base de toutes les sociétés. En revanche, l'on assiste aussi de plus en plus à des revendications de chaque individu ou de groupes d'individus réclamant l'appartenance à une identité particulière, en dépit du fait qu'ils partagent avec d'autres personnes beaucoup de valeurs communes telles que : la liberté, la démocratie… Chacun, ou du moins chaque groupe, cherche toujours à faire valoir ce qu'il considère comme authentique pour lui-même.

En clair, la question se pose de cette manière : comment rester soi-même en partageant en commun certaines valeurs universelles avec le reste de l'humanité ? La problématique identitaire est essentiellement une question moderne. Les Modernes avaient une notion essentialiste de l'humanité. Laquelle conception est dictée par les exigences démocratiques fondées sur l'égalité et la liberté de tous les êtres humains. Cette conception essentialiste a conduit naturellement à l'indifférenciation des êtres humains. Pour les Modernes, tous les hommes sont essentiellement identiques sans exception aucune et partagent en commun une seule nature. Ce qui compte, c'est l'appartenance de l'homme à l'humanité qui est vue comme essentielle et non un attachement à une culture qui paraît contingent et accidentel, donc sans importance[221]. Ce processus d'indistinction des individus est à l'origine d'un humanisme abstrait excluant du processus de l'humanisation tout individu n'ayant aucune possibilité de la réaliser[222].

Benoist considère l'essentialisme comme la pathologie la plus courante de l'identité, parce que l'essentialisme conçoit l'identité comme un attribut figé, immuable : « ce qui est partagé à l'identique par tous les membres du groupe[223] » ; alors que l'identité se construit, elle est un instrument de dialogue et d'échange.

---

219 *Ibid.*, p. 11.

220 E. M. MBONDA, *Justice ethnique. Identité ethnique, reconnaissance, et représentation politique*, Laval, PUL, 2009, p. 32 ; voir Sylvie MESURE et Alain RENAUT, *op. cit.*, p. 11.

221 P. SAVIDAN, *Le multiculturalisme*, *op. cit.*, p. 28.

222 Voir Pierre BOURDIEU, *Méditations pascaliennes*, Éditions du Seuil, 1997, p. 80.

223 A. BENOIST, *Nous et les autres. Problématique de l'identité*, Paris, Krisis, 2006, p. 108.

2. Les conséquences de la non-reconnaissance identitaire

D'après Renaut et Mesure, l'indifférenciation des individus a des conséquences qui s'apparentent à la tyrannie de l'universel, c'est-à-dire le fait qu'une majorité d'individus puisse imposer sa volonté au point même d'opprimer celle d'une minorité par manque de reconnaissance de certains de ses droits.

La non-reconnaissance des droits des minorités peut conduire à la discrimination et à l'exclusion d'une bonne partie des individus[224]. Hypothèse confirmée par bien des philosophes, dont P. Savidan, qui affirme que « l'abstraction des différences a pu, historiquement, prendre la forme de la négation de certaines différences au profit d'une identité qui affichait des visées de domination ou assimilationnistes[225] ». Face à la conception essentialiste de l'humanité, qui a montré ses limites, c'est-à-dire l'abstraction et l'indifférenciation, se développe une nouvelle conception de l'humanité qui ne rejette pas la première, mais la considère comme une étape pour une humanité différenciée et enracinée dans une culture : « Toute humanité est déjà et toujours diversifiée[226]. »

Cette perspective explique qu'en dehors du fait de l'appartenance à l'humanité, chaque être humain est tributaire d'une culture qui l'a vu naître. De ce fait, il est façonné par son milieu, dispose d'un mode d'existence qui lui est propre et une manière de penser et de juger faisant de lui un individu culturellement différent des autres personnes ne partageant pas les mêmes valeurs culturelles que lui. Cette vision s'écarte d'un humanisme abstrait qui semble vide de contenu pour s'attacher à l'idée d'un individu enraciné dans un groupe social donné et fait appel à des droits spécifiques pour protéger chaque individu. Ainsi, la différence est acceptée et inscrite au cœur même de l'identité, la perspective en vue est non plus celle de l'égalité des conditions d'existence, mais celle de l'égalité dans la différence.

Paraphrasant Aristote qui affirme que « l'homme est un animal politique », Renaut et Mesure affirment que « l'humain est un animal défini par son appartenance à une communauté où il est reconnu[227] ». Cette position confirme que la diversité humaine doit être acceptée comme telle. Désormais, l'identité humaine n'est plus seulement une pure abstraction,

---

224 Voir S. MESURE et A. RENAUT, *op. cit.*, p. 19.

225 P. SAVIDAN, *op. cit.*, p. 32.

226 S. MESURE et A. RENAUT, *Alter Ego. Les Paradoxes de l'identité démocratique*, *op. cit.*, p. 21 ; voir Paul MAY, *Philosophies du multiculturalisme*, Paris, Les presses de Sciences Po, 2016, p. 96.

227 S. MESURE et A. RENAUT, *op. cit.*, p. 22.

mais elle est aussi et toujours ancrée dans une culture particulière ; conviction partagée par E. Mbonda pour qui « un individu se définit toujours en se référant à ce qui le caractérise comme personne distincte des autres, mais aussi en se référant au groupe auquel il appartient[228] ».

Donc, un individu a une double identité : il s'identifie à lui-même en tant qu'être distinct des autres et s'identifie aussi et surtout à sa communauté de cultures : « Reconnaître l'altérité de l'autre tout en accordant sans réserve qu'il partage avec nous à part entière, cette identité spécifique qui fait de chaque être humain un moi[229]. » C'est-à-dire que chaque humain dispose de valeurs propres qui le singularisent et, en même temps, il a une appartenance à un groupe ou une communauté donnée. C'est cette conviction qui au demeurant définit l'identité d'une personne.

Cela implique que le sujet lui-même soit capable d'interpréter ses propres convictions et ses valeurs acquises à partir d'un arrière-fond dont il a hérité. Cette autoévaluation permet de percevoir et d'intégrer sa propre différence et de reconnaître celle des autres. Cette autoreconnaissance permet à tout individu d'accepter les autres comme des sujets au même titre que soi, dotés de raison et capables d'agir en toute autonomie. Parce que la reconnaissance de ses propres valeurs permet à l'être humain de reconnaître les valeurs d'autres individus. Renaut et Mesure attestent ce fait, en affirmant que « la seule condition de l'altérité de l'autre est appréhendée à partir de la perception de son égoïté[230] ». L'autre n'est ce qu'il est que si je me reconnais différent de lui, et lui, capable de se reconnaître comme tel, et ce, réciproquement.

De ce fait, la reconnaissance de l'autre ne peut plus être perçue comme un cadeau qu'on offrirait à qui on veut, mais elle est un droit ; et Taylor de confirmer que « la reconnaissance est un besoin humain vital[231] ». L'identité ainsi comprise est véhiculée par la culture qui la porte aux moyens du langage, de la manière de vivre, de penser et de concevoir le monde. Bref une manière de concevoir l'existence.

Si l'identité exprime ce qui est propre à l'individu et voudrait être reconnue en tant que telle, comment, dans une société multiculturelle, la coexistence entre les différentes cultures peut-elle se transformer en une relation de subalternisation d'un groupe minoritaire par un groupe majoritaire ?

La subalternisation, dans ce cas de figure, est la réduction au rang inférieur d'un groupe culturel minoritaire au profit d'un groupe majoritaire.

---

[228] E. M. MBONDA, *op. cit.*, p. 32 ; voir S. MESURE et A. RENAUT, *Alter Ego. Les Paradoxes de l'identité démocratique*, *op. cit.*, p. 26.

[229] S. MESURE et A. RENAUT, *op. cit.*, p. 26.

[230] *Ibid.*, p. 29.

[231] C. TAYLOR, *op. cit.*, p. 42 ; voir P. SAVIDAN, *op. cit.*, p. 35.

Cette situation est un processus qui s'établit progressivement : elle commence par l'imposition de la manière de vivre, de penser et d'agir du groupe majoritaire au groupe minoritaire tout en le maintenant dans l'inégalité d'accès aux biens les plus fondamentaux. Et ce dans une perspective qui peut s'extrémiser par des violences, des discriminations, voire des génocides. C'est ainsi que s'établit un rapport inégal entre les cultures des peuples partageant un espace commun. C'est dans ce schéma que s'inscrit l'inégalité ethnoculturelle à laquelle sont confrontés les Ndenga, obligés de vivre dans l'humiliation la plus extrême avec leurs voisins[232]. Cette coexistence, au lieu d'être pacifique et marquée par les échanges des biens et des valeurs, est devenue le vecteur de la soumission et du reniement culturel des Ndenga au profit de leurs voisins.

L'assujettissement des Ndenga par leurs voisins respectifs est l'un des maux auxquels ils sont confrontés aujourd'hui. Il se matérialise par l'incorporation progressive des Ndenga dans les coutumes locales des dominants au détriment des leurs. Ainsi s'installe la marginalisation culturelle qui a pris différentes formes. La perte de leurs principales sources de revenus a des conséquences incalculables sur leur culture. Ils ne peuvent plus ni choisir le mode de vie qui leur convient, ni conserver et développer leur culture selon leur propre initiative, et subissent les influences culturelles de leurs maîtres.

Cette situation est plus visible, par exemple, dans le versement de la dot qui jadis avait seulement une valeur symbolique chez les Ndenga et qui devient aujourd'hui, sous l'influence de leurs voisins, une source de revenus pour les familles Ndenga ayant plusieurs filles. D'où la tendance à vouloir choisir les sexes des enfants à la naissance[233]. À ce sujet, Ndomu témoigne : « À notre époque, la dot était plus simple, mais avec l'usage d'argent, c'est devenu très compliqué pour conclure une dot. Il faut travailler dur pour rassembler l'argent comme complément de ce qui est demandé pour la dot. » Le témoignage laisse apparaître un sentiment d'indignation relatif à la disparition de leurs coutumes au profit de leurs voisins.

Les Ndenga ne sont pas ou presque pas considérés comme des êtres humains à part entière : « Quand ils nous invitent chez eux, ils ne nous respectent même pas, ils nous font asseoir à même le sol, nous offrent à manger quand ils ont fini leur repas, alors que nous ne pouvons les traiter de la même manière quand nous les recevons dans notre campement », déclare Ndomu presque consterné. Cet exemple illustre bien ce qu'on appelle l'inégalité ethnoculturelle, situation où les écarts se creusent en matière

---

[232] Voir Avishaï MARGALIT, *La Société décente*, *op. cit.*, p. 21.

[233] Cause probable de taux élevé de mortalité infantile chez les Ndenga.

d'égalité des droits et des devoirs entre les peuples vivant dans une même société multiculturelle.

Dans ce type de rapport,

> les relations culturelles entre majorités et minorités peuvent être interprétées comme des inégalités dans l'accès des membres des cultures minoritaires aux libertés les plus fondamentales à commencer par celles de cultiver sa propre culture, celle de conserver vivante sa langue ou de garder la mémoire de son histoire collective[234].

Telle est la situation des Ndenga qui ne peuvent accéder à certaines libertés dites fondamentales à cause de leurs voisins qui en détiennent illégalement les droits. C'est une offense grave à la justice et à l'égalité.

Ces questions renvoient aux séries de discriminations dont ils sont victimes et qui se manifestent par leur incapacité de revendiquer ce qui leur est dû. Le déni de justice à leur égard est très flagrant. Leurs campements subissent très souvent des razzias de la part de leurs voisins oubanguiens qui les suspectent injustement de vol dans leurs plantations ou prétextent des dettes non remboursées ; ce qui n'arrange pas toujours leurs rapports avec leurs maîtres, qui parfois les intimident ou procèdent à des arrestations arbitraires : ils sont abusivement exploités, très souvent battus et soumis à des travaux forcés.

Cet état de fait va à l'encontre de la constitution congolaise qui dit ceci :

> Tout Congolais a le devoir de respecter et de traiter ses concitoyens sans discrimination aucune et d'entretenir avec eux des relations qui permettent de sauvegarder, de promouvoir et de renforcer l'unité nationale, le respect et la tolérance réciproque. Il a, en outre, le devoir de préserver et de renforcer la solidarité nationale[235].

Il n'est malheureusement qu'un exemple parmi d'autres cas d'injustice dont sont victimes les Ndenga.

---

[234] A. RENAUT *et alii*, *Les inégalités entre globalisation et particularisation*, Paris, PUPS, 2016, p. 248.

[235] La constitution de la RDC, Kinshasa, 2006, art. 66.

Section III. PRIVATIONS DE TOUT GENRE

Chapitre I. Le non-accès aux services sociaux de base

1. L'accès aux soins médicaux

Amartya Sen admet que le bien-être d'un individu se définit par rapport à la qualité de son existence. Ainsi, d'après Sen, pour évaluer la qualité de la vie d'un individu, l'on ne tient pas seulement compte de la somme des utilités quantifiables ni de ce qu'il possède, mais de sa capacité à transformer en toute liberté ses biens et sa capacité de choisir en toute liberté un mode de vie qui lui convient. Sen inclut ainsi deux concepts dans la conception du bien être : le fonctionnement et la capabilité. Si le fonctionnement exprime les réalisations effectives d'un individu telles qu'avoir suffisamment à manger, être en bonne santé, échapper aux maladies évitables et à la mortalité prématurée, la capabilité quant à elle exprime la liberté substantielle d'un individu de choisir un mode de vie qui lui convient pour réaliser son bien-être. Le fonctionnement se présente sous des formes variées, estime Sen, cela va des plus simples aux plus complexes, « être heureux, rester digne à ses propres yeux, prendre part à la vie de la communauté, etc.[236] ». Dans ce contexte, les soins de santé sont considérés comme un bien dont la répartition entre les individus doit être moralement juste : ils doivent partager de manière égale les avantages et les contraintes inhérentes. Donc, si les utilitaristes mettent l'accent sur la maximalisation de l'utilité publique et les ressourcistes s'en tiennent aux biens fournis pour évaluer leur bien-être, les vulnérabilités individuelles leur échappent en substance. C'est de cette façon que devrait être appréhendée la situation des Ndenga pour qu'ils aient accès à certains droits. C'est-à-dire, tenir compte de leurs multiples vulnérabilités et étendre leurs libertés, car les conditions d'accès ne tiennent pas compte de leurs vulnérabilités individuelles.

En matière de santé, le gouvernement de la RDC s'est fixé comme objectif de faciliter l'accès aux soins de santé à toute la population en favorisant les personnes ou les groupes les plus vulnérables. Notamment les

---

[236] A. SEN, *Repenser l'inégalité*, *op. cit.*, p. 65.

femmes, les enfants et les groupes les plus isolés tels que les Pygmées[237]... Cependant, les actes ne suivent pas toujours les bonnes résolutions prises lors des différentes assises. Ce hiatus est remarquable entre les différentes villes et les provinces, mais il est encore plus prononcé dans les zones rurales telles que Mawuya et ses environs.

L'Organisation mondiale de la Santé reconnaît l'accès aux soins médicaux comme l'un des droits humains les plus inaliénables. Ce droit ne devient cependant effectif que si certains critères sociaux sont réunis, notamment l'accès en temps utile à des soins de santé dans des conditions acceptables, d'une qualité satisfaisante et d'un coût abordable, la disponibilité des services de santé, des logements sains ainsi que des aliments appropriés[238].

En République démocratique du Congo, le système de soins de santé est constitué par des zones de santé primaire et de référencement par district. Mawuya se trouve dans la zone de santé de Libenge là où les autres secteurs sociaux se sont fortement dégradés durant les deux dernières décennies, et ce, en dépit de l'effort du gouvernement central pour inverser la tendance.

À Mawuya, comme partout en RDC, sévit une pauvreté multisectorielle inacceptable faisant de l'accès aux soins de santé l'une des priorités de l'action gouvernementale[239]. Mais, force est de constater que cette situation, aussi alarmante que déconcertante, ne trouve pas de réponse appropriée pour soulager la population de Mawuya.

2. Disponibilité des services de santé

La disponibilité des services implique à la fois plusieurs paramètres dont le taux d'accès physique par rapport aux moyens financiers, la proximité des services par rapport aux patients les plus éloignés et la qualité des soins... Tous ces paramètres réunis permettent d'évaluer l'objectivité d'accès pour chaque individu, considéré de manière indifférenciée, aux soins de santé. Si l'idéal est de favoriser l'accès aux soins à chaque individu, comment les Ndenga peuvent-ils prétendre accéder aux soins de santé de manière objective ?

---

[237] Voir www.minisanterdc.cd/... /Déclaration%20Politique%20nationale%20de%20la%20santé, consulté le 12 octobre 2017.

[238] Voir www.who.int/mediacentre/factsheets/fs323/fr/, consulté le 12 octobre 2017.

[239] Voir www.minisanterdc.cd/... /Déclaration%20Politique%20nationale%20de%20la%20santé, consulté le 12 octobre 2017.

Une étude spécifique constate qu'à Mawuya, la population est de moins en moins en bonne santé et voit son espérance de vie diminuer de jour en jour. Or, confirme cette étude, l'accès aux soins de santé, qui est l'un des droits humains les plus fondamentaux, est devenu inexistant dans cette partie de la République démocratique du Congo.

Sur l'ensemble des 164 641 habitants que compte la zone de santé de Mawuya d'une superficie de 3 20 km^2 environ, il y a un seul hôpital avec 15 postes de santé pour le traitement ambulatoire. L'hôpital ne dispose que d'une capacité d'accueil très réduite : 45 lits d'hospitalisation répartis de la manière suivante : 15 lits pour la maternité, 15 lits pour la pédiatrie et 15 lits pour d'autres services[240]. Pour ces 164 641 habitants, il n'y a que trois médecins, alors que l'OMS recommande un médecin pour sept malades. Dans ce cas d'espèce, il y a seulement un médecin pour 54 880 malades, ce qui est totalement inadmissible[241].

Au de manque de lits et de médecins pour satisfaire les malades, s'ajoute le manque de médicaments. L'hôpital ne dispose que d'une petite pharmacie dont le renouvellement du stock dépend exclusivement du règlement des factures de frais d'hospitalisation par les patients. Lesquels sont généralement incapables de payer la facture communément appelée « le tarif négocié » (c'est-à-dire que les frais sont fixés par catégorie en tenant compte du niveau social de chaque patient). Pour exemple, le cas non isolé de cette femme de 39 ans qui en était à son quatorzième accouchement et dont le mari était incapable de régler la facture fixée à 3,40 euros. Le non-paiement des frais d'hospitalisation entraîne parfois la rupture du renouvellement du stock des médicaments. Une situation qui pénalise les autres patients, obligés de se tourner vers la médecine traditionnelle ou vers l'automédication.

Ce sombre tableau concerne l'ensemble de la population de Mawuya, mais qu'en est-il de population Ndenga ? Comment les Ndenga peuvent-ils transformer tous ces fonctionnements en matière d'accès aux soins médicaux en réalisations effectives ?

Si être en bonne santé est l'un des fonctionnements élémentaires, les possibilités d'accès aux services sociaux de base sont les conditions requises pour la réalisation de ce fonctionnement. Ainsi pour combiner les éléments susceptibles d'être évalués pour en rendre effective la réalisation, une liberté égale d'accès doit être reconnue à tous les membres de la communauté y compris les Ndenga considérés indifféremment. Malheureusement, ils sont d'office écartés pour des raisons d'extrême pauvreté, de discrimination, d'exclusion… Par conséquent, la préoccupation en matière d'accès aux soins

---

[240] Données fournies par l'hôpital général de Mawuya, juillet-août 2017.

[241] Même travail comparatif des données fournies par Alain RENAUT, *L'Injustifiable et l'extrême. Manifeste pour une philosophie appliquée*, *op. cit.*, 2015, p. 255-282.

appropriés demeure importante. En raison de l'interconnexion entre les différents indicateurs du bien-être, l'amélioration de la santé influence la croissance économique et, de surcroît, élimine la pauvreté et améliore la qualité de vie[242]. Si l'interconnexion entre les différents indicateurs du bien-être est indispensable, comment la population de Mawuya a-t-elle accès aux soins médicaux ? Les conditions sont-elles réunies pour une prise en charge appropriée ?

De tous les malades soignés à l'hôpital de Mawuya, les enfants de moins de cinq ans et les Pygmées représentent les deux tiers des patients parce que tous les facteurs multisectoriels se combinent de façon déconcertante pour leur limiter l'accès aux soins. Pour le mois de juin 2017, 239 patients ont été admis et soignés à l'hôpital de Mawuya ; parmi ces patients les enfants de moins de cinq ans et les Pygmées représentent 65,6 % de patients soignés ; soit 60 Pygmées et 87 enfants oubanguiens des deux sexes. Et les maladies les plus récurrentes sont les maladies hydriques et le paludisme grave. Sur 130 examens de selles effectués au mois de juin 2017, 63 cas sont confirmés comme étant des cas d'amibiase intestinale, microbe qui se multiplie facilement dans le milieu aquatique. Ce qui représente 48,4 %[243] des cas liés à la consommation d'eau souillée et au manque de conditions hygiéniques.

Pour d'autres examens de la goutte épaisse, sur 192 examens, 133 ont été confirmés comme étant des cas de malaria dont 26 chez les Pygmées. Ce qui représente 69 % chez la population oubanguienne très majoritaire, et 13,5 % chez les Pygmées très minoritaires. Ainsi l'amélioration des conditions d'accès aux soins de santé demeure-t-elle un défi majeur pour l'ensemble de la population de Mawuya. Mais, cette situation l'est encore davantage chez les Pygmées Ndenga qui vivent dans une précarité extrême et ne bénéficient pas d'une attention suffisante de la part des autorités compétentes.

À l'issue de ce constat, force est de conclure que l'inaccessibilité aux soins de santé est généralisée pour tous les habitants de Mawuya ; seuls 52 % de la population peuvent consulter un médecin en cas de maladie, les autres se tournent vers les praticiens traditionnels et vers l'automédication. Mais, cette évaluation ne reste que principielle, car tous les fonctionnements ne peuvent pas se transformer en capabilités effectives.

Cependant, cette courbe d'évaluation est encore plus remarquable chez les Pygmées Ndenga dont entre 90 à 99 % ne sont pas en mesure de consulter un médecin en cas de maladie. Cela est dû à plusieurs facteurs dont les principaux sont le manque de moyens financiers et les distances qui séparent leurs campements des centres de santé. Cela entraîne des conséquences fâcheuses pour les femmes Ndenga enceintes qui sont obligées

---

[242] Voir SEN, *Un nouveau modèle économique, Développement justice et liberté*, *op. cit.*, p. 36.

[243] Seulement pour les cas soignés à l'hôpital.

d'accoucher dans leur campement. Elles et leurs nouveau-nés se retrouvent alors exposés à toutes sortes de contaminations, entraînant des taux élevés de mortalité à l'accouchement et chez leurs bébés.

Mais, au-delà de l'accessibilité objective ci-dessus abordée, il y a une autre dimension d'accessibilité qui doit être combinée avec la première pour permettre une meilleure évaluation. Il s'agit de l'accessibilité sociale qui mobilise à la fois les facteurs culturels, les opportunités sociales... On peut donc quantifier la dimension sociale de l'accès aux soins dans la durée et le transfert de cette capabilité aux générations futures. L'accessibilité sociale peut-être évaluée par rapport aux discriminations et aux rejets envers un groupe social bien identifié.

Comment les Ndenga sont-ils concernés par l'accessibilité sociale ? Peuvent-ils en toute objectivité opérer le transfert de l'accès aux soins médicaux à leur progéniture, en dépit des discriminations et des rejets subis ? Les Ndenga ne peuvent, du moins en l'état actuel des choses, compter sur l'accessibilité sociale et opérer les transferts de l'accès aux soins de santé à leur progéniture. Car d'autres facteurs mêlés concourent à ce barrage : la discrimination, entretenue soigneusement par leurs voisins ; le non-respect des conditions hygiéniques dans les campements pygmées, entraînant la recrudescence de certaines maladies contagieuses telles que la lèpre, la tuberculose, etc. ; la déforestation non contrôlée, qui est l'une des causes de destruction de l'écosystème, limitant leur accès aux ressources alimentaires et menaçant leur équilibre alimentaire.

Les difficultés d'accès aux soins de santé mobilisent donc plusieurs facteurs dont les plus importants dépendent d'enjeux intentionnels. C'est ainsi que pour y remédier, il faut mettre en place des politiques sanitaires susceptibles de transformer les fonctionnements en capabilités effectives. Cela revient à dire qu'il faudrait une politique de santé qui prenne en compte toutes les conditions objectives d'accès afin de permettre à chaque Congolais, y compris les Ndenga de disposer des structures sanitaires accessibles pour des soins médicaux appropriés.

3. Accès à l'eau potable

Parmi les objectifs du millénaire pour le développement, visant à la réduction de la pauvreté extrême, adoptés en 2000 à New York, figure explicitement l'amélioration de l'accès à l'eau potable et à l'assainissement de l'environnement. Même si l'ambition fut de parvenir en 2015 à la réduction de manière drastique de l'extrême pauvreté, l'humanité poursuit encore aujourd'hui les mêmes objectifs qui demeurent un défi à relever. Si le bilan des experts en 2015 est fiable, près d'un tiers de la population mondiale n'a toujours pas accès à l'eau potable, soit plus de 2 milliards, ou 30 % selon l'OMS et l'Unicef[244].

Si la pénurie d'eau reste un enjeu mondial, la situation est catastrophique en ce qui concerne les régions tropicales. Ainsi, l'Afrique compte à elle seule environ 320 millions d'individus n'ayant pas d'accès à l'eau potable. L'Afrique subsaharienne réunit les pays les plus mal lotis avec 40 % d'individus ne bénéficiant pas d'accès à l'eau potable[245], dont la République démocratique du Congo qui est l'un des trois pays au monde où la moitié de la population n'a pas d'accès à l'eau potable. Cependant, en plus de ce faible taux d'accès, la juste répartition de l'accès pose un sérieux problème. Seuls les milieux urbains sont desservis, tandis que les zones rurales sont très mal desservies à telle enseigne que l'accès à l'eau devient un privilège dans certaines parties du pays[246].

C'est la raison pour laquelle dans les milieux ruraux où le manque d'eau est malheureusement une réalité, s'agrandit le cercle des injustices : l'exclusion et les discriminations envers les plus pauvres, surtout dans le cas où les services de distribution d'eau sont payants, de même que l'augmentation d'un taux d'injustice « genrée » : les filles et les femmes sont les plus sollicitées pour couvrir le besoin en matière d'eau potable en transportant des charges de récipients d'eau pendant de longues heures et sur de longues distances, ce qui les empêche de travailler ou de fréquenter régulièrement les écoles.

Si, de manière générale, l'accès à l'eau potable demeure l'une des préoccupations majeures des Congolais en milieu urbain, tout comme en milieu rural, comment la situation se présente-t-elle chez les Ndenga ? Sont-ils à l'abri de la pénurie d'eau ? En effet, le droit de jouir d'un meilleur état de santé exige aussi que l'approvisionnement en eau potable soit assuré pour éviter les maladies hydriques. Cependant, force est de constater qu'à Mawuya pour une population de 164 641 habitants avec une densité de 51 habitants au km^2, il n'y a que 12 puits d'eau certifiés[247]. Donc, 13 720 habitants pour un puits d'eau certifié, ce qui est largement insuffisant pour répondre aux besoins de la population. Ainsi, la plupart des habitants se servent de l'eau de ruisseau qui héberge des microbes pathogènes responsables des maladies hydriques.

Chez les Ndenga, la situation est plus que catastrophique, car ils ne disposent d'aucun puits d'eau certifié. Pour couvrir leurs besoins en eau

---

[244] https://www.la-croix.com/... /Le-bilan-des-objectifs-du-millenaire-2015-08-04-134129, http://bit.ly/2uivmtn, consulté le 12/04/2018.

[245] https://www.unicef.org/french/wash/index_61929.html?p=printme

[246] https://www.20minutes.fr/monde/2105575-20170717-eau-potable-pres-tiers-populati..., consulté le 12 avril 2018.

[247] Données fournies par l'hôpital général de Mawuya, juillet-août 2017.

potable, soit ils se servent directement dans les marais qui les entourent, soit ils utilisent des eaux de pluie stockées dans des troncs d'arbre, ou bien des eaux stagnant aux pieds des arbres de la forêt alentour. Ils sont presque abandonnés à eux-mêmes et vivent dans une précarité indescriptible. Si l'eau de boisson se doit d'être limpide, insipide et incolore, l'eau que les Ndenga utilisent ne peut être qualifiée ainsi, sinon de nocive et pathogène.

Il est impossible d'évaluer en termes de pourcentage l'accès des Ndenga à l'eau potable, car aucune donnée ne le permet. Autrement dit, l'extrémité de leur condition en matière d'accès à l'eau potable n'est pas quantifiable, à tel point qu'elle frise la déshumanisation et l'infrahumanité.

Si, sous d'autres cieux, il est possible de contrôler la qualité de l'eau des bêtes d'élevage, comment expliquer que cela ne soit pas possible dans certains pays au sud du Sahara et en République démocratique du Congo, plus précisément chez les Ndenga qui sont des êtres humains ? Qu'est-ce qui justifie que l'on ne soit pas en mesure de leur fournir tant soit peu une quantité d'eau potable pour couvrir leurs besoins ?

Cette situation s'apparente à un processus de déshumanisation collective. En effet, d'une part, ceux qui sont censés agir en leur faveur ont manqué à leur devoir : celui de la juste redistribution permettant à chaque individu d'élargir ses capabilités en se fournissant en eau potable. D'autre part, en manquant à leur devoir, les autorités congolaises ont déshumanisé les Ndenga en les privant du droit d'accès à l'eau potable. Cette situation qui est une insulte pour notre intelligence n'a fait que concourir à la destitution des droits humains les plus fondamentaux des Ndenga et par surcroît de leur humanité.

Si les Ndenga manquent d'eau potable, alors que la République démocratique du Congo détient plus ou moins 40 % de l'eau douce mondiale, qu'en sera-t-il d'autres capabilités qui nécessitent davantage de moyens pour en assurer une meilleure redistribution ?

4. Accès à l'éducation

Les organisations internationales en charge de l'éducation telle que l'Unicef et l'Unesco sont résolument orientées vers un accès juste à la scolarisation en favorisant l'accès aux enfants les plus marginalisés, en l'occurrence les enfants issus des familles pauvres et plus particulièrement les filles ; cette nouvelle orientation s'inscrit dans les objectifs du millénaire définis en 2000 à New York. Telle fut aussi l'une des recommandations du forum mondial sur l'éducation tenu en 2000 à Dakar qui concéda plus de droits d'accès aux filles, aux minorités ethniques et aux enfants vivant dans des conditions difficiles[248].

Pour atteindre ces objectifs, à savoir l'éradication de l'extrême pauvreté, de l'exclusion, des discriminations et de l'injustice genrée, il faut mobiliser les moyens et les ressources nécessaires.

De ce point de vue, Sen par sa conception du développement comme expansion des libertés inclut l'éducation comme l'une des conditions pour l'instauration d'une société juste où chaque individu est libre de promouvoir ce qu'il juge utile pour son bien-être. Sen considère en effet l'éducation comme l'une des capabilités de base jouant/assurant une double fonction. Elle permet d'une part de promouvoir le développement et d'autre part d'éradiquer l'extrême pauvreté.

Mais force est de constater qu'à ce moment même, des millions d'enfants en âge scolaire ne fréquentent toujours pas l'école en République démocratique du Congo. Ce, pour diverses raisons, malgré la gratuité de l'enseignement reconnue par la constitution congolaise depuis 2006 qui stipule que : « Toute personne a droit à l'éducation scolaire [...]. L'enseignement primaire est obligatoire et gratuit dans les établissements publics[249]. » Cette disposition constitutionnelle n'est toujours pas d'actualité dans la plupart des provinces en RDC, Mawuya y compris. Car les parents continuent à prendre en charge les différents frais y afférents au grand dam du gouvernement congolais qui ne ménage pas assez de ressources pour rendre effective cette disposition constitutionnelle et favoriser l'accès de tous les enfants congolais à l'éducation, quelle que soit leur origine. Certains parents des zones urbaines parviennent encore à prendre en charge la scolarité de leurs enfants, tandis que dans les zones rurales minées par l'extrême pauvreté, beaucoup assistent impuissants à la déscolarisation de leurs enfants.

Plusieurs facteurs contribuent à l'inaccessibilité scolaire dans les milieux ruraux parmi lesquels la pauvreté, le mariage précoce, l'éloignement des villages des écoles et le manque d'infrastructures scolaires. Ainsi, estime-t-on que 3,5 millions soit 26,7 % des enfants en âge de fréquenter le primaire ne sont pas scolarisés, parmi lesquels 2,75 millions vivent dans des zones rurales. Hormis les difficultés évoquées ci-dessus, ce secteur est confronté à un large éventail de défis en matière de qualité, de gouvernance et de disparités[250].

Dans le secteur de Libenge-Sud dont la cité de Mawuya est le chef-lieu, on compte environ 186 023 habitants pour une superficie de 2 750 km^2 soit

---

[248] unesdoc.unesco.org/images/0012/001211/121117f.pdf, consulté le 12 avril 2018.

[249] Constitution de la RDC, Kinshasa, 2006, art. 43.

[250] https://www.unicef.org/french/adolescence/drcongo_58248.html, consulté le 12 avril 2018.

67,6 habitants au kilomètre carré. Ce vaste territoire ne dispose que de 87 écoles, primaires et secondaires confondues, avec une moyenne de 31 km séparant les écoles. Sur les 17 905 enfants en âge scolaire, 3 778 sont scolarisés, soit 21,1 % et parmi lesquels 148 enfants pygmées Ndenga dont 20 sont scolarisés ce qui représente seulement 0,05 % d'enfants pygmées scolarisés[251]. Ces chiffres alarmants démontrent suffisamment que l'accès à l'éducation scolaire à Mawuya demeure un sérieux problème du côté des Oubanguiens tout comme chez les Ndenga.

Malgré ces chiffres très alarmants, le gouvernement congolais se félicite d'avoir enregistré des progrès ces dix dernières années. Selon le rapport du ministère de l'Enseignement primaire secondaire et professionnel, le taux d'achèvement en primaire serait passé de 29 % en 2002, à 70 % en 2014. Malgré cela, il reste l'un des pays avec le plus grand nombre d'enfants non scolarisés, dont la plupart se comptent dans les milieux ruraux.

Pourtant, il est avéré qu'une telle évaluation qui conclut au bien-être par la maximisation de la somme des utilités individuelles ignore superbement les problèmes de répartitions inégales du bien-être et des utilités entre les personnes différentes[252]. En revanche, cette évaluation accentue les inégalités entre les personnes ayant des conditions de vie différentes. Appliquée à la situation des Ndenga, l'évaluation par la somme des utilités ne convient pas. En effet, elle ne prend pas en compte les intérêts des minorités et, le cas échéant, des exclusions et des discriminations dont les Ndenga sont victimes et qui les empêchent de bénéficier de l'éducation proposée par le système éducatif congolais. D'où l'urgence et la nécessité de requalifier les stratégies et d'adapter/d'adopter des méthodologies qui tiennent compte du substrat culturel des Pygmées. Ce pour que l'éducation scolaire réponde à leurs aspirations de sauvegarder leur mode de vie et de développer les ressources déclinantes de la forêt.

5. Accès aux revenus

Malgré les immenses ressources naturelles dont dispose la République démocratique du Congo, celle-ci demeure l'un des pays les plus pauvres du monde. Depuis quelques années, les indicateurs du FMI annoncent l'effondrement du système économique congolais. Les spécialistes du FMI démontrent que si le taux de croissance s'est établi à au moins 9,2 %, depuis 2014 jusqu'à aujourd'hui, la RDC figure toujours parmi les pays où les taux

---

[251] Données recueillies à Mawuya, juillet-août 2017.

[252] Voir J. Stuart MILL, *L'Utilitarisme*, trad. Philippe Foliot, Paris, Flammarion, 2008, p. 49 ; voir A. SEN, *Repenser l'inégalité*, *op. cit.*, 2000, p. 223 ; 2010, p. 336.

de pauvreté généralisés sont les plus élevés au monde. De fait, 82 % des Congolais vivent sous le seuil de la pauvreté, soit moins de 1,25 $ pour vivre par jour et par personne[253]. Ce sont les zones rurales qui sont les plus concernées, où la population est sans emploi et n'a pas d'accès aux services sociaux de base.

Mawuya étant une cité essentiellement rurale, ne disposant d'aucune industrie hormis les plantations d'hévéa de PLZ (Plantation Lever au Zaïre) laissées à l'abandon, le secteur agricole informel occupe 99,9 % de la population active. Le secteur formel n'occupe que 0,1 % de la population, mais, à cause des très faibles salaires, même ceux qui travaillent dans l'administration publique et ceux qui exercent un petit commerce se tournent vers l'agriculture informelle pour subvenir à leurs besoins.

De manière générale, le revenu médian des hommes, de 2014 jusqu'en 2017, est de 40 000 FC soit 32 euros par habitant, celui des femmes, nettement inférieur, se chiffre à 20 000 FC soit 17 euros par habitante. Cependant, le revenu médian des Pygmées Ndenga homme ou femme de la même période est inférieur à 5 euros[254]. Compte tenu de cette situation, toute la population s'est tournée vers le secteur informel pour essayer de survivre.

Cette mauvaise répartition des revenus est due en grande partie à la mauvaise gouvernance et la corruption qui atteint des proportions inquiétantes en République démocratique du Congo. Évoquant son ampleur, Kodila Tedika estime que les pratiques corruptives y sont « normalisées et banalisées[255] ». Cette pratique ignominieuse se fonde sur une pauvreté généralisée qui légitime la corruption, l'extorsion[256]. En effet, les pratiques corruptives sont systémiques et généralisées, à telle enseigne qu'aucune théorie de justice connue jusqu'ici ne pourrait justifier ces critères de répartition des revenus. C'est une sorte de prédation mise en place par la classe dirigeante pour s'enrichir au détriment du reste de la population.

Selon le rapport 2017 sur la perception de la corruption dans le monde, publié le 28 février 2018[257] par Transparency International, l'organisation non gouvernementale internationale en charge de la lutte contre la corruption des gouvernements et des institutions gouvernementales mondiaux, la République démocratique du Congo occupe la 161e place sur les 180 pays.

---

[253] Voir www.imf.org/fr/Countries/ResRep/COD, consulté le 17 octobre 2017.

[254] Données recueillies à Mawuya, juillet-août 2017.

[255] Oasis KODILA TEDIKA, « Anatomie de la corruption en République démocratique du Congo », Université de Kinshasa, Institute of African Economics, 4 janvier 2013.

[256] Giorgio BLUNDO et Jean-Pierre OLIVIER DE SARDAN, « Sémiologie populaire de la corruption », *Politique africaine*, vol. 83, n° 3, 2001, p. 98-114.

[257] https://www.transparency.org/.../corruption_perceptions_index_20, consulté le 10 mai 2017.

Ce classement place la RDC parmi les 20 pays les plus corrompus du monde.

Transparency International situe la corruption en République démocratique du Congo à deux niveaux : la corruption transfrontalière et la corruption interne. Ces deux formes de corruption sont en constante interaction tant dans leurs causes que dans leurs effets. La corruption transfrontalière se justifie par les situations géopolitiques et économiques très complexes de la RDC, aggravées par les guerres dont les causes sont internes et externes. Toutes ces guerres ont rendu poreuses les frontières du pays, faisant d'elle une plaque tournante de la corruption dans la sous-région. Ce type de corruption se manifeste par l'exploitation frauduleuse des matières premières et des minerais par les pays voisins et les multinationales appuyées par les sous-traitants, en complicité avec les officiers de l'armée congolaise et les élites politiques[258].

Quant à la corruption interne, souligne le rapport, elle se manifeste sous forme de petite et grande corruption. La grande corruption, pratiquée par les élites politiques et les hauts fonctionnaires de l'État, se caractérise par l'accumulation illicite et le siphonnage des ressources publiques. La petite corruption se manifeste par la fraude documentaire et physique, des extorsions ou tracasseries humiliantes, des détournements de salaire des agents de la fonction publique, la corruption sexuelle, des honoraires sous table, des détournements et de la corruption judiciaire… Les rapports de Transparency International situent les causes de cette corruption généralisée à trois niveaux interactifs et interférentiels :

- Des causes politiques : coups d'État, sécessions, rébellions, guerres et conflits, absence de l'autorité de l'État dans l'ensemble du pays, multiplicité des services étatiques aux postes frontaliers, absence de coordination entre les services publics et l'indulgence de la communauté internationale.
- Des causes économiques : besoin du gouvernement de trouver des capitaux frais, insuffisance des fonds alloués aux provinces, agences parallèles d'exécution, Banque centrale inféodée, taux élevé des taxes et règlements sur les importations et les exportations.
- Des causes d'ordre psychosocial : incompétence notoire de certains gestionnaires, gestion tribale de la *res publica*, manque de culture de recevabilité, l'impunité… Pourtant, la

[258] https://www.un.org/press/fr/2002/cs2382.doc.htm,
www.grip.org/fr/node/2500,
www.rfi.fr/afrique/20160210-enquete-rdc-congo-or-onu-maisons-compromettant-on…,
consultés le 12 décembre 2017.

RDC dispose d'un arsenal juridique pouvant lui permettre de lutter contre la corruption qui constitue l'une des infractions du droit commun.

En 2005, les dispositions juridiques en matière de corruption ont été actualisées à travers les articles 147, 148, 149, 149 bis, et 150 g du livre II du code pénal congolais tel que modifié et complété par la loi n° 73-010 du 14 février 1973[259]. Alors que ces lois servent d'instruments juridiques pour lutter contre ce fléau, leur non-application n'a fait que renforcer l'impunité en dépit du fait que la RDC soit signataire de plusieurs traités internationaux de lutte contre la corruption. Notamment de la Convention des Nations unies de lutte contre la corruption et, sur le plan africain, de la Convention de l'Union africaine sur la prévention et la lutte contre la corruption, qui sont à l'origine de la modification de la loi n° 05/006 du 29 mars 2005 modifiant et complétant le décret du 30 janvier 1940 du code pénal congolais[260].

Malgré toutes ces dispositions juridiques, l'impunité est érigée en système de gouvernance en RDC. Aucune enquête n'aboutit à des poursuites judiciaires contre les présumés coupables de corruption. Cette impunité gratifie les corrupteurs et les corrompus au détriment de la majorité des Congolais qui sont clochardisés, privés de revenus, et donc empêchés de vivre décemment. Cette indécence à laquelle sont soumis trois quarts de la population congolaise est due principalement à la mauvaise gouvernance et à la mauvaise répartition des biens et des services. Les victimes se retrouvent humiliées par ceux qui sont censés garantir leur droit d'accès au revenu. À force de systématiser la corruption, les responsables restent aveuglés face à ces humiliations qu'ils perpétuent.

De l'avis d'Avishaï Margalit, la cécité humaine dans ce sens est définie comme l'état d'une personne qui traite les autres humains comme des sous-humains[261]. Car elle refuse de prendre en compte les expressions psychologiques de la personne qui lui fait face pour ne voir l'humain que sous ses apparences physiques. En d'autres mots, c'est une manière de

---

[259] www.laga-enforcement.org/...corruption/DRC_Analysis%20of%20the%20penal%20c, www.wipo.int/edocs/lexdocs/laws/fr/cd/cd004fr.pdf, https://www.unodc.org/documents/treaties/UNCAC/WorkingGroups/.../V1503753f.pdf,
consultés le 12 janvier 2018.

[260] www.laga-enforcement.org/...corruption/DRC_Analysis%20of%20the%20penal%20c, www.rtlcor-rdc.org/site/?ref_page=reading&ref_menu=4&ref_id=31,
consultés le 20 janvier 2018.

[261] Voir Avishaï MARGALIT, *op. cit.*, p. 89, 100 et Alain RENAUT, *L'Injustifiable et l'extrême. Manifeste pour une philosophie politique appliquée*, *op. cit.*, p. 69.

chosifier son semblable, lui enlever son humanité, donc sa raison et sa liberté nécessaire au choix de son mode de vie. Ce comportement reflète, au fond, l'état d'une personne qui, par son mépris pour les autres, s'installe dans une sorte d'ignorance assumée et refuse volontairement d'accorder à chacun ses droits légitimes et de transformer les droits en faveursAinsi, les gestionnaires des biens publics en RDC trouvent normaux les humiliations et les dénuements qu'ils font subir à certains membres de la société congolaise.

Si déjà l'humiliation est banalisée en RDC en matière d'accès à certains droits, quel serait le sort des Ndenga qui sont doublement humiliés ? Pour évaluer le degré d'humiliation des Ndenga, il suffit d'emprunter la démarche de Renaut. Il aborde la question de la décence en rapport avec la justice en soulignant qu'en particularisant une situation d'injustice, apparaissent des inégalités d'une injustice inimaginable. Autrement dit, en ramenant les questions de justice globale aux sphères particulières, Renaut permet de mettre à découvert les grandes injustices injustifiables d'où découlent les inégalités extrêmes, source de l'extrême vulnérabilité et des privations de pouvoir agir sur sa propre vie[262]. C'est donc, à partir de ces inégalisations extrêmes qu'il faut établir les critères de l'évaluation en vue d'améliorer les conditions de vie des personnes vulnérables.

Cette approche particulière appliquée à la situation des inégalités en RDC montre l'écart de vie abyssal en matière d'accès aux droits entre les Ndenga et les autres populations. Dès lors, l'évaluation des humiliations que subissent les Ndenga de manière globale s'extrémise dans les rapports qu'ils entretiennent avec leurs voisins. Leur capacité d'accès aux revenus est quasi inexistante. Si leurs capabilités sont réduites, de même leur accès à certains droits est inexistant. Parce qu'il y a une connectivité entre les capabilités de base. Par exemple, un faible revenu influence les autres secteurs de la vie et limite les libertés d'accès à d'autres fonctionnements tels que la santé, l'éducation : « La faiblesse de revenus joue un rôle majeur dans l'analphabétisme, les problèmes, la santé, la faim ou la malnutrition[263]. » Ainsi, les Ndenga privés d'accès aux capabilités de base en viennent-ils à être réifiés comme les esclaves à l'époque romaine, alors considérés comme des instruments ayant la possibilité de parler. Parias de la société, ils mènent une vie infrahumaine et ne jouissent d'aucun droit.

---

262 Voir Alain RENAUT, *op. cit.*, p. 71-72.

263 A. SEN, *Un nouveau modèle économique. Développement justice et liberté*, *op. cit.*, p. 35-36.

6. Confort des logements

Plusieurs paramètres concourent à la détermination du niveau de confort des habitations dont les plus importants sont les matériaux de construction des murs, l'utilisation de l'électricité, le raccordement au réseau de distribution d'eau… Ne disposant pas d'un revenu suffisant, la majorité de la population de Mawuya ne peut s'offrir une habitation confortable pour espérer vivre dans un environnement sain. Le manque de revenus impacte lourdement la qualité de vie. Ainsi 34 % de la population habitent des maisons construites avec des briques à daube, 63 % dans des maisons rectangulaires ou circulaires en pisé, et seulement 3 % habitent des maisons faites en briques cuites recouvertes de tôles[264]. Les Pygmées Ndenga quant à eux, habitent de petites cases faites de feuillages ne les protégeant d'aucune intempérie.

7. Accès à l'électricité

L'énergie de manière générale et l'électricité en particulier constituent une source essentielle pour le développement économique et humain. Compte tenu de l'interconnexion entre les capabilités de base, l'accès à l'électricité influe sur les résultats scolaires, augmente la sécurité alimentaire par la réfrigération des aliments, favorise l'accès aux technologies de communication et améliore la productivité des activités agricoles.

Pourtant, selon le rapport du Programme des Nations unies pour le Développement, 2 milliards de personnes dans le monde ne disposent pas d'un accès à l'énergie suffisant pour mener une vie décente, parmi lesquelles 1,6 milliard n'a pas accès à l'électricité. L'Afrique est particulièrement concernée, car seulement 20 % de la population habitant des zones urbaines ont accès à l'électricité. Le reste de la population habitant les zones rurales, soit près de 80 % de la population, ce qui représente environ 600 millions de personnes, n'a pas d'accès à l'électricité. Cette réalité a des conséquences sanitaires et environnementales dramatiques[265].

Par son débit régulier, le fleuve Congo offre à la RDC un potentiel énergétique évalué à 100 000 MW, soit environ 35 % du potentiel africain total et près de 8 % du potentiel mondial[266]. En outre, la RDC dispose aussi

---

264 Données recueillies à Mawuya, juillet-août 2017.

265 www.voicesofyouth.org/... /la-situation-de-l-electricite-en-rdc---la-population-privee-i..,
consulté le 15 mars 2018.

266 Voir Marie-France CROSS et François MISSER, *Géopolitique du Congo (RDC)*, Paris, Complexe, 2006, p. 29.

d'un potentiel énorme en ressources énergétiques renouvelables telles que la biomasse, l'éolienne, le solaire, le biogaz, le biocarburant…

Malgré ce potentiel énergétique, seulement 15 % de la population congolaise habitant en ville ont accès à l'électricité et les 85 % restants en sont privés à cause de la vétusté des installations, de l'augmentation constante de l'offre, de la saturation des lignes de transport, de la surcharge des cabines et du délabrement du réseau de distribution, du manque de nouveaux investisseurs dans le secteur[267].

Mawuya se situant dans la zone rurale ne fait pas exception, car elle n'a jamais été reliée à aucune ligne électrique, hormis les générateurs que détiennent certains particuliers. Au moins 99 % de sa population n'a pas accès à l'électricité. 53 % utilisent des lampes électriques, 46 % ont recours aux lampes à pétrole et seulement 1 % dispose des générateurs électriques[268]. Dans ce sombre tableau, les Pygmées ne figurent nulle part et ne se contentent que de bois de chauffe comme moyen d'éclairage et pour cuisiner. D'ailleurs, la plupart des ménages de la RDC utilisent le bois de chauffe pour cuisiner, ce qui entraîne des conséquences écologiques qui peuvent se manifester par la perte de la biodiversité, le morcellement de l'écosystème forestier et l'accroissement des émissions de gaz à effet de serre.

La SNEL, société congolaise en charge de la production et de la distribution de l'électricité, éprouve des difficultés énormes pour satisfaire ses clients. Les raisons sont, entre autres, l'insécurité persistante dans certaines régions de la RDC, la désuétude de la qualité des réseaux, les vols à répétition des fils de cuivre, les raccordements frauduleux par des usagers véreux, les difficultés pour recouvrer les factures tant auprès des particuliers qu'auprès des entreprises paraétatiques. Même les contrats conclus avec des bénéficiaires extérieurs comme la Zambie, le Congo Brazzaville et le Zimbabwe sont faits sur fond de bradage en échange de soutien politique et militaire au régime de Kinshasa. Toutes ces raisons ne favorisent pas un accès permanent aux usagers à cause des coupures intempestives d'électricité, et de surcroît, réduisent fortement la capacité de production et la possibilité d'étendre le réseau électrique à l'intérieur du pays[269].

---

[267] Atlas du ministère des Ressources hydrauliques, Kinshasa, 2014, https://www.radiookapi.net/.../rdc-15-de-la-population-acces-lelectricite-avec-delestag, consulté le 15 mai 2018.

[268] *Ibid.*

[269] www.snel.cd/dl/Reponses_DG_Parlement.pdf, epythagore.over-blog.com/article-electricite-en-rdc-problemes-et-adaptations-103761..., www.voicesofyouth.org/.../la-situation-de-l-electricite-en-rdc---la-population-privee-i..., consultés le 20 mars 2018.

Compte tenu de ces difficultés qui semblent en apparence insurmontables, comment répartir le réseau électrique sur toute l'étendue de la RDC en sachant que depuis plus de 50 ans seulement 15 % des Congolais ont accès à l'électricité ? Les solutions traditionnelles comme l'extension du réseau électrique ou le recours aux groupes électrogènes ont montré leurs limites quant au financement exorbitant que ce type de projets exige. L'utilisation des groupes électrogènes comme solutions de rechange maintient la dépendance à l'utilisation des énergies fossiles dont les effets néfastes sur l'environnement ne sont plus à démontrer. Avec comme corollaire, d'une part, les difficultés de maintenance et de réhabilitation des infrastructures existantes et, d'autre part, l'acheminement des pièces de rechange…

Section IV. LES MALTRAITANCES ET LES VIOLENCES

Chapitre I. Des violences inouïes

1. Thématisation

L'extrême pauvreté, est-il possible de reconnaître, n'est pas uniquement un problème économique, mais plutôt un phénomène multidimensionnel qui comprend à la fois l'absence de revenus et l'inaccessibilité aux capacités de base nécessaires pour vivre décemment. Phénomène qui se prolonge dans la durée, compromettant la possibilité de reconquérir les droits perdus dans un avenir prévisible. Cette situation s'extrémise lorsque l'ignorance s'y ajoute, car elle réduit la possibilité des victimes de connaître leurs droits les plus fondamentaux et d'avoir la possibilité de les revendiquer.

Cette perspective ouvre la voie à plusieurs dérives qui concourent au maintien de ces personnes dans des conditions infrahumaines. La violence est l'une des dérives qui accompagnent l'ignorance du droit positif censé régir les rapports entre les personnes vivant dans une même communauté. La violence est perceptible dans le cas où l'on ferait usage de la force pour contraindre un individu ou un groupe d'individus à abdiquer leur liberté et leur autonomie. La violence oblige-t-elle une personne ou un groupe de personnes à renier leur intégrité physique et morale, à porter atteinte aux valeurs culturelles sans lesquelles l'identité sociale d'une personne ou un groupe de personnes est compromise ?

La violence qui est comprise comme le fait d'imposer sa volonté, ses choix, son mode de vie à autrui peut s'exercer par la force, la menace, la ruse, la séduction. Elle prend souvent la forme de la plus simple à la plus élaborée. Elle va de simples agressions verbales à l'agression physique jusqu'à la mise en application d'un système très travaillé, très méthodique et très rationnel ayant pour but la destruction de groupes humains, tel fut le cas du génocide rwandais. Parvenue à ce stade, la violence enlève à la conscience humaine, du moins, de celui qui en use, le remords. Ainsi, il peut sans regret tuer ou donner l'ordre de tuer, d'intimider l'autre... pour faire respecter sa volonté ou établir un nouvel ordre social. La violence traduit le symptôme d'une vérité refoulée, une injustice sociale mal assumée ou un déséquilibre social...

> En tant que les hommes sont en proie à la colère, à l'envie, ou à quelques sentiments de la haine, ils sont entraînés à l'opposé les uns des autres et contraires les uns aux autres, et d'autant plus redoutables

qu'ils ont plus de pouvoir et sont plus habiles et rusés que les autres animaux[270].

Ainsi décrite, l'expression de la violence dans une communauté a plusieurs motivations : elle peut être justifiée par le souci de se rendre justice par ignorance ou par mépris du droit positif.

La violence, dans un second cas, peut être motivée dans une société multiculturelle par l'envie de dominer un groupe culturellement minoritaire en lui imposant une langue, une nouvelle culture, une nouvelle manière de vivre, différente de sa culture d'origine. C'est le cas des Ndenga qui subissent de la part de leurs voisins toutes sortes de pressions pour se départir de leur culture et de leurs traditions jugées par ces derniers comme trop rétrogrades. Et ils n'hésitent pas à user des violences tant verbales que physiques pour s'imposer sur les Pygmées Ndenga.

Chapitre II. Violences entre les Ndenga

1. Les différentes causes

Peut-on répondre à l'injustice par la violence sans courir le risque d'entraîner une nouvelle injustice ? Ne serait-il pas absurde de faire disparaître la justice en répondant par la violence à une situation d'injustice ? Répondre à une injustice par la violence, c'est faire appel à l'injustice. C'est l'expression de l'ignorance du droit positif qui peut se comprendre comme un corps de règles régissant les rapports entre les membres d'une société ou une communauté[271].

Pour que ces règles soient effectives, il faut une société politiquement organisée pour parler du droit. Par conséquent, l'absence d'une telle communauté laisse libre cours à chacun de construire une idée du juste et de l'injuste. La diversité humaine, avec son corollaire la diversité d'opinions et d'intérêts, ne facilite pas l'interprétation des actes justes et injustes dans une communauté non politiquement organisée. C'est-à-dire une communauté qui n'est pas régie par des lois qui sanctionnent tous les actes posés par ses membres.

Sen insiste sur le respect de l'identité individuelle pour une action sociale concertée en ces termes :

---

270 Baruch SPINOZA, *Traité politique*, trad. d'E. Saisset, revue par Laurent Bove, introduction et notes par Laurent Bove, Paris, Livre de poche, 2002, p. 10.

271 Voir Hans KELSEN, *Théorie pure du droit*, trad. Charles Eisenmann, Paris, Dalloz, 1962.

> Le choix de l'organisation sociale doit être fait en fonction de sa capacité à promouvoir les capabilités humaines. Certes, si l'on veut rendre pleinement compte de la liberté individuelle, il faut aller au-delà des capabilités liées aux conditions de vie personnelle et prêter attention aux autres objectifs que la personne se donne (par exemple à ses objectifs sociaux qui n'entretiennent pas de rapport direct avec sa vie personnelle) ; mais le fait d'accroître les capabilités humaines doit jouer un rôle essentiel dans la promotion de la liberté individuelle[272].

Sen justifie par le fait même les conditions de possibilité de synergie de la liberté individuelle avec l'action collective. D'après lui, une institution politique établie, de surcroît démocratique, serait en mesure de favoriser en même temps le déploiement des capabilités individuelles et collectives. Cependant, il existe malheureusement des communautés sociales fondamentalement injustes qui, au lieu de favoriser l'expression des capabilités individuelles, ne font que renforcer les injustices en limitant l'accès de leurs membres à certains droits, aussi fondamentaux soient-ils.

Dans une telle communauté, toutes sortes de violences sont au rendez-vous, c'est le règne de l'arbitraire. Cette situation est, dans la plupart des cas, due à l'ignorance de l'existence du droit positif. Ainsi, tous les conflits de quelque nature qu'ils soient sont réglés par la violence, parfois de manière disproportionnelle ! La communauté Ndenga minée par l'ignorance de tout ordre ne connaît même pas l'existence du droit positif et ses membres sont incapables de revendiquer leurs droits en cas de conflit, même banal, au sein de leur communauté. C'est ainsi que s'est installé un cycle de violence inouïe dans les règlements des différends qui sont, dans la plupart des cas, liés à la gestion de la forêt entre les clans et aux délits de faits divers comme l'adultère, le viol et le rapt.

Prenons en exemple, un cas. En Afrique, comme partout ailleurs, la famille reste la cellule de base de la communauté humaine dont les acquis sont protégés par les lois civiles et coutumières. Dès lors, chaque membre concourt à l'équilibre et à l'épanouissement des uns et des autres. C'est ainsi que certains délits sont vus comme des facteurs de déséquilibre au sein même de cette cellule. Le délit d'adultère est défini en droit congolais comme une violation de la loi conjugale commise par une personne mariée qui a des relations intimes ou sexuelles avec une autre personne que son conjoint[273].

---

[272] A. SEN, *L'économie est une science morale*, trad. et intr. Marc Saint-Upery, Paris, La Découverte, 2004, p. 65.

[273] Voir *Code de la famille congolais*, Kinshasa, 15 juillet 2016, chapitre V, article 467.

2. Les conséquences

Dans certaines tribus, en Afrique, et plus particulièrement chez les Ndenga, la relation extraconjugale est perçue non seulement comme un crime, une offense au lien conjugal, mais plus comme une atteinte à l'honneur, une souillure de toute la famille et, de surcroît, de tout un clan, qui peut avoir plusieurs conséquences. Entre autres, la destruction du lien conjugal et l'instabilité de cette institution considérée par les Ndenga comme étant humano-divine.

Comme les Ndenga tiennent beaucoup à la transmission de leurs traditions à leur progéniture, l'adultère est vu comme une voie qui conduit inéluctablement au bris du lien conjugal, une menace pour l'éducation des enfants et donc pour la transmission de la tradition.

C'est ainsi qu'en cas de relation extraconjugale, toute la famille et même tous les clans de la victime se font justice en s'attaquant au présumé coupable et même aux membres de sa famille par une série de violences. Ces rixes commencent toujours par des violences verbales pour finir par une bataille rangée entre deux clans se servant d'armes blanches ou même d'armes à feu.

Pourtant le code de la famille en droit congolais prévoit déjà des sanctions liées au délit d'adultère :

> Est puni du chef d'adultère, d'une servitude pénale principale de six mois à un an et d'une amende de 60 000 à 250 000 francs congolais : quiconque, sauf si sa bonne foi a été surprise, aura eu des rapports sexuels avec une personne mariée – le conjoint qui aura eu des rapports sexuels avec une personne autre que son conjoint. La peine est portée au double si l'adultère a été entouré de circonstances de nature à lui imprimer le caractère injurieux, notamment lorsque l'adultère a eu lieu dans la maison conjugale[274].

Bien que ces dispositions juridiques soient censées être connues de tous et garantir les droits de chaque Congolais, les Ndenga n'y ont jamais recours. Ces violences finissent toujours, dans la plupart des cas, par la séparation quasi définitive des clans qui auparavant partageaient en commun plusieurs activités vitales telles que la chasse, la pêche…

Une autre cause de violence chez les Ndenga est le rapt : il est le fait de kidnapper une fille en vue de la prendre en mariage. Cette forme d'union conjugale est très mal vue par les Ndenga et provoque souvent des pugilats entre les deux familles concernées. Ces violences

---

[274] *Code de la famille congolaise* du 15 juillet 2016, art. 467.

ne sont pas commises dans l'intention de protéger la fille du kidnappeur, qui parfois est connu, mais leurs raisons sont purement économiques. Car, chez les Ndenga, c'est la dot qui conditionne le mariage et non l'amour entre les conjoints. Un mariage est accepté à cause de la dot conséquente versée aux parents de la jeune fille promise en mariage. Cette dot comprend aussi bien l'argent et d'autres objets de valeur, que le travail que devra effectuer le futur gendre au profit de ses beaux-parents avant de conclure le mariage[275].

Face à l'influence des parents sur les futurs conjoints occasionnant des violences, une question se pose : même si le mariage est une activité sociale regroupant plusieurs familles, quelle est la place de la liberté et de l'amour qui doivent conditionner l'union entre deux personnes ?

La déclaration universelle de droits de l'homme dispose que : « Le mariage ne peut être conclu qu'avec le libre et plein consentement des futurs époux[276]. » Ainsi, la liberté et l'amour réciproque sont considérés comme les dimensions essentielles de l'union conjugale, si bien qu'une fois occulté l'un de ces éléments, le mariage n'en est plus un. Mais, dans le cas d'espèce ni la liberté ni l'amour réciproque ne sont pris en compte. Les futurs conjoints sont pris en otages dans une spirale de violence. Priver un individu de sa liberté, c'est déjà une offense. C'est une forme de violence, car la communauté ou les parents agissent contre la liberté des jeunes de choisir leur conjoint en toute liberté et par amour.

Chapitre III. Violence entre les Ndenga et les autres ethnies

1. Les contextes

Dans une société multiculturelle, plusieurs facteurs concourent à une relation apaisée entre les membres issus de cultures différentes, notamment : la liberté, le respect mutuel, l'égalité et la reconnaissance culturelle des uns et autres. Mais, la brutalité et les brimades qui malheureusement parfois caractérisent certaines sociétés multiculturelles ont pour raison principale la volonté de toute-puissance d'une partie sur les autres.

---

[275] Voir détail en annexe.

[276] Déclaration universelle des droits de l'homme, art. 16, alinéa 2.

Dans une telle société, les dominants fondent leurs rapports avec les autres dans des contextes historiques, géographiques, politiques... Toutes ces considérations créent déjà en prime une certaine inégalité de telle sorte que tous les membres de la société ne peuvent accéder de la même manière à l'espace public. Par conséquent, le groupe dominant cherchera à tout prix à imposer aux autres membres de la société sa vision du monde avec l'ultime conviction de réduire les différences culturelles et identitaires des autres groupes[277]. Cette domination conduit subséquemment à la valorisation d'un groupe sur un autre dans l'expression d'éléments culturels spécifiques : ainsi voit-on naître une violence idéologique, culturelle, identitaire à l'exemple des génocides et des tueries qui ont malheureusement marqué l'histoire de l'humanité.

Ces violences sont dues essentiellement au refus de reconnaissance d'identités concurrentielles encouragées par la conception de l'identité unique qui appartiendrait à un groupe identitaire donné. Sen souligne que cette conception identitaire exclusive qui s'apparente à un sectarisme est un élément déterminant de déclenchement des hostilités entre les peuples n'ayant pas les mêmes cultures, mais partageant en commun un même espace[278].

C'est malheureusement ce rapport qu'entretient le peuple Ndenga avec ses différents voisins. Les violences verbales envers les Ndenga se manifestent le plus souvent par des stéréotypes négatifs que leurs voisins leur attribuent. En refusant d'accepter les différences culturelles et identitaires des Ndenga, ils les considèrent comme des incultes et des sauvages et incapables de ressentir de la honte. Demazu[279] témoigne :

> Nous sommes insultés à cause de notre régime alimentaire et notre mode de vie. Ils n'ont aucune considération pour nous. Quand ils nous invitent pour égayer leurs soirées, ils nous servent de l'alcool dans nos mains, parce que nous ne pouvons pas utiliser les mêmes ustensiles qu'eux. C'est vraiment humiliant, ils nous considèrent vraiment comme des bêtes.

Ce témoignage illustre bien cette violence stigmatisante envers les Ndenga considérés par leurs voisins comme des moins que rien et attitrés à des tâches fastidieuses et non rémunérées qui encouragent à leur encontre les idéologies racistes et suprémacistes. Parfois, ces violences envers les Ndenga deviennent physiques, s'ils sont soupçonnés de vols ou de sorcellerie. Dans

---

277 Voir A. SEN, *Identité et violence*, trad. Sylvie Kleiman-Lafon, Paris, Odile Jacob, 2015, p. 33.

278 *Ibid.*, p. 25.

279 L'un des Ndenga que nous avions interviewés lors de notre passage à Mawuya, juillet-août 2017.

ce cas, leurs campements sont envahis et incendiés par leurs voisins. Ils sont battus et obligés de changer de campement ou de s'enfoncer davantage dans la jungle. Mukuza, une femme Ndenga raconte :

> Toutes les fois que Madame X constate le vol de cannes à sucre ou de régimes de bananes plantains dans son champ, sans même mener des investigations poussées, elle nous accuse de vol. Parfois, sous la pression ou par peur de représailles, nous sommes obligés de porter la responsabilité du vol commis, alors que nous sommes innocents. C'est très décourageant…

Toutes ces violences rendent très contrastés les rapports entre les Ndenga et leurs voisins. Les uns se comportent en dominateurs et refusent de comprendre qu'un individu a/possède plusieurs identités, à savoir qu'en dehors du fait d'appartenir à sa communauté, un individu partage en commun avec d'autres personnes l'appartenance à l'humanité en partageant aussi certaines de ses caractéristiques communes.

2. Comment y remédier ?

Comment peut-on éviter, ou mieux encore, éradiquer la violence dans une communauté multiculturelle comme celle que partagent les Ndenga avec leurs voisins en accordant à chaque membre les droits et les devoirs qui lui correspondent ? Cette question peut être abordée dans la dynamique engagée par Sen inspirée du cadre théorique de Walzer sur l'égalité complexe, que, compte tenu des diversités de biens sociaux et des différences entre les individus, il serait illusoire de se fonder sur des critères abstraits pour appliquer la justice distributive. Parce que « les principes de justice sont eux-mêmes pluralistes dans leur forme même[280] ».

Convaincu de cette option, Sen s'offusque contre le fait d'attribuer à un individu une identité unique quelle qu'elle soit enfermant l'individu ou un groupe d'individus dans une vision identitaire étroite qui justifierait les dominations et les violences de tout ordre. Il estime qu'une telle considération est une illusion, et donc une ignorance, chaque individu étant constitué d'identités multiples. Un individu peut à la fois être mécanicien, fumeur, joueur de football, membre d'une association de défense des droits de l'homme, ce sont donc les contextes et les situations qui déterminent les priorités de chacun en fonction de ses objectifs.

---

[280] Michael WALZER, *Sphères de la justice*, trad. Pascal Engel, Paris, Éditions du Seuil, 1997, p. 26.

Chapitre IV. L'État congolais est-il complice des violences envers les Ndenga ?

1. De la conception de l'État

Chaque État dispose des prérogatives qui lui permettent d'établir et de gérer ses différents rapports avec ses citoyens, avec les autres États et avec les institutions tant nationales qu'internationales. Ces prérogatives confèrent à chaque État les droits et la liberté d'agir de manière autonome en toute légitimité pour le bien-être de ses citoyens.

D'après Thomas Hobbes, l'État ne se présente plus comme chez Aristote, qui voyait en lui « le prolongement de la nature humaine[281] », mais comme une construction artificielle et rationnelle des hommes. La souveraineté se trouve légitimée par la décision libre d'une délégation. Il justifie l'établissement d'un État moderne pour mettre fin aux violences et aux irrationalités qui ont marqué l'état de nature. Pour ce faire, il propose de sortir de l'état de nature par l'institution du droit positif. Par conséquent, Hobbes considère l'État comme l'émanation de la volonté collective des individus qui, de manière consensuelle, confient leur liberté à une instance en vue de garantir leur sécurité.

Ainsi, l'État selon Hobbes tire sa souveraineté de la volonté collective de chaque individu qui attend du souverain qu'il garantisse sa sécurité. L'État est une construction rationnelle, parce que c'est en toute liberté que les individus acceptent d'échanger leur liberté contre la paix et la sécurité.

Dès lors, chaque individu est à la fois auteur et acteur de la loi. Car c'est par le consentement mutuel que les individus transfèrent en quelque sorte leur pouvoir et les droits de légiférer à un souverain pour qu'il agisse en leur nom. Avec Hobbes et contrairement à Aristote, l'État n'est plus considéré comme le prolongement de la nature humaine : « Il est manifeste, à partir de cela, que la cité fait partie des choses naturelles, et que l'homme est par nature un animal politique, et que celui qui est hors cité, naturellement bien sûr et non par le hasard (des circonstances), est soit un être dégradé soit un être surhumain[282] ». L'État est alors un processus purement rationnel : « C'est le souci de pourvoir à leur propre préservation et de vivre plus heureusement par ce moyen[283]... »

---

[281] ARISTOTE, *Les Politiques*, I, 2, 1253a 2sq, trad. et notes par J. Tricot, Paris, Vrin, 2014 ; voir Baruch SPINOZA, *Traité Théologico-politique*, trad. Ch. Appuhn, Paris, Coll. GF, chapitre XVI, p. 329.

[282] ARISTOTE, *op. cit.*

[283] *Ibid.*

La seule façon d'ériger un tel pouvoir commun, apte à défendre les gens des torts qu'ils pourraient se faire les uns aux autres, c'est de confier tout leur pouvoir et toute leur force à un seul homme, ou à une seule assemblée, capable, par la règle de la majorité, de réduire toutes leurs volontés :

> en une seule volonté [...] que chacun s'avoue et se reconnaisse comme l'auteur de tout ce qu'aura fait ou fait faire, quant aux choses qui concernent la paix et la sécurité [...] il s'agit d'une unité réelle de tous en une seule et même personne, unité réalisée par une convention de chacun avec chacun [...] cela fait, ta multitude ainsi unie en une seule personne est appelée une RÉPUBLIQUE, en latin *CIVITAS*[284].

De cette manière, l'État détient le pouvoir absolu, parce qu'il représente une somme de pouvoirs et des puissances individuelles. Il assure l'ordre et la sécurité de chacun, il est l'unique garant de la paix et l'unique source des lois. Il tient exclusivement sa souveraineté de la volonté collective : « Or ceci ne peut être réalisé que si chacun assujettit sa volonté à une autre volonté, celle d'un homme évidemment, ou bien celle d'une assemblée, en sorte qu'elle tienne lieu de la volonté de tous et de chacun... concernant ce qui est nécessaire à la paix[285]. » Donc, l'État dans la conception de Hobbes ne tire sa souveraineté ni du pouvoir théologique ou religieux, ni du pouvoir parlementaire, mais exclusivement de la volonté collective.

Puisque l'État est l'émanation de la volonté collective, il a le devoir d'assurer la paix et la tranquillité à chacun de ses citoyens, car il a été constitué pour faire face à l'insécurité dont chaque individu serait directement ou indirectement auteur et/ou victime. Il est une puissance absolue et capable de résorber les tensions permanentes entre les individus dans la gestion de leurs intérêts privés ou personnels par rapport à l'intérêt général ou le bien commun.

Kant estime qu'un État digne de ce nom doit absolument se fonder sur les trois principes : la liberté, l'égalité, et l'autonomie[286]. Un tel État qui se construit de manière raisonnable tire sa légitimité de sa capacité à garantir les libertés individuelles et à faire respecter le droit. Ainsi, établit-il un lien étroit entre l'État et le droit. Dès lors, il devient l'unique source d'attribution et d'interprétation des droits individuels. Kant, élabore la théorie de l'autonomie du sujet qui face au pluralisme des fins, opte en toute responsabilité pour un choix raisonnable :

---

[284] T. HOBBES, *Léviathan*, *Philosophie politique*, .II, 17, *op. cit.*, 1971.

[285] T. HOBBES, *Du citoyen*, présentation et trad. Philippe Crignon, Paris, GF Flammarion, 2010, p. 162.

[286] E. KANT, *Théorie et pratique*, intr., commentaires et trad. J.-M. Muglioni, Paris, Hatier, 1997, p. 64.

> La liberté en tant qu'homme, j'en exprime le principe pour la constitution d'une communauté dans la formule : personne ne peut me contraindre à être heureux d'une certaine manière (celle dont il conçoit le bien-être des autres hommes), mais il est permis à chacun de chercher le bonheur dans la voie qui lui semble, à lui, être la bonne, pourvu qu'il ne nuise pas à la liberté qui peut coexister avec la liberté de chacun selon une loi universelle possible (autrement dit, à ce droit d'autrui)[287].

Dans ce cas de figure, Kant estime que l'État a seulement une obligation négative : celle de protéger les libertés individuelles. Il fait de l'État l'unique garant des libertés individuelles et collectives, s'opposant ainsi à un groupe ayant sa propre conception du bonheur au mépris du bien-être de toute la collectivité. En revanche, il sépare la morale du droit. Car, même si l'État doit garantir les libertés individuelles et collectives, il ne lui revient pas de définir des règles de vie de sa population ni d'intervenir pour fixer le contenu de la loi. Ces prérogatives concernent exclusivement le « souverain », mais celui-ci a besoin de l'État pour les mettre en œuvre et les faire appliquer[288]. Cependant, il affirme la nécessité de l'existence de l'État qui, malgré les conflits, doit absolument exister, car sa disparition présente plus d'inconvénients que d'avantages.

De ces différentes conceptions de l'État, il ressort que les hommes malgré leurs divergences d'opinions et de priorités individuelles sont capables de choisir de manière raisonnable et consensuelle de constituer une instance pour garantir leurs intérêts, pour assurer la paix sociale et la sécurité de chacun et de tous les citoyens. L'État devrait en principe servir les intérêts de tous, « il est le moyen de régulation de toutes les recherches de biens[289] », car il fédère les volontés de tous pour assurer la meilleure redistribution des droits et des devoirs de chaque citoyen en remplaçant la tyrannie par la loi. La disparition de l'État de droit laisse la place à tous les excès, puisque la finalité de l'État est de garantir à tous la sécurité, la liberté, l'égalité, la paix et la justice.

2. Quid des prérogatives de l'État congolais ?

Ces différentes finalités de l'État renvoient aussi à ce qu'on appelle « les fonctions régaliennes de l'État » instituées pour assurer la sécurité de ses citoyens, pour définir les droits et rendre justice. Ces fonctions régaliennes sont reconnues à tous les États modernes qui les

---

287 *Ibid.*, p. 65.
288 Emmanuel KANT, *Théorie et pratique*, *op. cit.*, p. 65-66.
289 Michael WALZER, *op. cit.*, p. 391.

exercent de manière souveraine. Mbonda abonde dans le même sens en affirmant que « chaque État a pour devoir d'assurer au minimum la promotion de buts comme le bien-être matériel, social et psychologique de toutes les personnes, à travers l'accès à un certain nombre de ressources [...] que l'État met à la disposition de tout le monde[290] » ; ainsi, grâce à l'interconnectivité entre les facteurs déterminants du bien-être, tels que l'éducation, la santé, le revenu... un État qui remplit correctement ses obligations régaliennes assure en même temps la croissance économique de son peuple, et de surcroît son développement intégral. Car, il assure de ce fait la juste participation de tous à la procédure de décisions concernant la conception et la redistribution du bien commun.

La République démocratique du Congo faisant partie des États modernes dispose aussi de ces prérogatives qui l'habilitent à agir au nom de son peuple et pour lui auprès d'autres États et d'autres organisations tant nationales qu'internationales. Ainsi, la RDC doit-elle garantir de manière égale, la paix, la justice et la sécurité à chacun de ses citoyens. D'où la nécessité de savoir si l'environnement politique actuel permet ou non à la RDC d'exercer dans les conditions requises ses fonctions régaliennes.

Actuellement, il se produit en République démocratique du Congo un drame sociopolitique qui s'extériorise par la dégradation économique et sociale et l'insécurité multiforme condamnant les Congolais à vivre dans la précarité la plus absolue. D'où l'émergence des violences pour la survie qui créent une situation de non-État, c'est-à-dire une situation d'absence de toute autorité établie censée réguler l'espace politique public en accordant à chaque citoyen ses droits et ses devoirs.

Cette situation est celle vécue par les peuples congolais où l'État a plus d'une fois montré ses limites et son incapacité à assurer la protection de ses citoyens et de leurs biens. La justice indépendante, jouant un rôle essentiel dans les protections des droits individuels, brille par son absence. En conséquence l'attribution plus ou moins équitable de droits pour une condition de vie humainement acceptable n'est pas respectée. C'est dans ce contexte que les violences envers les Ndenga sont perçues comme étant encouragées par l'indifférence de l'administration publique.

---

[290] Ernest MBONDA, *Justice ethnique. Identité ethnique, reconnaissance et représentation politique*, *op. cit.*, p. 49.

Si les violences envers les Ndenga ne sont pas ouvertement encouragées, elles sont tacitement tolérées, étant donné qu'aucune autorité publique ne s'offusque des traitements inhumains qu'ils subissent au quotidien. Ils sont battus, violés et exploités au grand jour. Or, l'une des prérogatives de l'État congolais, telle que consignée dans la constitution du pays, est d'assurer la protection de tous les Congolais de manière égale : « Tous les Congolais sont égaux devant la loi et ont droit à une égale protection des lois[291]. » Alors que l'égalité entre les citoyens ne doit pas seulement être comprise comme une revendication, mais est aussi l'un des facteurs de l'unité et de la paix : « Ce dont la cité a besoin, ce n'est pas des valeurs communes, mais des règles justes ; et n'a pas besoin de conception commune de bien, ni besoin de se réinscrire dans une forme de tradition, mais de strict respect des lois qui protègent les citoyens contre l'injustice, l'insolence et l'arrogance.[292] »

Plusieurs raisons expliquent que l'égalité et le droit à la protection individuelle ne sont pas encore formellement reconnus aux Ndenga. D'une part, l'État congolais est incapable d'assumer ses fonctions régaliennes. Il ressemble plus à un État fantôme caractérisé par la prédation, la corruption, la mauvaise gouvernance.

D'autre part, l'interprétation des lois de manière objective pose encore un sérieux problème à ceux qui dirigent l'espace public congolais. La commission africaine des droits de l'homme et des peuples a fait remarquer la non-prise en compte des droits des Pygmées en général et des Ndenga en particulier dans la constitution congolaise. Cette non-reconnaissance ne pose pas seulement la question de la discrimination dont les violences sont les conséquences, elle pose aussi le problème de leur survivance face aux violences, ou simplement la question de leur extinction parce qu'ils ne sont pas protégés par certains droits, notamment le droit foncier pourtant garanti par le droit positif congolais : « Aux termes de l'article 387 de la loi, les terres occupées par les communautés locales deviennent à partir de l'entrée en vigueur de la loi du 20 juillet 1973 des terres domaniales[293]. »

---

[291] *Constitution de la RDC*, Kinshasa, 2006, art. 12.

[292] Éric WEIL, *La philosophie politique*, Paris, Vrin, 1971, p. 144.

[293] Vincent KANGULUMBA MBAMBI, *Précis de droit civil des biens. Théorie générale des biens et théories spéciales des droits réels fonciers et immobiliers congolais*, *op. cit.*, p. 327.

Pourtant cette disposition juridique généraliste ne peut être appliquée à tous les Congolais de manière indifférenciée, car elle ne concerne pas les Pygmées ou les Ndenga. Dans la même perspective, le code forestier de 2002 renforce l'exclusion des Pygmées, car ils n'ont pas été associés ni de près ni de loin à la conception de cette disposition qui est une menace pour leur survie : « La commercialisation des produits forestiers prélevés au titre des droits d'usage n'est pas autorisée, excepté certains fruits et produits dont la liste est fixée par le gouverneur de province[294]. » Au vu de cette disposition, l'accès aux ressources forestières est strictement limité aux Pygmées et il n'y a aucune procédure de recours contre la décision du ministre de l'Environnement d'octroyer ces concessions forestières sur les terres traditionnelles des Pygmées.

Cela constitue un grand préjudice à tous ceux qui dépendent des ressources forestières et plus particulièrement les Pygmées ou les Ndenga qui en dépendent exclusivement. C'est un autre type de violence, car ils ne peuvent ni chasser, ni pêcher, ni moins encore vendre ou troquer leurs produits contre d'autres produits de première nécessité. Leur refuser le droit de commercer ou d'échanger leurs produits, c'est les priver du droit d'exister. Même si, dans un autre article du même code, il est stipulé : « Outre les droits d'usage, les communautés locales ont le droit d'exploiter leur forêt. Cette exploitation peut être faite soit par elles-mêmes, soit par l'intermédiaire d'exploitants privés artisanaux, en vertu d'un accord écrit[295]. » Cet article crée encore la confusion d'interprétation et accentue la gravité de la situation. Si bien qu'en cas de conflit, l'interprétation, faite par l'autorité administrative, frise l'arbitraire.

Surtout quand l'on sait, comme souligné ci-dessus, que le clientélisme semble être le critère principal pour exercer une charge publique. L'exemple le plus scandaleux fut la prestation d'à peu près 500 des vrais faux magistrats, qui en dépit de leur incompétence (n'ayant aucune formation en droit) ont presté et siégé dans les cours et tribunaux durant plus de dix ans, condamnant injustement les Congolais les moins nantis en faveur des plus riches[296]. Si déjà l'appareil judiciaire est rempli de faux magistrats, qu'en est-il alors

---

[294] *Code forestier de la RDC*, Kinshasa, 2002, art. 37.

[295] *Ibid.*, art. 112.

[296] https://www.aa.com.tr/fr/afrique/rdc-200-magistrats-révoqués-par-le...-/1119736 https://beninwebtv.com › Monde › Société, consulté le 20 février 2019.

dans d'autres secteurs comme l'éducation et la santé ? C'est dans ce contexte que les charges publiques et la justice sont personnalisées. Tous les artifices sont réunis pour l'anomie qui justifie l'état de non-lois. Ce mode d'accession aux postes administratifs encourage un type de violence due à l'ignorance d'administrateurs incompétents qui sont incapables d'interpréter les lois et de garantir le droit de tous. Par conséquent, le droit et la justice sont constamment instrumentalisés et bafoués par les acteurs étatiques, qui visiblement ne cherchent pas à s'en départir.

Partie III –
APPROCHE APPLICATIVE

Section I. COMPRENDRE ET EXPLIQUER : AGENDA ENVISAGEABLE

Chapitre I. Le choix méthodologique

1. Ressource et renforcement des compétences

Cette partie du travail fait écho à la méthodologie proposée par Alain Renaut dans la recherche de solutions à une situation de pauvreté extrême comme celle des Ndenga dont les droits humains les plus fondamentaux n'existent qu'en principe. Car, c'est là, estime-il, « une réalisation de la philosophie appliquée[297] », selon laquelle il faut partir d'une situation déterminée[298] et en dégager les principes d'intelligibilité pour une action concertée afin de proposer une autre manière de vivre ou de concevoir le mieux-être. Ou mieux, comment dégager les logiques dans une situation où la raison et la déraison entrent en conflit et engendrent les pires souffrances et l'humiliation dont le monde humain reste capable ?

Renaut souligne, qu'au-delà des généralités, il est indispensable de prioriser ce qu'il faut faire, tout en tenant compte de l'aspiration profonde d'un peuple avide de changement quand tout semble identiquement urgent et que la vie est devenue survie et indécence[299].

Dans un monde multipolaire où le développement doit être compris comme une réponse à un appel de propositions, quel doit être finalement l'apport de la communauté internationale pour répondre aux différents problèmes de précarité et promouvoir le développement de chaque peuple ? Cette aide internationale doit-elle se fonder sur une éthique déontologique de l'aide au développement et de lutte contre la précarité, conçue comme une obligation, telle que proposée par Pogge ou Onora O'Neil ? Ou bien doit-elle se fonder sur la théorie thématisée par Sen et ses successeurs, qui privilégient l'approche téléologique visant l'accomplissement du potentiel humain comme une finalité[300] ?

---

[297] Alain RENAUT, *L'Injustifiable et l'extrême. Manifeste pour une philosophie appliquée*, *op. cit.*, p. 109.

[298] Voir annexe.

[299] Voir Alain RENAUT, *Un monde juste est-il possible ? Contribution à une théorie de justice globale*, *op. cit.*, p. 217 *sq.*

[300] *Ibid.*, p. 221.

Si nous estimons que le développement doit être un processus participatif dont les décisions à prendre relèvent de l'émanation de la volonté collective de se libérer de la pauvreté, laquelle des deux approches pourrait être adoptée ? Compte tenu de la globalisation de la pauvreté qui cristallise les débats et les recherches de solutions au niveau international, quels doivent être les rôles dévolus aux acteurs internationaux dans la lutte contre la pauvreté dans des contextes particuliers ?

Face à des situations telles que les violences ethniques, les violences « genrées » ou les calamités naturelles – inondations, tremblements de terre – qui peuvent être apocalyptique, quel doit être le niveau d'implication d'un État victime dans la coopération avec les acteurs internationaux tout en conservant sa souveraineté et en tenant compte de l'aspiration de son peuple ? En cas d'urgence, ou même en temps normal, quel processus de développement faut-il privilégier ? Un modèle processuel est-il meilleur qu'un modèle urgentiste ? Faut-il privilégier un processus dans lequel l'aide internationale ne tient pas compte de l'aspiration du peuple en détresse, et s'en tient à résoudre les problèmes urgents ? Ou considérer le fait que le développement est l'émanation de la volonté collective, auquel cas l'aide internationale aurait pour vocation d'accompagner un peuple dans la recherche de son mieux-être ?

Toutes ces questions constituent aujourd'hui, à l'heure des propositions, l'épine dorsale de la problématique du développement. Car celui-ci est un processus qui implique une transformation qualitative, un changement dans le sens de l'évolution. Ainsi, doit-on opérer une mutation vers la croissance individuelle et collective. Au regard de ce qui précède, quelle doit être la place des ONG dans le processus du développement dans un monde multipolaire marqué par des échanges d'informations ? Cette dynamique fait qu'aujourd'hui aucun domaine de l'activité humaine n'échappe à une concertation à l'échelle globale. Car chaque nouveau problème mobilise les instances tant nationales qu'internationales pour la recherche des solutions adaptées.

Tous ces éléments justifient le foisonnement des ONG, chacune prétendant s'occuper d'une sphère particulière de la souffrance humaine. Toutes ces organisations possèdent des trajectoires et des modes de fonctionnement spécifiques rendant malheureusement complexe et difficile l'efficacité de leurs actions sur le terrain. Quelles doivent être alors la portée et la limite de leurs actions pour faciliter le développement harmonieux des peuples pour lesquels elles agissent ?

Chapitre II. Appel à l'aide internationale et apport des ONG

1. Choix méthodologique

Cette présentation de l'efficacité ou l'inefficacité de l'aide internationale n'a pas vocation à être exhaustive, car une littérature importante y est consacrée[301]. Cependant ce sujet mérite réflexion parce que chaque appel à l'aide internationale se fait dans des contextes particuliers régis par des conceptions politiques propres qui déterminent l'efficacité de l'aide auprès des bénéficiaires. Par exemple, avant la chute du mur de Berlin, l'aide internationale ou l'aide publique au développement était conditionnées par la fidélisation et la clientélisation des tiers-mondistes. C'est dans ce contexte que le Zaïre de Mobutu, en dépit de ses énormes richesses, a bénéficié de largesses des bailleurs de fonds internationaux pour devenir un État gendarme en Afrique centrale pour le compte du bloc de l'Ouest[302].

Aujourd'hui les conditions d'octroi de l'aide internationale et/ou APD ont fortement évolué, ce sont la démocratie et la charité qui la conditionnent. Cette nouvelle perspective a pour but de promouvoir les valeurs démocratiques telles que le respect des droits de l'homme, la bonne gouvernance… Ces différentes conditionnalités expriment clairement la volonté des bailleurs internationaux d'associer l'aide internationale à des idéologies qui ne cadrent pas avec la nature et la signification des divers dons mis à la disposition des bénéficiaires. L'aide internationale est-elle motivée par l'altruisme visant exclusivement le mieux-être des bénéficiaires ? Quels en sont les vrais enjeux ? Vise-t-elle la coopération bilatérale entre les États ?

À l'issue de ces questionnements, il semble évident que l'aide internationale doit être accompagnée d'une nouvelle éthique pour que les actions accomplies par les différentes ONG soient le plus efficaces possible. Dans cet ordre d'idées, Xabier Etxebarria estime que « l'action humanitaire qui ne provient pas d'un souffle moral, honnête et réfléchi, a perdu son âme,

---

301 Gilles CARBONNIER, et Milad ZARIN NEJADAN, *Les effets économiques de l'aide publique au développement en Suisse : étude 2006*, Berne : Direction du développement et de la coopération ; Pierre JACQUET, « Revisiter l'aide publique au développement », *Économie internationale*, n° 108, 2006, p. 139-152 ; Ravi KANBUR et Todd SANDLER, *The future of development assistance : Common pools and international public goods*, Washington DC, Over seas Development Council, 1999.

302 Voir Jean-Michel SEVERINO, « Refonder l'aide au développement au XXIe siècle », *Critique internationale*, n° 10, 2001/1, p. 75-99.

a cessé d'être ce qu'elle dit être. En définitive, elle trahit les victimes, ce qui est le plus important[303] ».

Cette affirmation permettra de justifier la méthodologie ici mise en avant mettant dos à dos deux approches théoriques qui sont à la base de beaucoup d'actions humanitaires.

2. Le contractualisme rawlsien

En partant d'abord du contractualisme de Rawls qui considère la justice comme l'aboutissement d'une procédure équitable, il résulte deux idées maîtresses : le principe de l'égalité et le principe de la différence. Par le principe de l'égalité, Rawls soutient que « chaque personne doit avoir un droit égal au système total le plus étendu de libertés de base égales pour tous, compatibles avec un même système pour tous[304] ». Tandis que dans le second principe, il soutient que « les inégalités économiques et sociales doivent être telles qu'elles soient au plus grand bénéfice des plus désavantagés et attachées à des fonctions et des positions ouvertes à tous, conformément au principe de la juste égalité des chances[305] ». Cette conception de justice laisse présager que, sur le plan global, les inégalités d'ordre socio-économique ne doivent pas se régler sur la base d'un principe de justice distributive, mais par un devoir d'assistance. Cependant, elle n'est pas sans conséquences. D'une part, elle atteste que le principe de justice distributive globale, au niveau international, est inexistant et d'autre part, l'obligation des riches envers les pauvres serait de l'ordre de la bienveillance et de la charité, et non pas assortie d'une obligation de justice.

Car, estime-t-il, les peuples ont le devoir d'assister les autres peuples vivant dans des conditions défavorables qui les empêchent de disposer d'un régime social et politique juste ou convenable :

> Les grands maux sociaux dans les sociétés plus pauvres sont généralement un pouvoir oppresseur et des élites corrompues, l'assujettissement des femmes encouragé par une religion déraisonnable, accompagné d'une surpopulation par rapport à ce que l'économie de la société peut décemment supporter[306].

---

[303] Xabier ETXEBARRIA, *Ética de la acción humanitaria*, Bilbao, Publicaciones Universidad de Deusto, 1999, p. 10.

[304] John RAWLS, *Théorie de la justice*, trad. Catherine Audar, Paris, Points, 2009, p. 91.

[305] John RAWLS, *Théorie de la justice*, *op. cit.*, p. 91..

[306] John RAWLS, *Les Droits des peuples*, trad. Bertrand Guillaume, Paris, La Découverte, 1996, p. 86.

Donc, l'aide humanitaire qui s'inscrit dans ce principe considère que les plus pauvres sont responsables de leur indigence, ce qui peut paraître parfois catastrophique, mais pas nécessairement injuste. Une telle considération de justice conduit à plusieurs conclusions :

- L'aide internationale dans ce cas de figure peut avoir pour objectif d'accompagner l'amélioration du fonctionnement des institutions démocratiques et de consolider leur indépendance vis-à-vis des tiers[307]. Cette aide s'inscrit dans une logique d'épanouissement individuel. Dans ce cas, c'est le résultat recherché et souhaité par la plupart des humanitaires, et cela justifie l'aide d'urgence qui vise d'abord l'amélioration des conditions d'existence des plus vulnérables et des personnes les plus fragiles.
- Cette optique présente cependant des limites majeures qui dénaturent l'aide apportée, car le choix de la nature de l'aide et des conditions pour en bénéficier est défini seulement par la partie qui mobilise, privant les bénéficiaires de la liberté de choisir la nature et la finalité de l'aide proposée. Les bénéficiaires se retrouvent dans le piège de l'assistanat qui les oblige à tout accepter sans avoir la moindre possibilité d'user de leur liberté de choix. C'est une sorte d'infantilisation des victimes ou des personnes vulnérables.

3. Du devoir d'assistance

Une seconde approche de justice qui motive l'aide internationale est l'approche du devoir développée par Thomas Pogge[308] qui insiste sur le devoir négatif des citoyens des pays du Nord envers les citoyens des pays du Sud. Il estime que les premiers sont en partie responsables de la misère des seconds parce que les injustices orchestrées par leurs institutions socio-économiques leur sont profitables. Autrement dit, Pogge exige que les citoyens des pays développés, puisqu'ils sont bénéficiaires d'un ordre socio-économique prédéterminé, qui serait à la base de l'extrême pauvreté dans d'autres parties du monde, sont, en conséquence, redevables d'une assistance plus équitable envers les victimes de la pauvreté.

Pogge soutient que le passé de ces pays marqués par les brimades de tout genre telles que la colonisation, l'esclavagisme, les guerres ou le génocide, laisse apparaître une inégalité qui ne milite pas en faveur de leur

---

[307] *Ibid.*

[308] Voir Thomas POGGE, « Porter assistance aux pauvres du monde » trad. Patrick Savidan, *Raison publique*, n° 1, octobre 2003, Paris, Bayard, p. 104-148.

développement. Ainsi, il propose une mobilisation à l'échelle globale pour la reconnaissance de la responsabilité collective des séquelles des divers fléaux ayant émaillé le parcours des pays du Sud.

Plutôt qu'une sorte d'impôt infligé aux pays du Nord, Pogge plaide pour la réforme des institutions internationales, car l'ordre institutionnel international actuel viole les droits humains et expose des millions des personnes à la pauvreté extrême[309].

L'aide internationale qui se fonde sur cette approche présente des limites, car, une fois que les ressources mobilisées s'épuisent, réapparaissent les précarités. C'est la logique du puits sans fond. Dans ce cas de figure, l'aide humanitaire ne peut en aucune manière changer les conditions de vie de manière permanente, ni changer l'ordre économique international, ni parvenir à éradiquer l'extrême pauvreté dans le monde.

Si Rawls établit que l'assistance aux pauvres relève du devoir positif, Pogge y oppose le devoir négatif. Les deux approches, comme affirmé ci-dessus, ne proposent pas de solutions efficaces pour éradiquer la pauvreté, mais ne se limitent qu'à des mesures provisoires pour contrer cette dernière. Dans le cas d'espèce comment envisager et s'accorder pour éradiquer la pauvreté à l'échelle globale ? Faut-il privilégier l'éthique reposant sur la liberté des victimes ou des personnes vulnérables de proposer le type d'aide qui leur correspond, ou bien s'engager dans une démarche structurelle visant à établir un nouvel ordre politique ou constitutionnel ?

4. Alain Renaut combinaison des ressources et des capabilités comme méthode d'approche

En replaçant les inégalités constatées à l'intérieur d'une société nationale à l'échelle globale, Renaut trouve la justification et la nécessité de mobiliser de l'aide en faveur des plus pauvres. Car il constate que, si au niveau interpersonnel sont pratiquées les injustices, les rapports entre les États laissent aussi apparaître des traitements injustes auxquels les plus démunis sont exposés. Ainsi, il envisage une piste de solution pour rétablir la justice à l'échelle globale et par-delà lutter efficacement à l'éradication de la pauvreté. Pour ce faire, deux démarches sont alors envisageables : d'une part, il propose une réorientation de l'interrogation sur les inégalisations des conditions qui doit se pratiquer sur fond de globalisation de l'approche des inégalités injustifiables ; d'autre part, à travers une démarche partant non plus de principes de justice, mais des données particulières des contextes

309 *Ibid.*

d'inégalisation extrême, afin d'établir un ordre de priorités des solutions sous forme d'agenda[310].

À partir de cette méthodologie, et compte tenu de l'échec des différentes interventions des ONG face aux situations de conflits ou d'urgence humanitaire, que faut-il faire en cas de catastrophe, une fois l'urgence passée ? Ces questions vont au cœur du débat des actions menées par les ONG dans ces contextes particuliers.

Il semble indispensable que deux démarches doivent être mener de front. D'une part la mobilisation des ressources pour faire face aux situations d'urgence, d'autre part la mise en place des dispositifs de renforcement des compétences des sinistrés qui leur permettre de choisir de manière permanente un mode de vie qui leur soit propre[311].

L'aide internationale qui suivrait cette logique mettrait en œuvre des actions capables d'éradiquer la pauvreté de manière efficace à court, moyen et long termes. À l'inverse, l'aide internationale gérée par la plupart des ONG a montré ses limites dans la réduction de la pauvreté et n'est pas capable de proposer un programme de développement qui exige la réappropriation des caractéristiques d'un individu ou d'un groupe d'individus.

Une telle démarche, qui soulève la question de l'efficacité des actions des ONG sur le terrain, pourrait être appliquée en faveur des Pygmées Ndenga, qui ne demandent qu'à mener leur vie paisiblement dans leur milieu naturel tout en collaborant à la préservation de l'écosystème.

Chapitre III. Justification de l'appel à l'aide internationale

1. Essai de compréhension

Face à une catastrophe naturelle – tremblement de terre en Haïti en 2010, tsunami en Asie du Sud-Est en 2004 –, face à des guerres comme en RDC, ou à des famines comme dans la corne de l'Afrique en 2011, mais aussi face aux victimes d'exclusion tant économique, ethnique que sociale, le premier réflexe est l'appel à l'aide d'urgence. Le premier réflexe est l'appel à l'aide d'urgence, à la suite de l'émotion qui suscite la générosité de par le monde Dans cet ordre d'idées, Levinas écrit : « [...] l'ordre de ne pas laisser autrui

[310] Voir Alain RENAUT, *L'Injustifiable et l'extrême. Manifeste pour une philosophie politique appliquée*, Paris, Le Pommier, 2015 ; voir Alain RENAUT *et alii*, *Inégalités entre particularisation et globalisation*, Paris, PUPS, 2016.

[311] Alain RENAUT, *Un monde juste est-il possible ?*, p. 221 *sq.*

seul, fût-ce en face de l'inexorable. Ce qui est probablement le fondement de la socialité, de l'amour sans éros. La crainte de la mort de l'autre est certainement à la base de la responsabilité pour lui[312]. » C'est ici une exigence morale résonnant comme un impératif catégorique qui mobilise la générosité d'une bonne partie d'acteurs des États du Nord en faveur des États ou des populations victimes du Sud.

Ces actions d'urgence ont pour objectif d'apaiser la souffrance, de garantir la subsistance, de protéger les droits fondamentaux des personnes et de défendre leur dignité. Mais nous constatons que les aides mobilisées n'ont pas toujours suffi à résoudre les désastres causés par ces différentes calamités une fois l'urgence passée[313]. Cette tendance montre clairement que le sort des personnes vulnérables ne s'améliorera jamais si la politique et surtout l'éthique de l'aide mobilisée et gérée par les ONG ne changent pas.

Il ne s'agit pas ici de restreindre l'appel à l'aide internationale en cas de détresse, mais d'engager un débat de fond sur l'ordre de priorité dans les démarches à entreprendre. Il est question de réinventer une nouvelle éthique pour responsabiliser les victimes comme étant les propres protagonistes de leur histoire et de leur destinée. Cela étant, les personnes vulnérables ou les sinistrés pourront eux-mêmes par des discussions et des délibérations parvenir à un consensus mettant d'accord toutes les parties impliquées sur des procédures à suivre. Cette perspective donne aux victimes la liberté de choisir ce qu'il leur faut pour satisfaire leurs besoins les plus immédiats, à moyen et à long termes.

Conditionner l'aide internationale à la seule urgence trahit la mission même que l'aide devrait apporter ; car elle n'a de sens que si elle procure un avenir désirable à la personne secourue. Cette approche est partagée par Nsame Mbongo, qui estime que la théorie du développement dans sa signification fondamentale doit subir une mutation pour une réflexion profonde au plus haut niveau[314].

---

[312] Emmanuel LEVINAS, *Éthique et infini*, Paris, Fayard, 1982, p. 117-118.

[313] Voir Raoul PECK, « La situation actuelle en Haïti est le résultat d'un immense jeu de quilles qui a maintenant cessé de faire sens », *Humanitaire*, 27 | 2010 ; voir film documentaire : Assistance mortelle, 2012.
URL : http://journals.openedition.org/humanitaire/883.

[314] Nsame MBONGO, « Quelle vision philosophique du développement face à la rationalité ? (Vers le contre développement) » dans *Philosophie et problématique du développement* sous la direction d'Émile Kemogene, Paris, L'Harmattan, 2010, p. 111-141.

2. Une nouvelle éthique ?

Pour que l'aide internationale retrouve son vrai sens, les idéologies qui sont à la base des programmes de développement doivent radicalement changer. Mais, force est de constater que la globalisation et la généralisation des structures ainsi que la labellisation des actions humanitaires, parfois associées aux actions politiques ou militaires, sont préjudiciables aux acteurs humanitaires sur les terrains. Ils sont parfois considérés comme prenant partie des conflits ou servant d'agents de renseignement au profit des États du Nord. Cela limite considérablement leur accès aux informations, et plus encore aux personnes vulnérables. Ils sont de plus en plus exposés aux divers dangers tels que l'enlèvement ou même l'assassinat[315].

Par ailleurs leur morale et leur comportement sur le terrain doit être irréprochable. Ils ne peuvent être à l'origine de discriminations ou de chosification des victimes. Pour cela, ils doivent être sélectionnés sur des critères purement humanitaires. Or, certains exemples tendent à noircir le tableau… Le cas le plus récent est la dénonciation par Human Rights Watch des pratiques sexuelles imposées aux femmes victimes du cyclone Idai en échange de vivres. Loin d'être un cas isolé, il y a aussi le scandale des viols perpétrés par les agents de Oxfam au Soudan du Sud, en Haïti et au Tchad, et d'autres scandales sexuels dénommés « sexpat » commis par des agents de Oxfam sur leurs collègues[316]. Ces exemples attestent de l'ignominie et l'amateurisme de certains humanitaires face aux souffrances des victimes ou des personnes vulnérables. La sélection des intervenants sur le terrain ne peut plus être conditionnée par d'autres motivations que celles de l'humanitaire au sens strict du terme. Autrement dit, pour que de telles infâmies ne se produisent plus, la sélection doit porter sur l'expérience et les capacités, et non sur le goût de aventure et de découverte du candidat.

Ainsi, ils devront être capables de se surpasser et accepter de travailler dans des conditions défiant tout confort et tout luxe. Cette perspective soutient que l'humanitaire doit cesser d'être bureaucratique et légaliste, mais il doit être pragmatique et capable de décider en fonction des circonstances que lui offrent les terrains. Cela implique qu'à certains moments les choix cruciaux doivent relever des décisions personnelles et pas toujours dans les cadres juridiques prédéterminés. La complexification des contextes exige

---

[315] https://www.lemonde.fr › Afrique, https://www.lemonde.fr › Afrique, consulté le 15 mai 2019.

[316] www.lessentiel.lu/fr/news/... /sexe-force-en-echange-de-l-aide-humanitaire-26844841,
https://www.france24.com » Accueil France 24 » Europe,
https://www.capital.fr » Entreprises et marchés, consulté le 15 mai 2019.

aujourd'hui des humanitaires des inventivités qui tiennent compte des situations historiques, économiques et anthropologiques des sinistrés ou des victimes, car l'application des règles universelles n'est pas toujours sans conséquences dans certaines circonstances. Il est question ici de faire appel à la responsabilité personnelle et collective des humanitaires en face des situations défiant les normes et qui exigent une prise de décision relevant de la subjectivité. Aussi, « la question de l'éthique renvoie-t-elle inexorablement à celle de l'intention, mais aussi à celle de la responsabilité, aussi bien individuelle que collective[317] ». Ce n'est donc pas de l'arbitraire, mais il est exigé de l'humanitaire de revêtir un visage humain, car c'est la primauté humaine qui est ici envisagée. L'homme doit être placé au cœur de l'action humanitaire pour éviter tout ce qui pourrait apparaître comme une abstraction rendant inefficace l'action entreprise auprès des victimes.

En bref, cette nouvelle éthique doit se fonder sur les principes fondamentaux régissant les actions humanitaires : l'humanité, l'impartialité, l'indépendance et la neutralité. Ces principes qui trouvent leur fondement dans le droit humanitaire international[318] donnent le vrai sens de l'action humanitaire. C'est-à-dire soulager les souffrances sans distinction de toute personne rendue vulnérable par les conflits ou les calamités naturelles par des aides substantielles et multiformes se distinguant des aides à caractère politique, confessionnel ou militaire.

Ce cadre d'action devrait faciliter le travail des humanitaires à collaborer avec les victimes dans les choix des stratégies, de la nature et de la finalité de l'aide. De telles dispositions éviteront toutes sortes d'abus tendant à discréditer les différentes interventions des certains humanitaires consciencieux.

En plus de cela, l'action humanitaire devrait éviter ce qu'on pourrait appeler « l'effet des feux de brousse[319] », c'est-à-dire médiatiser les catastrophes au moment des faits et proposer seulement des solutions d'urgence sans d'autres choix pour le suivi ou pour la pérennisation. C'est contre cette pratique que les Nations unies ont formulé cette recommandation en 2012 en ces termes : « L'action humanitaire ne se réduit pas aux interventions en cas de crise ou de catastrophe, elle se prolonge au-

---

[317] Jérôme LARCHÉ, *Le déclin de l'empire humanitaire. Humanitaire occidental à l'épreuve de la mondialisation*, préface de Michel Terestchenko, Paris, Harmattan, 2017, p. 29.

[318] Voir Convention de Genève, 12 août 1949.

[319] Dans les régions tropicales parsemées de brousse, les feux sont caractérisés par la taille des flammes qui malheureusement ne laissent que de cendres avec l'impossibilité de rallumer un autre feu après.

delà[320]. » Mais comment les ONG qui, pour la plupart gèrent les aides internationales, se conforment-elles aux exigences des Nations unies ? Quel est leur impact auprès des personnes vulnérables ?

3. L'efficacité de l'aide internationale

Pour vérifier l'efficacité de l'aide internationale, la question qui se pose est de savoir si les objectifs pour lesquels l'aide a été sollicitée sont atteints. Ou encore si l'aide sollicitée a contribué à améliorer un tant soit peu les conditions de vie des personnes ou des groupes de personnes se trouvant dans le besoin. Les réponses à ces questions sont divergentes et complexes à cause de la nature même de l'aide sollicitée.

Soit l'aide suit une approche macroéconomique, dans ce cas, elle prend la forme d'un prêt pour ajuster ou alléger la dette, ou d'une aide budgétaire. L'évaluation dans ces cas de figure est très complexe et dépend beaucoup de facteurs tels que la bonne gouvernance, un cadre macroéconomique favorable. Cependant, quel que soit l'accroissement du volume d'une telle aide, cette approche ne parviendra jamais à lutter efficacement contre la pauvreté et améliorer les conditions de vie des personnes les plus vulnérables. Au contraire, elle favorise la corruption, le détournement des fonds et la gabegie financière[321]...

Soit l'aide adopte des approches sectorielles en se concentrant sur un secteur particulier du développement. Les ONG sont alors mises à contribution pour piloter des programmes visant à améliorer les conditions de vie des personnes dans un secteur particulier : favoriser l'accès à l'éducation, à la santé, à l'eau potable... Là aussi, l'évaluation des actions accomplies par les ONG reste très complexe, car elles dépendent aussi des termes de références. Or, ceux-ci sont parfois subjectifs rendant discutable l'efficacité de leurs résultats. L'évaluation de l'aide se confond parfois avec le contrôle de l'utilisation effective des fonds affectés, qui doivent se conformer aux normes et procédures préalablement établies. En se fondant exclusivement sur la justification des fonds, cette option ignore complètement l'impact de l'aide sur la satisfaction des victimes.

---

[320] Tanadori INOMATA, « Financement de l'action humanitaire dans le système des Nations unies », *corps commun d'inspection*, Nations unies Genève, 2012.

[321] Voir Anne LUGON-MOULIN, « La lutte contre la corruption : les limites de l'aide internationale », *Finance & Bien Commun*, n°s 28-29, 2007/3, p. 15-17 ; *https://www.la-croix.com/... /L-aide-internationale-exacerbe-corruption-Afghanistan-2... ;* https://www.contrepoints.org/2019/02/05/335899-les-deboires-de-laide-internationale, consultés le 15 mai 2019.

L'efficacité des actions des ONG devrait d'abord prendre en compte l'ensemble des contextes du projet à réaliser, suivant les aspirations de chaque individu ou de la population bénéficiaire à faire valoir leur volonté d'orienter leurs choix vers un secteur de leur vie jugé indécent par eux-mêmes. Il faudrait que les bénéficiaires puissent participer aux choix stratégiques dès la conception du projet en passant par l'exécution jusqu'à l'évaluation, qui doit se fonder non seulement sur des critères extérieurs, mais aussi sur le degré de satisfaction des bénéficiaires et leur appropriation du projet en vue de leur autonomisation. C'est ce que Nsame Mbongo désigne l'humanisation du développement, qui doit permettre à chaque individu d'agir et de se construire à partir de sa propre réflexion et de sa propre décision[322].

Il arrive parfois que les priorités et les méthodes des ONG ne rencontrent pas celles des populations bénéficiaires, ce qui, de manière générale, rend inefficaces les actions des ONG sur le terrain et qui trahit la nature même de l'aide internationale. Claude Freud s'interroge, à ce titre, en ces termes :

> L'optimisme est à la mode, les publications officielles de toutes origines annoncent que les projets du développement mis en œuvre par les aides extérieures sont des réussites. On pourrait s'étonner, à juste titre, de l'incohérence de ces résultats, car, si les projets de développement sont efficaces, comment se fait-il que les pays intéressés soient dans une situation économique catastrophique[323] ?

Chapitre IV. Les rôles des organisations non gouvernementales

1. Précision conceptuelle

Précisons d'abord que parler d'« organisation non gouvernementale » ne signifie pas que cette structure s'oppose aux politiques intérieures et extérieures d'un État. En fait, elle contribue et coopère avec les États en mettant en œuvre ce qu'ils ne peuvent légitiment faire. Elles aident et mettent à profit leurs compétences pour identifier les nouveaux problèmes, proposer des solutions et fixer les agendas de réalisation des projets.

En dépit de ce qui précède, il reste toujours difficile de définir clairement les ONG, car leurs objectifs sont très variés. En outre, elles sont de natures et de formes juridiques diverses, de sorte qu'il serait difficile de parvenir à une

322 Voir Nsame MBONGO, *op. cit.*

323 Claude FREUD, *Quelle coopération ? Un bilan de l'aide au développement*, Paris, Karthala, 1988, p. 5.

définition commune, ne serait-ce que pour les pays de l'Union européenne[324], même si la Charte des Nations unies dans son article 71 s'y réfère à de multiples reprises.

Il est toutefois possible de les classer d'après leur typologie. De manière générale, elles sont groupées en deux catégories : les urgentistes et les développementistes. Les urgentistes, comme leur nom l'indique, apportent les premiers soins en cas de crise comme les guerres ou les catastrophes naturelles. Même si leurs actions peuvent paraître très efficaces dans les crises d'origine humaine ou naturelle, elles présentent cependant des limites qui entachent leur efficacité : leur champ d'action n'englobe ni la « post-urgence » ni le développement, qui reposent sur un travail à long terme. Dans cette catégorie figurent les « French Doctors », tels que Médecins sans frontières et Médecins du monde. Le contexte de leurs interventions joue généralement en leur faveur par la surmédiatisation de leurs actions.

Les développementistes ont un champ d'action plus varié, celui de proposer un programme de développement durable ou d'intervenir pour protéger et promouvoir le respect des droits les plus fondamentaux, mais elles peuvent partager les mêmes objectifs que certaines urgentistes. Dans cette catégorie se retrouve Human Rights Watch pour les droits de l'homme, Transparency International pour la lutte contre la corruption, Green Peace ou WWF pour la préservation de l'environnement.

Ces ONG dites développementistes proposent des solutions durables à partir des études approfondies sur les causes des catastrophes ou des crises ayant impacté la qualité de vie de certaines personnes. Ainsi, après les interventions d'urgence, elles mettent en place des mécanismes pour la reprise des activités économiques, agricoles et/ou même la pêche, en vue de l'autonomisation des victimes d'une catastrophe naturelle ou d'une guerre[325].

En définitive, le classement des ONG par domaine d'intervention reste incertain, car les critères de classification ne sont pas toujours associés au mode d'interactions entre les participants. L'organisation, son environnement et la combinaison de multiples objectifs ne sont pas toujours satisfaisants et donnent l'impression que la plupart des ONG agissent souvent dans les mêmes domaines. Jean-François Mattei, ancien président de la Croix rouge le confirme en ces termes : « La distinction historique ne

---

[324] Commissariat général du plan, L'État et les ONG : *vers un partenariat efficace*, Paris, La Documentation française, 2002, 210 p. Rapport du groupe « pour un nouveau partenariat entre les organisations de solidarité internationale et les pouvoirs publics », groupe présidé par Jean-Claude Faure.

[325] Voir www.anjou-agricole.com/reussir/fichiers/globeEco/GRYM1CN9_revuePdf.pdf, consulté le 10 mai 2019.

mérite pas de perdurer, même si le cœur de compétence de chacun peut marquer une spécificité[326]. »

2. Les forces des ONG

Depuis quelques décennies, les ONG sont devenues les interlocutrices et les partenaires privilégiés des certains gouvernements du Nord en matière de développement social en faveur de certains pays ou peuples du Sud. Elles se sont professionnalisées dans les compétences techniques et dans la connaissance du terrain, rendant efficaces et pertinentes leurs actions. Comme l'affirme Larché :

> Soigner des populations affaiblies dans un champ de déplacés en RDC, construire rapidement des latrines pour éviter une épidémie de choléra en Haïti, faire une évaluation nutritionnelle adéquate au Darfour, distribuer de l'eau potable à 1,3 million de réfugiés au Liban, mettre en place un programme de protection et de prise en charge pour les femmes violées dans les zones de conflits [...]. Voilà les défis que beaucoup d'ONG ont à relever sur d'innombrables terrains de la planète[327].

Cette professionnalisation les incite à adopter un modèle de gestion visant à pérenniser leurs actions sur le terrain. Par la rapidité de leur intervention, leur capacité d'expertise et d'aide aux victimes, les ONG sont vite apparues comme des modèles alternatifs aux États[328].

Ainsi, dans le domaine du développement, elles ont démontré leur capacité dans la collecte des informations et dans le rapprochement avec la population concernée. Elles mettent à profit leur expertise en matière d'éducation, de santé, d'alimentation comme une alternative aux programmes des gouvernements qui, par ailleurs, les associent à la conception et à la gestion de certaines filières de développement communautaire. Elles offrent un cadre bien structuré et idéal en vue d'une action efficace, grâce aux acteurs qui interviennent et rationalisent les moyens mis à leur disposition pour le bien-être des populations vulnérables.

---

326 Jean-François MATTEI, *L'Humanitaire à l'heure de l'éthique*, Paris, 2014, p. 50 ; voir Marc-Antoine PÉROUSE DE MONTLOS, *Pour un développement humanitaire ? Les ONG à l'épreuve de la critique*, Paris, IRD, 2015, p. 13.

327 Jérôme LARCHÉ, *Le Déclin de l'empire humanitaire. L'humanitaire occidental à l'épreuve de la mondialisation*, *op. cit.*, p. 182.

328 Voir Guillaume DEVIN et Marie-Claude SMOUTS, *Les organisations internationales*, Paris, Armand Colin, 2013, p. 15.

En plus d'être efficaces sur le terrain, les ONG disposent de canaux de médiatisation très développés qui les crédibilisent auprès des instances tant nationales qu'internationales, médiatisent leurs actions, et favorisent la collecte des fonds et des biens de première nécessité en un temps record. L'une de leurs valeurs ajoutées est leur capacité à cumuler leur présence sur le terrain et auprès des instances internationales par des forums et conférences pour faire entendre les causes qu'elles soutiennent. Elle gagne ainsi la confiance de leurs partenaires, mais aussi des populations où elles interviennent[329].

Autrement dit, les ONG parviennent à concilier deux pôles. D'une part, elles assurent une vraie présence sur le terrain, au plus près des populations concernées. D'autre part, elles sont capables de tenir un discours audible au niveau international en se fondant sur des données spécifiques de la situation du terrain[330]. Cette cohérence permet aux ONG de collecter les dons dans les délais les plus courts afin de répondre avec plus d'efficacité aux différents fléaux et catastrophes qui sévissent dans le monde.

À cette capacité de mobilisation à l'international s'ajoute aussi leur implication de manière significative dans la sensibilisation communautaire, la prévention, et la prise en charge en cas de contamination aux diverses épidémies. Telles furent, par exemple, les actions menées par les humanitaires pendant l'épidémie de choléra en Sierra Leone, au Liberia et en Guinée, qui eurent pour effet de resserrer, autant que faire se peut, le maillage des systèmes sanitaires de ces différents pays.

3. Les contraintes des ONG

Bien que les ONG soient efficaces grâce à leurs actions et disposent de beaucoup d'atouts grâce à leur diversité d'approche, leur connaissance du terrain, leur proximité avec les victimes et la lutte contre les injustices, elles ont néanmoins des limites qui peuvent rendre leurs actions inefficaces. Elles sont critiquées pour leur attitude qui vise à maximiser leurs propres intérêts au détriment des populations qu'elles secourent. Elles se structurent comme dans un jeu d'opportunités où les intérêts se construisent et s'affirment, et où elles assoient leur légitimité[331].

---

[329] Voir Marc-Antoine PÉROUSE DE MONTCLOS, *Pour un développement humanitaire ? Les ONG à l'épreuve de la critique*, Paris, IRD, 2015, p. 24 *sq.*

[330] *Ibid.*

[331] Guillaume DEVIN et Marie-Claude SMOUTS, *Les organisations internationales*, *op. cit.*, p. 110.

4. L'instrumentalisation

De manière générale, les ONG se caractérisent par leur indépendance, prétendent agir de manière désintéressée et promeuvent l'humanité entière, ce qui justifie la rigueur dans l'instruction des dossiers de financement, la gestion des projets et l'utilisation des fonds qui leur sont alloués. Cependant, elles sont aussi parfois accusées d'agir de manière intéressée. Les humanitaires sont de plus en plus sollicités pour répondre aux nouveaux problèmes qui exigent des réponses de plus en plus complexes. Celle-ci les obligent à devenir très professionnels, car plus technocratiques et plus bureaucratiques[332].

La plupart du temps, les ONG sont financées par les institutions publiques qui affirment ne pas agir par idéologie pour orienter les réalisations sur le terrain, mais cette affirmation de principe ne se vérifie pas toujours. Par exemple, en 2005, après la guerre de 1998 en RDC, se tenait à Kinshasa un forum international organisé par Caritas Internationalis au profit de Caritas RDC[333]. Ce forum réunissait toutes les ONG internationales partenaires de Caritas RDC.

Lors du débat entre les partenaires internationaux et les différents postes de Caritas RDC, les partenaires n'ont pas caché leur intention de soutenir pour les cinq ans à venir exclusivement les projets en faveur de la région du Kivu. Ce choix stratégique émanait de la volonté de leurs donateurs. Pendant ce temps œuvraient à Kivu une centaine d'ONG.

Comment comprendre ce choix stratégique ? Est-ce de la manipulation ou une orientation tenant compte des priorités ? Si c'est le cas, pourquoi n'est-il pas dévolu à la Caritas Congo d'octroyer les fonds après avoir étudié les plaidoyers de chaque région de la RDC puis de les affecter aux zones prioritaires ? Ces questions, une fois décortiquées, démontrent suffisamment les pressions que subissent les ONG de la part de leurs donateurs qui les manipulent, parfois de manière inconsciente.

Les ONG sont pour la plupart évaluées à partir de résultats relevant d'indicateurs préétablis. Ces indicateurs sont parfois vérifiés selon un cycle régulier : annuel, bisannuel ou trisannuel. Les donateurs étatiques ou privés peuvent décider de renouveler le financement en cas de résultat satisfaisant ou le suspendre en cas de résultat non satisfaisant. Ce cadre stratégique pour garantir le renouvellement d'un financement semble, à première vue, être justifié par la performance d'une ONG, mais comme ces indicateurs sont imposés par les bailleurs de fonds qui sont des acteurs externes, les ONG, de

---

[332] *Ibid.*

[333] Forum international de Caritas, Kinshasa, 2005.

manière consciente ou inconsciente, doivent se conformer aux indicateurs imposés par ces bailleurs, qui orientent les dons au détriment des victimes.

Quelles que soient les raisons pour lesquelles ces indicateurs externes sont élaborés, notamment la transparence dans la gestion des fonds, la traçabilité, etc., ils ne peuvent pas, en toute logique, mesurer l'impact du projet sur le terrain. Pour avoir un impact positif, un projet doit tenir de compte de plusieurs paramètres, notamment la prise en compte de la volonté des bénéficiaires de s'impliquer dans la conception et la réalisation du projet, les conditions de l'exécution du projet, et la satisfaction obtenue en même temps par les ONG et les bénéficiaires du projet[334].

Ces critères ne peuvent être déterminés d'avance par les bailleurs, mais doivent être définis par une synergie prenant en considération à la fois le choix du mode vie des bénéficiaires, et le climat de confiance établi par les ONG. Si ces conditions étaient respectées, les ONG pourraient produire un rapport objectif échappant à la manipulation et à l'instrumentalisation.

De plus, engager une action en vue de transformer des conditions de vie humaines nécessite la mise en place de stratégies qui peuvent prendre du temps. Or, les ONG travaillent sur la base d'indicateurs de performance qui sont évalués entre un et trois ans. Dans la plupart de cas, ils sont établis pour l'autosatisfaction et pour la satisfaction des bailleurs, au détriment des bénéficiaires qui se désolent devant un mirage humanitaire : aussitôt entamée, une action prend fin laissant les victimes avec un goût amer, sans combler leur désespoir.

Les Nations unies ont d'ailleurs rappelé cette recommandation en 2012. C'est aussi l'avis de Raoul Peck, un intellectuel haïtien, qui estime que les actions qu'entreprennent les ONG ne répondent pas toujours aux attentes des populations sinistrées ou vulnérables :

> Aujourd'hui encore on ne sait réellement ni comment ni à quoi a été consacrée une bonne partie des fonds alloués. Et si on visite la ville et ses environs, on a du mal à accepter qu'aussi peu ait été accompli depuis. Départ d'une partie de l'aide sans qu'on ait vraiment pris le temps de prévoir la suite, laissant souvent des acteurs locaux désemparés et des infrastructures désorganisées livrées à eux-mêmes[335].

---

[334] Voir Jean Daniel RAINHORN, *Haïti : réinventer l'avenir*, https://reliefweb.int/.../UEH%20Tulane%20DRLA%20Haiti%20Humanitarian%20Aid,
consulté le 4 février 2019.

[335] Raoul PECK, « La situation actuelle en Haïti est le résultat d'un immense jeu de quilles qui a maintenant cessé de faire sens », art. cit.

Les ONG deviennent alors quasiment des coquilles vides, car leurs actions n'ont plus assez d'impact sur les populations en détresse. De plus, ayant accès aux financements des pouvoirs publics, elles sont tenues de respecter les clauses d'utilisation des fonds qui leur sont alloués. Si généralement ces clauses sont imposées pour canaliser l'utilisation des fonds et éviter que les humanitaires se livrent à des activités illégales, ces régulations limitent manifestement l'activité des ONG et font d'elles des prestataires de services de leurs bailleurs qui orientent leurs actions à distance.

Leur efficacité sur le terrain est réduite car les actions sont empêchées. Elles se retrouvent dans une logique d'autosatisfaction déterminée par des indicateurs externes qui n'ont pas assez d'impact auprès des bénéficiaires. De telles actions sont réalisées le plus souvent pour la beauté de la photo du travail accompli et la satisfaction des donateurs, mais les vrais problèmes sont royalement ignorés. De plus, par leur professionnalisation, les ONG deviennent des secteurs attractifs, génératrices d'emplois mieux rémunérés. Tendance que confirme Larché en affirmant : « La différence générationnelle se traduit par le fait que beaucoup d'entre eux font le choix d'une carrière professionnelle dans l'humanitaire, alors que la génération précédente (à laquelle j'appartiens) a sensiblement opté pour les actions de bénévolat[336]… »

L'humanitaire porteur des cartons et plieur d'enveloppes a progressivement cédé sa place aux professionnels spécialisés. Cette nouvelle configuration a aussi transformé les objectifs. Raoul Peck s'exprime sur cette transformation d'objectifs en ces termes : « Avant, on cherchait d'abord un volontaire qui emmenait sa connaissance du terrain en question et son énergie. Et cette énergie (lorsqu'on reste dans des budgets réduits) valait son poids en or. Aujourd'hui, on cherche d'abord l'expert, ensuite on espère qu'il pourra s'adapter au pays en question[337]. » Or, qui dit expert dit salaire décent, meilleure condition de vie sur le terrain… Cette situation désoriente les objectifs que se fixent les ONG et leur enlève leur caractère désintéressé et généreux[338].

L'inégalité entre les bailleurs publics ou privés joue également en défaveur des bénéficiaires parce que les priorités d'actions à entreprendre sont dictées par ces différents bailleurs, qui disposent chacun d'une vision particulière du développement. Les bénéficiaires se trouvent devant un fait accompli et sont obligés de suivre un programme qui leur est imposé sans

---

336 Jérôme LARCHÉ, *op. cit.*, p. 182.

337 Voir Raoul PECK, art. cit.

338 Voir Marc LAVERGNE, « Du Sud-Soudan au Darfour : loin des médias, l'aide humanitaire est-elle devenue le nerf de la guerre ? », *Communitas*, 2005, p. 69-82.

tenir compte de leur liberté et de leurs aspirations. Cette attitude déshumanise l'aide apportée et rend inadaptées les actions entreprises sur le terrain.

À l'inégalité entre les bailleurs, qui change la portée des actions des ONG, s'ajoute l'inégalité entre les traitements des acteurs locaux et ceux des expatriés, dont les salaires rivalisent avec ceux des hauts fonctionnaires du pays dans lequel ils sont en mission. Raoul Peck renchérit :

> La pureté idéaliste n'existe plus. Les idéalistes au sac à dos et en sandales, qui dormaient chez l'habitant, ont fait place à des experts internationaux comme leurs homologues du même nom et dont les véhicules 4×4 blancs ne se distinguent plus que par les logos collés sur les portières avant[339].

Il serait absurde de réduire le professionnalisme des ONG à des fins intéressées ; mais du fait qu'elles ne parviennent pas toujours à se départir des objectifs dictés par les bailleurs, cela impacte lourdement sur leurs actions de terrain les éloignant de leurs objectifs et de leur identité.

En outre, le manque de transparence fait partie du lot des reproches faits aux ONG. Elles disposent en principe d'un éventail de moyens suffisants pour mettre en confiance leurs bailleurs et leurs partenaires, mais n'y parviennent pas dans certains cas. Si les ONG sont très critiques envers certains gouvernements pour leur gestion opaque, elles ne sont pas toujours exemplaires dans la gestion des ressources mises à leur disposition. Il est reproché aux ONG le manque de cohérence de leurs actions et la coordination hasardeuse entre les acteurs du développement qui affectent le niveau de transparence exigé.

Or, si dans la plupart des rapports rédigés par les ONG, sont souvent évoqués les succès des actions accomplies et la traçabilité de la gestion des fonds alloués, certains bénéficiaires accusent les humanitaires de pratiques douteuses telles que la corruption, la réorientation des projets. Toutes ces pratiques rendent très floue la gestion des ONG. Dans le même ordre d'idées, Larché soutient que la corruption est l'un des maux qui gangrènent les ONG et y introduit une hiérarchisation pour marquer l'ampleur de ce phénomène. Il note que la corruption est d'ordre contextuel, systémique et intra-organisationnel[340]. Cela démontre que la corruption est endémique au sein des ONG et difficile à déterminer et à éradiquer. C'est ainsi que Ramazan Bachardoust, ministre afghan du Plan, affirmait : « Je crains le pire pour les organisations non gouvernementales en Afghanistan, car les Afghans sont convaincus qu'elles ont utilisé tout l'argent destiné au

---

[339] Raoul PECK, art. cit. ; Marc LAVERGNE, art. cit.

[340] Voir Jérôme LARCHÉ, *op. cit.*, p. 169.

peuple… près de 80 % de leurs moyens financiers sont utilisés pour des frais administratifs[341]. »

5. La socialisation

Les ONG trouvent leur légitimité en se fondant sur certaines valeurs, plus spécifiquement l'égalité de souveraineté entre les États, la reconnaissance des droits d'un peuple à disposer de lui-même, la non-ingérence dans les affaires intérieures des États, le respect des droits de l'homme, la coopération internationale. Toutes ces valeurs normatives internationalement reconnues constituent de nos jours le socle sur lequel sont bâtis les projets de développement portés par la plupart des ONG. Or, il est indéniable que chaque être humain est issu d'un milieu écologique diversifié malgré son appartenance à une seule espèce biologique, ce qui fait qu'il est tributaire de sa culture et sa civilisation :

> Il y a bien, certes, une identité humaine, mais cette identité est toujours diversifiée, selon des modes d'existence ou de représentation, des manières de penser, de juger, de sentir, propre aux communautés de culture, de langue, de sexe auxquelles les individus appartiennent et irréductibles à celle d'autres communautés[342].

De même, Taylor pense que le modèle classique qui fonde la cohésion sociale sur l'adhésion à des valeurs universelles et sur une vision uniforme de la citoyenneté, détachée des appartenances communautaires, n'est pas justifiable. Taylor soutient une « politique de la reconnaissance », pour les communautés minoritaires, du droit d'exprimer et d'entretenir leurs différences culturelles.

M. Walzer partage la même conviction, en estimant qu'il est d'une nécessité absolue pour un être humain d'exprimer le désir d'appartenance à une communauté : « En soi, la communauté – culturelle, religieuse et politique – fait partie intégrante de nos besoins. Et c'est seulement sous l'égide de ces trois types de communautés que tous nos autres besoins peuvent se développer pour devenir des besoins reconnus socialement[343]. »

Dès lors, toute la société humaine devient multiculturelle dans des contextes fort différents : colonisation, décolonisation, génocide, guerre, crise économique, migration, discriminations et mondialisation… Les ONG

---

[341] Voir Nsame MBONGO, art. cit.

[342] Voir Alain RENAUT et Sylvie MESURE, *Alter Ego. Les paradoxes de l'identité démocratique*, *op. cit.*, p. 21.

[343] Michael WALZER. *Sphère de justice. Une défense du pluralisme et de l'égalité*, *op. cit.*, 2013.

devraient tenir compte de cette complexité des relations humaines pour proposer un programme de développement qui résiste à la socialisation[344]. Cette tendance présente un réel danger d'essentialiser les êtres humains avec des impacts négatifs sur les résultats et les bénéficiaires du projet en créant une sorte d'identité générique. Or, la prise en compte de l'approche multiculturelle dans le processus du développement a pour intérêt de désessentialiser les sujets bénéficiaires pour qu'ils ne subissent pas le changement apporté par le projet de manière exogène, mais que le projet soit le résultat de leurs aspirations.

Une telle option doit en même temps tenir compte du principe de non-contradiction entre les aspirations locales et les valeurs universelles. Si articuler les aspirations locales avec les valeurs universelles semble délicat et complexe, Kymlicka, estime que le droit collectif est un moyen d'expression de la liberté et de l'égalité, cette fois-ci, de l'égalité différenciée. Il trouve une continuité entre les aspirations locales et l'idéal universel : « Les gens demandent que leurs différences culturelles soient reconnues, non pas au détriment, mais comme un moyen et une condition de la liberté[345]. »

Cependant, Kymlicka reconnaît que les droits collectifs ne peuvent être effectifs que dans la mesure où ils correspondent aux critères qu'il nomme « contraintes internes et protections externes[346] ». C'est-à-dire qu'un groupe social donné ne peut, au nom de la solidarité, restreindre les droits les plus fondamentaux de ses membres, mais doit aussi disposer de mécanismes pour se protéger des influences extérieures.

En se fondant sur ce qui précède, toutes les ONG devraient tenir compte de l'ancrage culturel d'un peuple donné comme étant un droit fondamental qui doit être respecté. Ainsi, tout projet de développement doit avoir pour point de départ le respect des aspirations de chaque peuple à partir de son arrière-fond culturel. Cette perspective permet l'autodétermination et l'autonomisation de la population concernée.

---

344 Un processus au cours duquel un individu apprend à vivre en société en intériorisant les normes et les valeurs et par lequel son identité sociale et psychologique sont transformées.

345 Will KYMLICKA, « Les droits des minorités et le multiculturalisme : l'évolution du débat anglo-américain », « Les identités culturelles », dans *Comprendre, Revue de philosophie et des sciences sociales*, n° 1, p. 148 ; voir P. SAVIDAN, *op. cit.*, p. 94.

346 Will KYMLICKA, *La citoyenneté multiculturelle. Une théorie libérale du droit des minorités*, trad. Patrick Savidan, Montréal, Boréal, 1999, p. 59.

6. Le foisonnement

Le foisonnement des ONG révèle en même temps la prise de conscience de la souffrance humaine par une partie de la population du monde, de la richesse et de la diversité des actions en faveur des plus pauvres. Cette multiplicité d'actions peut être encouragée dans la mesure où elle contribue à réduire la pauvreté liée à la complexité des besoins humains en étant plus proche des bénéficiaires. Car les ONG ont pour atouts la connaissance du terrain, la souplesse et la rapidité de leurs actions. Cependant, cette fragmentation apparaît comme une sorte de trop-plein d'interventions humanitaires et ne présente pas que des avantages[347].

Elle révèle aussi la contre-performance des actions des ONG auprès des bénéficiaires qui sont instrumentalisés et chosifiés. Cette démultiplication des ONG rend complexe la transparence de leur gestion et de leur contrôle par les pouvoirs publics. Dans la plupart des cas, ce foisonnement est en même temps géographique et thématique. Plusieurs ONG ayant la même thématique œuvrent sur une même aire géographique, comme ce fut le cas à Port-au-Prince au lendemain de tremblement de terre de 2010. Cette situation crée une sorte d'embouteillage, si bien que l'efficacité des actions entreprises est remise en question. Les humanitaires sont dès lors accusés, à tort ou à raison, de vivre dans une certaine opulence par rapport aux bénéficiaires que sont les victimes et les personnes vulnérables.

Hormis la Suisse, le Brésil et l'Inde, la République démocratique du Congo compte parmi les pays où la présence des ONG est forte. D'après l'Agence nationale de renseignements, la RDC compterait plus de 11 000 églises et 14 000 ONG dont 3 569 de droit congolais et 1 073 de droit étranger n'ayant pas de personnalité juridique[348]. La plupart de ces ONG se faisant concurrence sur les mêmes thématiques, elles se trouvent en majorité à Kinshasa et dans les provinces de l'est de la RDC : Nord et Sud-Kivu, Uturi, Beni, Butembo…

Généralement, les responsables des ONG de droit congolais n'ont pas de profil recommandé pour gérer une telle organisation. Ils maîtrisent très mal le domaine dans lequel ils agissent, comme la rédaction de certains articles de droits congolais en rapport avec la protection des droits humains, les droits environnementaux et même la Charte des Nations unies pour la protection et la défense des droits de l'homme. Dans ce cas précis, les motivations premières justifiant la présence de telles organisations sont la

---

[347] Guillaume DEVIN et Marie-Claude SMOUTS, *Les organisations internationales*, *op. cit.*, p. 87.

[348] Voir https://afrique.lalibre.be, Politique ; https://www.matininfos.net, consulté le 7 février 2019.

mauvaise gouvernance et le manque de programme politique prenant en charge les revendications de tous les citoyens congolais. Puisque la nature a horreur du vide, cet espace qui échappe au contrôle de l'État congolais s'est rempli d'ONG dont les responsables n'ont pas qualité pour intervenir au nom des populations victimes de viols et de diverses discriminations. Cette situation est parfois entretenue par des agents de l'État véreux et corrompus, qui brillent surtout par leur manque de compétence et d'expertise, accordant n'importe quel *label* prétendant agir au nom et pour les victimes la permission d'exercer.

Ceci soulève la question du rapport entre les ONG et les pouvoirs publics. Par exemple, en RDC, depuis plusieurs décennies, les écoles sont la plupart du temps construites par des ONG, confessionnelles ou non[349]. On pourrait donc se poser la question de l'utilisation du budget de l'État dédié à l'éducation. Il y a donc une limite floue entre les responsabilités que devrait exercer le pouvoir public congolais et celles des ONG. L'État congolais devient de plus en plus dépendant financièrement des ONG et est obligé de se taire en cas d'abus ou de dérapage constaté ou suspecté des humanitaires.

Réfléchir sur les différents apports de l'aide internationale tant macroéconomique que sectorielle ne constitue pas une réponse efficace. Ils ne représentent qu'une contribution à ce qui doit être fait pour améliorer les conditions de vie dans le contexte de l'extrême pauvreté et des discriminations, comme c'est le cas chez les Pygmées Ndenga. Pour plus d'efficacité, d'autres apports non négligeables doivent être mobilisés. Notamment, le gouvernement congolais qui doit se considérer comme l'axe central en matière de financement, autour duquel doivent graviter les différentes approches de l'aide internationale. À cela s'ajoute la place du premier concerné : le peuple Ndenga qui doit se réapproprier les différents projets commencés en sa faveur.

Ainsi s'impose le renforcement de ses compétences pour qu'il participe activement aux programmes de développement le concernant et, dans cette dynamique, un appel est lancé au gouvernement congolais. Il doit en effet reprendre ses responsabilités face aux influences grandissantes des ONG dans la proposition de programmes de développement des Congolais.

---

[349] Le cas le plus récent est la construction des écoles dans le sud-Ubangi par GTZ, une ONG allemande.

Section II. RESPONSABILITÉ PARTAGÉE

Chapitre I. Responsabiliser le gouvernement congolais

L'influence grandissante des ONG, tant nationales qu'internationales, dans le projet de développement en RDC limite la responsabilité du gouvernement congolais vis-à-vis de sa population, freinant par conséquent l'élan du développement individuel et collectif.

1. La remise en question de responsabilité constitutionnelle de l'État congolais

Ce constat établi, le gouvernement congolais doit miser sur ses atouts notamment le poids de sa jeunesse, son taux de croissance, l'intérêt accru des investisseurs privés et étrangers, ses terres arables non mises en valeur, etc. Ceci pour réaffirmer ses engagements vis-à-vis de ses citoyens et empêcher les ONG de prendre toutes les initiatives des projets de développement.

Le gouvernement congolais tient cette responsabilité de sa constitution : « Tous les Congolais ont le droit de jouir des richesses nationales. L'État a le devoir de les redistribuer équitablement et de garantir le droit au développement[350]. » Cela revient à dire que l'État ne doit pas être cogestionnaire avec les ONG des programmes de développement en faveur des Congolais. La première responsabilité doit revenir d'abord à l'État congolais comme garant de la meilleure redistribution des biens et des services entre les Congolais ; tandis que les ONG doivent participer à cette mission première du gouvernement congolais en tant que collaborateurs tel que le reconnaît la constitution congolaise :

> L'État garantit la liberté d'association. Les pouvoirs publics collaborent avec les associations qui contribuent au développement social, économique, intellectuel, moral et spirituel des populations et à l'éducation des citoyennes et des citoyens. Cette collaboration peut revêtir la forme d'une subvention. La loi fixe les modalités d'exercice de cette liberté[351].

---

[350] *Constitution de la RDC*, Kinshasa, 2006, article 58.
[351] *Ibid.*, article 37.

Actuellement, l'état des lieux de la collaboration entre le gouvernement congolais et les ONG démontre le contraire. Depuis quelques décennies, l'intervention des ONG a atteint un niveau incomparable, et ce, dans tous les secteurs : éducation, santé, agriculture, sécurité... Dans le domaine sécuritaire par exemple, après les différentes guerres de 1997-2001 ce fut l'ONG britannique Mine Advisory Group (MAG) qui a proposé à la population du Nord-Ubangi son expertise en matière de destruction des bombes, mines antipersonnel et engins abandonnés par les différents groupes armés[352]. Dans le domaine de l'éducation, pour la première fois en plusieurs décennies, l'Unicef s'est engagé dans un programme quinquennal de distribution gratuite de manuels scolaires à tous les enfants dont les écoles ont été retenues. Dans ce même ordre d'idées, l'OCHA, le Bureau de la Coordination des Affaires humanitaires de l'ONU atteste que 7,3 millions de Congolais sont directement affectés par la crise humanitaire en RDC parmi lesquels on compte ou moins 4 millions de déplacés internes dont 1,5 million au Kasaï. Ce qui place la RDC parmi les pays les plus affectés par la crise humanitaire en Afrique[353].

Compte tenu de cette situation, les Pays-Bas et la Grande-Bretagne ont respectivement décidé d'octroyer une contribution de trois et de six millions de dollars aux actions humanitaires amorcées par les agences des Nations unies au Kasaï. C'est dans ce cadre d'irresponsabilité collective du gouvernement congolais face à ses engagements que Stephen O'Brien, le secrétaire général adjoint de l'ONU aux affaires humanitaires, et coordonnateur des secours d'urgence a déclaré que « la responsabilité principale de la protection et de la sécurité des civils appartient au gouvernement[354] ». Les exemples peuvent être étendus à tous les secteurs, sans distinction aucune et démontrent l'irresponsabilité du gouvernement congolais et sa difficulté à remplir ses devoirs régaliens, qui lui sont confiés et reconnus par la Constitution.

Au regard de ce qui précède, il revient au gouvernement congolais d'assumer ses responsabilités constitutionnelles, entre autres celle de garantir la liberté et l'égalité d'accès aux services sociaux de base à tous les Congolais enfin d'éviter la prédominance des ONG. Car, les humanitaires eux-mêmes reconnaissent que les aides gratuites ne favorisent ni le

---

[352] Voir https://reliefweb.int/report/democratic... / : RDC gbadolite détruit ses engins de mort ;
https://reliefweb.int/... /rd-congoyakoma : les-cultivateurs-fuientles-engins-explosifs-da ;
https://fr.allafrica.com/stries/200712110216.html, consultés le 18 février 2019.

[353] https://monusco.unmissions.org/rdc-la-responsabilité-principale-de-la-protection-et-de., consulté le 10 janvier 2019.

[354] *Ibid.*

développement ni la réduction de la pauvreté. Elles n'incitent qu'au confort et à la facilité. Il revient donc au gouvernement congolais d'élaborer minutieusement un programme de développement dont il sera porteur en collaboration avec les ONG comme le stipule la Constitution.

2. Rendre accessibles les services sociaux de base

La qualité de vie d'une personne ou d'un groupe de personnes dépend de sa capacité à user de sa liberté pour accéder aux services sociaux de base tels que l'éducation. Mais cette affirmation est loin d'être une réalité en RDC. Selon l'Unicef, environ 3,5 millions, soit 26,7 % des enfants en âge scolaire ne sont pas scolarisés, parmi lesquels 2,75 millions vivent dans des zones rurales. Parmi les obstacles à un enseignement de qualité figurent la distance, la pauvreté, les enseignants mal formés, l'environnement scolaire non propice à l'apprentissage, la discrimination sexuelle à l'égard des filles, et le niveau insuffisant d'instruction des chefs de ménage. C'est le même constat dans tous les autres secteurs : la santé, l'habitat, l'électricité…

Malgré l'adoption de la démocratie comme mode de gouvernance en RDC, on assiste à la déliquescence de l'appareil étatique, la consécration de l'impunité, la corruption, la violation massive des droits de l'homme, et la confiscation du pouvoir par une minorité. Selon une enquête diligentée par la Banque mondiale en 2015, la RDC se classait à la 176e place sur 188 des pays les plus pauvres du monde. Par ailleurs, notons que les enquêtes sur la pauvreté en RDC restent encore un casse-tête pour diverses raisons, notamment son étendue très vaste avec des infrastructures quasi inexistantes, mais aussi l'insuffisance des données statistiques et la rareté des études qui y sont consacrées. Le seul rapport récent est celui établi par la Banque mondiale dans le cadre du Document de la stratégie de croissance et de réduction de la pauvreté (DSCRP) qui permet de se rendre compte de l'extrême pauvreté de la plupart des Congolais.

Les conditions nécessaires pour éradiquer la pauvreté ne consistent pas seulement à favoriser l'accès de manière égale de tous les Congolais aux ressources dont dispose la RDC, mais aussi d'étendre les capacités de chaque Congolais afin qu'il soit à même de choisir de mener la vie qui lui convient. Mais, pour y parvenir, il faudrait en premier lieu réussir à rétablir l'autorité de l'État sur l'ensemble du territoire national, et organiser des élections libres et transparentes à tous les niveaux afin de mettre en place un régime véritablement démocratique[355].

Tout cela n'est possible que si l'État congolais se conforme aux différentes recommandations des institutions, tant régionales

[355] Voir deuxième partie, section, chapitre II.

qu'internationales, de protection et de promotion des droits de l'homme[356]. De même, il a le devoir impérieux d'en assurer la diffusion et la promotion, de créer les conditions pour leur application, et de les intégrer dans le programme d'enseignement et de formation du personnel militaire et paramilitaire.

3. Reconnaissance de l'identité des Pygmées

De manière générale, en RDC et dans certaines contrées d'Afrique, le nom d'une tribu est lié à une portion de terre, car les terres appartiennent aux tribus et les tribus renvoient à une identité territoriale[357]. Tenant compte de cette réalité, on se demande si les dénominations telles que de Pygmées, Ndenga ou Babinga sont authentiques, car elles n'ont aucune attache avec une terre ou une identité quelconque.

Comment peut-on parler de développement lorsque le nom ne renvoie pas à l'identité de la personne nommée, lorsque le nom fait abstraction de ses réalités socioculturelles ? Que représente le nom par rapport à l'identité d'une personne ou de ce qu'elle désigne ? Le nom est chargé d'une signification sociale et anthropologique de grande importance. Il traduit l'être de la personne nommée et fait d'elle un être social et relationnel, c'est l'ipséité visible de la personne nommée. Ainsi, nommer une personne, c'est avoir le pouvoir sur elle, c'est avoir un ascendant psychologique sur cette personne.

Aussi, déformer le nom d'une personne est une forme de calomnie, car on lui attribue une identité qui n'est pas la sienne, c'est lui porter atteinte : « On comprend alors comment "abîmer le nom" de quelqu'un, en le dénigrant ou en le calomniant, c'est porter atteinte à la personne, autant qu'à son être corporel : le nom, ou la réputation sont l'extension sociale de la personne[358]. » En revanche, nommer une personne par son nom, c'est reconnaître sa place dans la société, c'est lui rendre hommage. C'est pour cette raison que dans beaucoup de tribus africaines, une cérémonie spéciale a lieu pour nommer le nouveau-né. Cette cérémonie lui donne une existence sociale, il fait désormais partie de sa communauté[359].

Donc, si les termes Ndenga, Babinga ou Yandenga étaient des noms d'emprunt attribués indistinctement à un ensemble de peuples qui habitent la

---

356 Voir Déclaration universelle des droits de l'homme ; voir Charte africaine des droits de l'homme et des peuples.

357 Une question complexe qui ne peut être abordée dans le cadre de ce travail.

358 Jacques FEDRY, « Le nom, c'est l'homme. Données africaines d'anthroponymie », *L'homme*, 191, 2009, p. 5.

359 *Ibid.*, p. 9.

forêt des deux rives opposées du fleuve Oubangui, toutes les descriptions tentant de créer un lien ou de les rendre identiques seraient erronées. Car une identité qui ne correspond pas à un peuple n'en est pas une, de même un nom qui ne signifie pas ce qu'il exprime ou décrit n'en est pas un.

De l'avis de Charles Taylor, la mauvaise définition de l'identité d'une personne ou d'un groupe de personnes est une forme de discrimination qui a des conséquences non négligeables : « La non-reconnaissance ou la reconnaissance inadéquate peuvent causer du tort et constituer une forme d'oppression, en emprisonnant certains dans une manière d'être fausse, déformée et réduite[360]. »

Charles Taylor essaie de relever, d'une part, les conséquences qui peuvent résulter de la méconnaissance identitaire. Celle-ci peut briser le rêve et les aspirations d'une personne ou d'un groupe de personnes les condamnant à vivre pour toujours dans un complexe d'infériorité et dans l'insécurité permanente en présence d'autres personnes les stigmatisant. Il estime d'autre part que cette dépréciation de soi ou autodépréciation est la cause principale de l'oppression d'un individu se trouvant dans une telle situation[361]. Ceci reflète la condition des Ndenga qui, vivant en permanence dans la peur, sont incapables de revendiquer leurs droits.

Si nous affirmons que le nom traduit l'être, cela veut dire que, doté d'un nom d'emprunt, le sort du peuple Ndenga était déjà scellé, qu'ils étaient déjà voués à la domination et aux privations de tous les droits de la part de leurs voisins. Ainsi, sont justifiées les discriminations auxquelles ils sont soumis aujourd'hui. Cela entraîne, à notre avis, la non-prise en compte de leurs aspirations et de leur propre histoire dans les diverses recherches qui les concernent.

Or, l'ignorance est l'une des causes de la disparition des cultures et, de surcroît, de tout un peuple. Ainsi, le peuple Ndenga est-il enfermé depuis plusieurs décennies dans une double ignorance. D'une part, il est ignoré par les autres peuples qui lui attribuent une identité qui ne serait pas la sienne, avec pour conséquence, les discriminations, les injustices, l'exploitation et les privations de tous les droits les plus fondamentaux. D'autre part, cette ignorance affecte les Ndenga eux-mêmes à tel point qu'ils ne peuvent plus mener leur vie selon leurs propres aspirations, et sont obligés de se socialiser pour se créer un espace afin d'exister, délaissant au fur et à mesure leur culture pour adopter les cultures les plus dominantes[362]. Si le développement, au-delà de tout ce qu'il signifie, peut aussi se comprendre comme un échange de valeurs positives entre les peuples et entre les cultures, il devrait

---

[360] Charles TAYLOR, *op. cit.*, p. 42.

[361] *Ibid.*

[362] Voir Charles TAILOR, *Le multiculturalisme. Différence et démocratie*, *op. cit.*, p. 42.

permettre aux Pygmées Ndenga de vivre en harmonie avec leurs voisins. Malheureusement, jusqu'à ce jour, la culture Ndenga, au lieu de servir de vecteur de cet échange en faveur du vivre-ensemble, n'est pas encore d'actualité. Sinon, ils mettraient à la disposition d'autres peuples leurs techniques de la gestion de l'écosystème et, par-delà, favoriseraient leur ouverture au monde.

Le processus de développement, compris comme échange de valeurs, englobe, à notre avis, tous les aspects socioculturels. De ce fait, une étude sérieuse des Pygmées Ndenga devrait mettre en valeur quelques éléments de leur culture et de leurs pratiques pour leur offrir un espace dans un contexte de multiculturalisme et de mondialisation culturelle. Ainsi prendraient fin les discriminations, les injustices et les privations des droits les plus fondamentaux. Le développement comme un choix de vie est un processus qui tient compte des valeurs socioculturelles de chaque peuple. Si la reconnaissance identitaire, considérée comme le soubassement de ce processus, n'est pas prise en compte, plus rien ne peut logiquement tenir. Ainsi, reconnaître l'identité d'une personne, c'est reconnaître sa singularité et le droit y afférent.

En RDC, il y a diversité de cultures, mais se limiter à la respecter ne suffit pas, il faut aller au-delà du respect pour créer un cadre juridique en vue de son expression effective. Car le respect de l'individu passe indubitablement par le respect et la reconnaissance de l'identité collective dont il se réclame. Dès lors, reconnaître les différences individuelles, c'est reconnaître *ipso facto* les différences identitaires de chaque groupe ou communauté. La démocratie consiste dans ce cas à ne pas se réfugier dans des lois qui consacrent un humanisme abstrait, mais à contextualiser certaines lois pour qu'elles s'adaptent aux conditions sociopolitiques de chaque individu au sein d'une communauté nationale ou ethnique.

4. Reconnaissance constitutionnelle des Pygmées Ndenga

La reconnaissance constitutionnelle accorde une personnalité juridique et implique des droits et des devoirs. Aristote, en son temps, donnait à cette reconnaissance deux niveaux différents : « Le citoyen n'est pas citoyen par le seul fait d'habiter dans un certain territoire (puisque les métèques et esclaves ont en commun avec les citoyens les droits à domicile) ne sont pas non plus citoyens ceux qui ne participent qu'imparfaitement à la communauté politique[363]. » Selon Aristote, le fait d'habiter une cité ou un pays ne fait pas forcément d'une personne un citoyen disposant des droits et

[363] ARISTOTE, *La politique*, III, 1, 5, *op. cit.*, 2014.

des devoirs. Ce fut le sort réservé aux métèques, et les esclaves partageaient en commun la cité avec les citoyens, sans l'être eux-mêmes. Tandis qu'est citoyen au sens plein du terme, celui qui « participe à l'exercice des pouvoirs de juge (*krisis*) et de magistrat (*arkhë*)[364] ».

Cette conception ajoute une dimension juridique à la citoyenneté et confère des droits et des devoirs à toute personne qui en dispose. Elle ne souffre d'aucune disqualification, car chaque citoyen participe pleinement et au même niveau à la vie tant politique, sociale et économique de la cité. Ceci crée un rapport d'égalité d'accès aux mêmes droits et devoirs entre les citoyens d'une même cité ou partageant en commun un pays[365]. Dès lors, être citoyen c'est avoir la possibilité de participer activement à l'organisation de la cité en vue de la recherche du bien commun à tous, en se servant des instruments juridiques qui y sont attachés. Ces droits et ces devoirs communs sont à l'origine des relations politiques entre les citoyens d'un même pays.

Dans la même perspective de donner un contenu spécifique à la notion de citoyenneté, Daniel Weinstock lui attribue trois dimensions. D'abord, être citoyen requiert une reconnaissance juridique dans le sens où l'on devient sujet de droits et de devoirs. C'est-à-dire avoir la conscience de ses droits et devoirs tout en reconnaissant ceux des autres au même titre que les siens. C'est ce qui justifie l'existence de la défense des droits de l'homme et du citoyen et le devoir de lutter pour qu'ils soient effectifs pour chaque individu.

Il y a ensuite une dimension pratique qui confère à chaque citoyen la possibilité de participer à la vie politique en vue de la recherche du bien commun à tous. Cette dimension, dite aussi pragmatique, permet à chacun de prendre activement part aux délibérations et aux décisions des projets entrepris pour le bien de sa communauté.

Enfin, existe une dimension identitaire, qui accorde à chaque citoyen une importance subjective pour lui-même. Chaque citoyen reconnaît sa ressemblance avec les membres de sa communauté tout en reconnaissant sa propre différence avec les autres. Cette ressemblance peut se fonder sur l'appartenance à une histoire commune, une langue ou encore les traditions ou la religion. Ce qui aboutit à la conscience identitaire qui accompagne chaque individu dans ses différents rapports avec les autres[366].

En RDC, la citoyenneté est associée à la nationalité. Est citoyen congolais toute personne jouissant de la nationalité congolaise :

---

[364] *Ibid.*, III, 1, 6.

[365] Francis WOLF, *Aristote et la politique*, Paris, PUF, 2008, p. 94.

[366] Daniel WEINSTOCK, « Vivre la citoyenneté », dans Yves BOISVERT, Jacques HAMEL, Marc MOLGAT (dir.), *Vivre la citoyenneté. Identité, appartenance et participation*, Montréal, Éditions Liber, 2000, p. 16-17.

À cet effet, être de la nationalité congolaise, c'est avoir la citoyenneté congolaise. Un Citoyen, c'est une personne dont la jouissance de tous les droits civils et politiques, notamment le droit d'élire (électeur) et d'être élu (éligible) la différencie d'un étranger. La nationalité ou la citoyenneté s'oppose à l'apatridie (l'apatridie est la situation d'une personne qu'aucun État ne considère comme son ressortissant par application de sa législation. La personne frappée par l'apatridie s'appelle « apatride »)[367].

Cet article de la constitution congolaise s'applique à tout citoyen de manière indistincte sans tenir compte des langues, tribus et répartitions géographiques des Congolais. Ce qui, en apparence, crée l'égalité de tous les Congolais pour accéder à la citoyenneté. Or, jouir de la citoyenneté congolaise implique des droits et des devoirs pour permettre à chaque Congolais de participer pleinement à la reconstruction du Congo sur les plans politique, économique et social.

Cependant, force est de constater que tous les Congolais ne jouissent pas des mêmes droits et des mêmes devoirs à cause de leur situation. Parmi eux, il y a forcément des tribus minoritaires qui devraient en principe attirer davantage l'attention du constituant congolais compte tenu de leur histoire et de leurs traditions afin de jouir de leurs droits au même titre que les autres Congolais.

C'est dans ce cadre que les Pygmées Ndenga, en tant que minorité, s'invitent dans le débat de la reconnaissance constitutionnelle. Ils appartiennent à un groupe ethnique qui compte entre 600 000 et 800 000 individus, soit 1 % de la population congolaise, chiffres avancés par le gouvernement congolais et 2 000 000 par les organisations de la société civile, soit 3 % de la population[368]. N'ayant aucun droit ni reconnaissance, les Pygmées subissent les pires discriminations de la part des autres ethnies voisines. Un jeune homme édenté avec un regard terne nous confie : « Nous sommes toujours mis de côté lors de différentes cérémonies du village sous prétexte que nous puons et nous ne pouvons ni boire ni manger dans un même bol avec eux. »

La constitution congolaise dispose ceci : « L'État a le devoir d'assurer et de promouvoir la coexistence pacifique et harmonieuse de tous les groupes ethniques du pays. Il assure également la protection et la promotion des groupes vulnérables et de toutes les minorités. Il veille à leur épanouissement[369]. » Bien que la Constitution reconnaisse l'existence des

---

[367] *Constitution de la RDC*, Kinshasa, 2006, article 10.

[368] Voir https://www.congo-autrement.com/...congo/situation-des-peuples-autochtones-pygmée, consulté le 10 janvier 2019.

[369] *Constitution de la RDC*, Kinshasa, article 51.

minorités, il reste à déterminer s'il s'agit de minorités ethniques ou nationales, linguistiques et religieuses. L'article 51, ci-dessus évoqué, ne détermine pas clairement la nature des minorités concernées. Il faut alors recourir à l'article 13, interdisant toute forme de discrimination en raison de l'appartenance « à une minorité culturelle ou linguistique » pour essayer de comprendre les minorités concernées.

Dès lors, les minorités ethniques, nationales ou religieuses tombent dans un flou juridique inexplicable et entretenu. Peut-être faut-il associer la minorité ethnique et religieuse à la minorité culturelle ? Si nous considérons que les Pygmées constituent une minorité ethnique, comment identifier une minorité ethnique dans un pays qui compte plus de 450 tribus ? Toutes les tribus ne seraient-elles pas minoritaires ? La Constitution ne définit et ne donne aucun critère pour déterminer la minorité concernée par le texte. Ce flou constitutionnel rend de plus en plus complexe la situation des Pygmées qui constituent de fait une minorité, mais ne sont pas reconnus juridiquement. Ainsi, sont justifiées toutes les discriminations qu'ils subissent parce qu'aucune loi spécifique ne les protège.

Cependant, il est objectivement indéniable que la diversité culturelle devrait être accompagnée de l'octroi des droits subjectifs spécifiques permettant aux individus concernés de jouir de la citoyenneté différenciée. Il est ici question d'élargir la notion de reconnaissance identitaire de chaque individu. Car, un individu n'est-il pas un prototype abstrait, anhistorique et désincarné, auquel on peut attribuer des droits de manière abstraite et universelle ?

La situation s'extrémise par la non-prise en compte dans le droit positif congolais de la spécificité des Pygmées et de surcroît des Ndenga, surtout de leur organisation sociale qui ne suit pas les mêmes structures que celles d'autres Congolais. Par exemple, la société Ndenga est une société égalitaire qui n'attribue pas forcément la fonction du chef à l'un des membres comme c'est le cas dans d'autres tribus.

Ils s'organisent collectivement de manière que les décisions d'intérêt général soient issues d'une délibération collective. Compte tenu de la spécificité de leur organisation, le Code forestier[370] devrait, par exemple, être adapté pour leur permettre de jouir de manière satisfaisante des ressources forestières.

C'est dans cette perspective que Walzer démontre les limites des théories de l'égalité simple qui prônent l'accès égal de tous ses membres aux biens de la société, pour promouvoir une autre forme d'égalité, dénommée égalité complexe : « La justice est une construction humaine, et il est douteux

---

[370] *Code forestier de la RDC*, chapitre II, Kinshasa, 2002.

qu'elle puisse se réaliser d'une seule manière[371]. » Cette conception de la distribution des biens pourrait encourager les lois pour limiter les violences envers les Ndenga, qui sont battus et chassés par les exploitants forestiers auxquels l'État confie une partie des forêts à exploiter.

La justice ne consiste pas à annihiler toutes les différences et les distinctions, mais au contraire à créer les conditions maximales d'expression des différences de culture, de genre, de race… Levinas l'exprime, quant à lui, en ces termes :

> Cette assignation à responsabilité déchire les formes de la généralité dans laquelle mon savoir, ma connaissance de l'autre homme, me le représente comme semblable, pour me découvrir dans le visage du prochain comme responsable de lui et, ainsi, comme unique – et élu. L'humanité en moi signifie la primogéniture et l'unicité du non interchangeable[372].

C'est dans ce cadre que Kymlicka propose de repenser la tradition libérale pour permettre aux différences de s'exprimer sans porter préjudice à l'unité nationale[373].

En militant pour des droits spécifiques accordant la citoyenneté différenciée à une catégorie de peuples, Kymlicka avance les arguments perçus par lui comme les fondements de la reconnaissance en vue d'octroyer des droits spécifiques. Les quatre arguments sont les suivants : l'égalité entre les citoyens, la consolidation des accords historiques, l'expression de la diversité culturelle, l'analogie avec les États. Il écrit : « La conception du bien de chaque individu est relative à son appartenance à une société. Par conséquent, tous les choix susceptibles d'être faits par chaque individu dépendent de son arrière-fond culturel auquel il est intimement lié[374]. »

Pour que cela soit possible, il faut des lois spécifiques permettant au groupe minoritaire d'opérer les choix de vie qui lui sont possibles.

Dans le cas de la RDC, l'absence de critères précis d'identification des minorités laisse libre cours à des spéculations qui aboutissent finalement à une impasse en raison du vide constitutionnel entretenu par le constituant congolais. L'identification des minorités peut être déduite d'une lecture combinée des articles 51 et 13 de la Constitution[375].

---

371 Michael WALZER, *Sphères de justice. Une défense de pluralisme et de l'égalité*, *op. cit.*, p. 26.

372 Emmanuel LEVINAS et Jacques ROLAND, *Éthique comme philosophie première*, Paris, 1998, p. 101.

373 Voir Will KYMLICKA, *Citoyenneté multiculturelle*, *op. cit.*, p. 101.

374 *Ibid.*, p. 157 *sq.*

375 Voir *supra*.

Ce flou ou ce silence est également remarquable dans les instances internationales traitant du sujet, en l'occurrence du Pacte international relatif aux droits civils et politiques qui porte pourtant sur la question[376].

Taylor, Walzer et Kymlicka attestent que le multiculturalisme et la politique de citoyenneté différenciée peuvent être associés à la démocratie moderne. Ainsi, Taylor estime que reconnaître les différentes identités, c'est s'inscrire sur la voie de la citoyenneté participative en vue de la recherche du bien commun. Tandis que Walzer reconnaît qu'appartenir à une communauté x ou y est un besoin primordial pour chaque individu. La reconnaissance de cette appartenance est aussi importante que la jouissance des droits fondamentaux. Kymlicka, quant à lui, part du principe selon lequel la reconnaissance des droits différenciés peut être le fondement du libéralisme qui consacre l'autonomie et la liberté individuelle[377].

Les arguments qui précèdent se révèlent suffisamment puissants pour que la reconnaissance des Pygmées Ndenga en tant que communauté différente et minoritaire puisse motiver le constituant congolais à leur octroyer des droits spécifiques adaptés à leur statut. Dans cette perspective, l'État congolais devrait dans un avenir proche déterminer les critères précis d'identification des minorités en vue de leur octroyer des droits spécifiques afin de favoriser l'égalité entre les Congolais ainsi que le développement de chaque communauté nationale. Chaque groupe de Pygmées, y compris les Ndenga, serait alors protégé des discriminations, diverses injustices et traitements inhumains auxquels ils sont confrontés.

Chapitre II. Faire participer les Pygmées Ndenga

1. Les Pygmées Ndenga : maîtres de leur propre destin

Faire participer les Pygmées aux programmes ou aux projets qui les concernent, c'est choisir de les inscrire dans un processus communicationnel conduisant à un consensus. C'est aussi leur permettre de choisir un cadre d'expression en vue d'ériger les normes qui leur sont propres en vue de leur développement. Ils seront les acteurs principaux d'un processus où chaque individu est pris en compte, et jouera un rôle actif dans la conception et

---

[376] Voir *Pacte international relatif aux droits civils et politiques*, New York, 1976, article 27 ; voir F. RIGAUX, « Mission impossible : la définition des minorités », in *Rev. Trim. Dr Homme*, 1997, La protection des minorités, Numéro spécial, p. 155 *sq.*

[377] Voir TAILOR, *Le multiculturalisme* ; WALZER, *Les sphères de la justice*, KYMLICKA, *Citoyenneté multiculturelle* ; *op. cit.*

l'élaboration d'un projet de société[378]. Cette vision des décisions procédurales est la condition nécessaire de l'acception, c'est-à-dire de la légitimation et de la réussite d'un projet.

Dans ce contexte, la participation ne doit pas être une instrumentalisation par laquelle la population concernée par un projet reçoit des injonctions de la part des bailleurs pour s'intégrer dans un programme prédéterminé, sans avoir la possibilité de proposer une alternative. Elle doit en revanche se concevoir comme un modèle d'émancipation sociopolitique et économique permettant de faire émerger un projet commun auquel chaque individu d'un groupe concerné joue un rôle spécifique.

Pour y parvenir, certaines conditions doivent être réunies.

2. Les conditions essentielles du développement chez les Pygmées Ndenga : la démocratie

La définition la plus connue de la démocratie est celle d'Abraham Lincoln qui la conçoit comme « le gouvernement du peuple par le peuple pour le peuple ». Cette définition met en évidence l'égalité dans un processus décisionnel pour chaque individu, membre d'une communauté donnée, en vue de déterminer les conditions nécessaires pour améliorer son destin. C'est dans cette perspective que Jeffrey Sachs atteste que la démocratie est l'une des conditions préalables au développement économique[379]. Pour y parvenir, il faut mettre fin aux régimes despotiques arbitraires caractérisés par le respect d'aucune loi.

Même si certains pays comme la Chine et la Corée du Nord ou Singapour ont prospéré sous des régimes totalitaires, il n'en demeure pas moins que les indicateurs pris en compte restent très sélectifs, ne se fondant pas sur des données statistiques fiables.

Depuis près de trois décennies, tous les pays africains ont adopté la démocratie comme mode de gouvernance. Mais, force est de constater que le respect des principes démocratiques diffère d'un pays africain à l'autre : séparation des pouvoirs, organisation transparente et juste des élections, liberté d'expression… l'on se demande si, dans ce contexte purement africain, la démocratie est un vecteur de développement économique. Si certains pays comme le Ghana, le Botswana et le Sénégal sortent du lot, ce n'est pas le cas de la RDC où les dernières élections ont révélé à la face du

---

378 Voir Jürgen HABERMAS, *Raison et légitimité*, trad. Jean LACOSTE, Paris, Payot, 2012, p. 93.

379 Voir Jeffrey SACHS, *The End of Poverty: How We Can Make it Happen in Our Life time*, New York, Pengui Group, 2005.

monde une conception extrêmement médiocre de la démocratie, baptisée « démocratie à la congolaise ».

Le modèle démocratique dont il est question ici ne se limite pas au respect du principe majoritaire, mais se fonde sur la conception de Sen qui prône la protection des droits et des libertés individuelles, la participation active aux délibérations publiques et l'accès aux droits sociaux. Même si Sen reconnaît l'importance du vote comme moyen « d'expression et de matérialisation de processus de raisonnement public[380] », celui-ci ne se limite pas seulement à l'organisation des élections, mais propose d'élargir le champ d'action de la démocratie.

La démocratie ne peut plus se concevoir seulement comme un moyen de distribuer de manière équitable des droits formels, mais aussi, et surtout, de disposer de la possibilité de créer les conditions d'exercice les libertés réelles pour prendre part à un projet commun comme l'ont fait Rawls et Jurgen Habermas. Sen continue en affirmant que :

> La démocratie va de pair avec des exigences complexes qui comprennent la tenue des élections libres et équitables, mais aussi de la protection des droits humains et des libertés politiques, le respect des droits d'accès légaux, la garantie des discussions libres... la participation effective de chacun, y compris les plus défavorisés[381].

Pour Sen, la démocratie signifie « le gouvernement par la discussion[382] ». Selon lui, c'est par la participation de tous au débat sur les questions essentielles de la société qu'on peut aboutir à un consensus pour le bien-être de chacun et de tous. C'est un gouvernement participatif, un gouvernement dans lequel chaque membre joue effectivement un rôle.

3. Les différentes dimensions de la démocratie d'après Sen

La démocratie selon Sen est une valeur universelle et transculturelle[383] contredisant la conception selon laquelle elle ne serait qu'une coutume occidentale. Cette démocratie remplit trois fonctions essentielles.

---

380 A. SEN, *Un nouveau modèle économique. Développement, justice, liberté*, op. cit, p. 389.

381 Jean DREZE et Armatya SEN, *India developpement and participation*, Oxford, University Press New Delhi, 2002, p. 24 ; voir Jean-Michel BONVIN et Nicolas FARVAQUE, Armatya SEN, *Une politique de la liberté*, *op. cit.*, p. 78.

382 A. SEN, *L'Idée de justice*, *op. cit.*, p. 386.

383 Voir A. SEN, *La démocratie des autres. Pourquoi la liberté n'est pas une invention de l'Occident*, trad. Monique Bégot, Paris, Payot, 2005.

La démocratie a d'abord une valeur intrinsèque. Sen estime que la liberté politique est l'une des conditions de l'exercice de la liberté humaine. Dès lors, la participation politique et sociale a pour conséquence l'amélioration de la qualité de vie individuelle et ne peut être réservée qu'à une élite ou aux professionnels. Mais elle doit être ouverte à tous les citoyens et contribuer au mieux-être de chaque individu.

Elle a ensuite une dimension instrumentale, dans le sens où elle sert d'instrument de revendication des droits violés et incite le gouvernement à en tenir compte. Elle permet à chaque individu de s'exprimer sur les questions de société et, dans un processus d'interaction, d'intégrer son point de vue dans les dispositions communes régissant la vie de la société dans laquelle il s'intègre.

Enfin, elle est constructive. Elle accorde à chaque citoyen, dans une logique d'interaction, la possibilité de prendre en compte les acquis sociaux en vue de les intégrer dans un processus aboutissant à l'élaboration des normes : « La discussion publique est le seul moyen de favoriser l'émergence de valeurs communes et d'engagements[384]. »

Selon Sen, la manière dont sont effectués les choix collectifs est très importante, car toutes les normes et les lois ne sont qu'issues de la construction sociale. C'est pourquoi chaque personne concernée doit activement prendre part au débat pour faire valoir ce qu'elle a le droit de revendiquer. Pour Sen, seule la participation de chaque citoyen au débat public permet de surmonter les impasses et de dépasser les dilemmes.

Cette conception de la démocratie que Sen considère comme la démocratie réelle, s'oppose à la démocratie formelle. En effet, la démocratie ne peut pas seulement être comprise comme la mise à disposition des institutions démocratiques – droits constitutionnels opérationnels, séparation des pouvoirs législatifs, pouvoirs judiciaire et exécutif. Mais elle doit aussi et surtout permettre la participation réelle de chaque individu à la sphère sociopolitique de la société.

Farvaque et Bonvin l'attestent en ces termes : « La démocratie ne se résume donc pas à promulguer des principes formels ou à mettre en place des institutions adéquates. Encore faut-il garantir que chaque membre de la société puisse avoir un égal accès à ces dispositifs et une égale possibilité de s'y impliquer[385]. » Dans ce contexte, la démocratie réelle est le meilleur régime pour réduire les inégalités entre les peuples et offre la possibilité aux plus démunis de faire entendre leur voix. Tandis que la démocratie formelle est plus technocratique et limite la possibilité des moins nantis à la participation réelle aux activités sociopolitiques de la société.

---

[384] A. SEN, *Un nouveau modèle économique. Développement, justice, liberté*, *op. cit*, p. 253.

[385] Nicolas FARVAQUE et J.-M. BONVIN, *op. cit.*, p. 80.

Cette conception démocratique est la mieux adaptée aux Pygmées Ndenga en vue de leur mieux-être et de leur développement. Depuis l'accession de la RDC à l'indépendance il y a plus de 50 ans, aucun Pygmée n'a jamais été élu comme représentant de son groupe dans les instances politiques et publiques. C'est seulement en 2011 pour la première fois dans le pays qu'un Pygmée appartenant au groupe Batwa, Jérôme Bokele Bondenge, siège comme député à l'assemblée provinciale de l'Équateur. Premier suppléant aux élections de 2006, il succède à un député décédé. Cette exception est due au fait qu'il n'a été que suppléant pendant les votes. Car rappelons-le, les votes en RDC sont plus sociologiques que politiques. Comme les Pygmées, de surcroît les Ndenga, sont minoritaires, ils n'ont eu aucune chance jusqu'à ce jour d'être élus députés, maires ou même chefs de quartier.

Cette vision démocratique les aiderait pourtant à faire valoir leurs droits qui sont toujours méconnus ou violés. Ils auraient la possibilité de participer aux débats publics en vue de réclamer les droits fonciers qui leur sont bafoués, crier haut et fort pour que cessent les discriminations et les injustices à leur égard. Mais, elle permettrait aussi à d'autres peuples de reconnaître ce qu'ils ont de meilleur, notamment la protection de l'environnement et de la biodiversité, ou leur apport à l'amélioration de la médecine traditionnelle et moderne[386].

De même, cette démocratie participative leur permettrait d'introduire dans leurs coutumes et traditions le respect et la prise en compte des libertés individuelles dans certaines circonstances, comme le mariage par exemple[387].

4. L'autonomie

Étymologiquement, autonomie est de racine grecque : *autos* signifie « soi-même » et *nomos* « lois » ou « normes ». Ce faisant, l'autonomie renvoie à l'état d'un individu capable d'obéir à ses propres lois, de se gouverner soi-même. Dès lors, être autonome, c'est disposer de la souveraineté individuelle. Dans cette optique, les vulnérabilités, les contraintes, les injustices et les discriminations constituent pour un individu ou un groupe d'individus un frein à son autonomie et son pouvoir de décision. Il dépend en permanence d'une autre personne qui gère sa liberté.

S'autodéterminer et choisir librement ne relève pas des pulsions, mais de la raison qui permet de discerner, de juger afin de faire librement un choix

---

386 Voir François HALLÉ, Dany CLEYET-MARREL, Gilles EBERSOLT, *Le radeau des cimes : l'exploration des canopées forestières*, Jean-Claude Lattès, 2000.

387 Voir Will KYMLICKA, *Citoyenneté multiculturelle*, *op. cit.*

préférentiel qui correspond à ses propres attentes. Aristote appelle le type de choix qui aboutit à l'autonomie la «*prohaïrésis*» c'est-à-dire le choix délibéré, le choix préférentiel. Car il estime qu'il relève de l'action vraiment humaine qui est de l'ordre de la vertu ; c'est un choix raisonnable qui distingue l'homme des autres espèces[388]. Il associe clairement l'autonomie à la raison.

C'est dans le même ordre d'idée que Kant conçoit l'autonomie comme l'état d'un individu qui a la vocation de « penser par lui-même[389] ». Dans cette perspective, l'autonomie peut être considérée comme un refus assumé de décider sous l'injonction d'une autre personne que soi-même. En d'autres termes, être autonome c'est s'affranchir d'une autorité, d'une tutelle, c'est l'état d'un individu « se donnant des lois, il n'est soumis à aucune volonté étrangère[390] ». Kant s'oppose au conformisme social et à l'hétéronomie qui empêche un individu de vivre selon ses propres lois, sa propre nature, mais vit en se conformant aux normes qui lui sont imposées de l'extérieur.

Ce faisant, il estime qu'agir de manière autonome, c'est aussi agir de manière raisonnable. Il oppose ainsi la raison aux pulsions et aux sentiments. Tout comme la raison a une portée universelle, agir de manière raisonnable c'est agir pour le bien d'un plus grand nombre d'individus. En admettant ceci, Kant associe l'autonomie à la morale. Dès lors, agir de manière autonome, c'est agir selon la morale, de sorte que son acte ne nuise pas à l'existence d'autres personnes, tout en respectant la dignité d'autrui[391].

Quel que soit le mérite de la conception kantienne de l'autonomie, elle soulève cependant quelques questions. Notamment dans le cas où une personne ne pourrait plus faire usage de sa raison ou se retrouverait limitée par les souffrances ou la maladie.

Eu égard à cette conception de l'autonomie comme un acte uniquement raisonnable, Corine Pelluchon propose « l'éthique de vulnérabilité » comme un moyen de faire face aux diverses sollicitations en biotechnologie pour préserver la déchéance de l'humanité des personnes vulnérables et incapables de se décider par elles-mêmes[392]. Et ce, à la suite de Levinas qui admet, par la notion d'intentionnalité, qu'un sujet peut se projeter pour comprendre la souffrance et les vulnérabilités de l'autre.

---

388 ARISTOTE, *Éthique à Nicomaque*, nouvelle traduction avec introduction, notes et index J. Tricot, Paris, Vrin, 1997, I, 6, et III, 4.

389 Emmanuel KANT, *Qu'est-ce que les lumières*, textes choisis et traduits par Jean Mondot, publication de l'université de Saint-Étienne, 1991, p. 75.

390 E. KANT, *Fondement de métaphysique de mœurs*, trad. Victor Delbos, Paris, IV, 433, 1993.

391 E. KANT, *Fondement de métaphysique de mœurs*, *op. cit.*

392 Voir Corine PELLUCHON, « Lévinas et l'éthique médicale », *Cahiers d'études lévinasiennes*, 9, 2010, p. 239-256.

En prenant conscience de son existence, le « je » établit un rapport avec l'autre qui est, qui existe déjà, car la responsabilité à laquelle m'assigne l'autre est antérieure à toute constitution. Dès lors, la fragilité de l'être de l'autre s'exprime par son visage : « C'est à partir du visage de l'autre que m'est signifié le commandement par lequel Dieu me vient à l'idée[393] . » Ce faisant, par la transcendance de sa propre existence, on prend conscience de la responsabilité de l'existence de l'autre.

Ainsi Pelluchon estime qu'à partir de la transcendance du « je » peut s'établir un rapport entre le patient en manque d'autonomie et le médecin qui prend la responsabilité pour décider à sa place ce qu'elle appelle le « concernement[394] ». Cette vision de l'autonomie s'oppose à la conception libérale de l'autonomie et surtout au formalisme kantien qui présente le sujet comme un individu ayant la capacité de se donner à soi-même sa loi. Cette vision perçoit l'autonomie de manière universelle et abstraite, dénuée de toute idée de l'incarnation dans les contextes historiques faisant du sujet un individu particulier.

Paul Ricœur, à partir de la refondation ontologique de la subjectivité, trouve en l'autonomie une vertu relationnelle, une vertu de collaboration. Autrement dit, il estime que c'est à partir de la prise de conscience par le sujet lui-même de sa vulnérabilité qu'il établit des relations avec l'autre tout en préservant son ipséité. « L'ipséité du soi-même implique l'altérité à un degré si intime que l'une ne se laisse pas penser sans l'autre, que l'une passe plutôt dans l'autre[395]. » Dès lors, l'autonomie ne doit pas être considérée comme un acquis, mais reste un défi à relever, car l'exercice consiste, d'une part, à transposer par la réflexivité dans l'entendement d'autrui et, d'autre part, à préserver ce qui le distingue des autres en faisant de lui un sujet particulier par son histoire et son environnement, c'est-à-dire un sujet incarné.

Cette conception de l'autonomie permet d'établir des critères de justice prenant en compte les différences identitaires de chaque sujet à partir de leur histoire et leur contexte politique et social. Au-delà, elle permet de comprendre l'autonomie comme une conjugaison de l'altérité et de l'ipséité.

L'autonomie qui se fonde sur la prise de conscience de ses propres limites afin d'établir un rapport avec autrui est associée aux capacités d'agir, aux possibilités de choisir qui relèvent de l'extension de libertés. Elle s'inscrit dans un processus d'autolibération à partir de ses propres ressources pour entrer en dialogue avec l'autre tout en gardant sa singularité.

Cependant, le concept d'« autonomie » n'est pas encore d'actualité chez les Pygmées Ndenga à cause de l'ignorance qui les enferme dans toutes

---

393 Emmanuel LEVINAS, *Altérité et transcendance*, Paris, LGF, 2006, p. 46.

394 Corine PELLUCHON, art. cit., p. 245.

395 Paul RICŒUR, *Soi-même comme un autre*, *op. cit.*, p. 14.

sortes de situations d'injustice limitant l'extension de leurs capabilités en vue de leur autonomie, donc de leur développement.

Comment l'approche par les capabilités peut-elle dès lors, se révéler utile dans cette circonstance d'ignorance primaire qui se manifeste par le manque d'instruction et de culture ?

Face à des situations d'injustice injustifiables impliquant la vulnérabilité et l'extrême pauvreté, une piste de sortie doit être proposée après en avoir examiné les causes les plus profondes et les conséquences qui en découlent[396].

5. Éducation

Dans les situations d'extrême pauvreté, d'injustice injustifiable ou d'indécence… comme c'est le cas chez les Pygmées Ndenga, l'éducation demeure le moyen privilégié mobilisable susceptible de leur permettre de devenir des participants actifs au sein de leur communauté. Ils seraient alors en mesure de la transformer, de favoriser leur autonomie, et leur développement. L'éducation proposée doit à la fois tenir compte de leurs valeurs culturelles, mais aussi promouvoir leurs droits individuels et collectifs afin d'améliorer le vivre ensemble dans le respect des droits des uns et des autres.

La prise en compte de ces préalables permet de penser que l'approche par les capabilités servira à intégrer à la fois l'exigence de l'accès à l'éducation et un modèle pédagogique capabilisant.

Puisque nul n'a plus besoin de démontrer l'importance indéniable de l'éducation qui permet à l'homme de sortir de l'animalité, comme le souligne Kant : « La discipline transforme l'animalité en humanité… l'homme ne peut devenir homme que par l'éducation[397]. » ; et puisque la mise à disposition d'outils juridiques s'avère un facteur indispensable pour l'établissement d'une société vraiment humaine, l'approche par les capabilités, semble être la mieux adaptée aux situations des Ndenga, l'accès à l'éducation étant considérée comme l'un des biens premiers sociaux dans le contexte congolais. C'est-à-dire, selon Rawls, « ce que tout homme rationnel est supposé désirer[398] ». Dans la même optique, Sen admet que l'accès à l'éducation est le facteur indispensable pour accéder aux libertés politiques et sociales qui, avec la liberté de participation ou d'expression et

---

[396] Voir Alain RENAUT, *L'Injustifiable et l'extrême*, *op. cit.*, p. 120 *sq.*

[397] E. KANT, *Réflexions sur l'éducation*, trad. Alexis Philoneko, Paris, J. Vrin, 2004, p. 94, 98.

[398] J. RAWLS, *Théorie de la justice*, *op. cit.*, p. 93.

le droit à la santé, sont des « éléments constitutifs du développement[399] ». Si l'accès au droit positif est un des facteurs de développement pour les Ndenga, alors l'éducation comme moyen d'expansion des libertés trouve son sens. Car le libre accès à l'éducation apparaît aussi comme une liberté instrumentale permettant d'accroître les capacités et les autres libertés indispensables au développement humain.

De ce point de vue, Sen, par sa conception du développement comme expansion des libertés, inclut l'éducation dans les libertés expansibles comme l'une des conditions pour l'instauration d'une société juste où chaque individu est libre de promouvoir ce qu'il juge utile pour son bien-être. Il considère en effet l'éducation comme l'une des capabilités de base jouant/assurant une double fonction. Elle permet, d'une part, de promouvoir le développement et, d'autre part, d'éradiquer l'extrême pauvreté.

Dans cette optique, l'éducation est un vecteur indispensable de renforcement d'autres capabilités, en ce sens qu'il existe indubitablement une interconnectivité entre les différentes capabilités faisant de l'ensemble un tout indissociable : « [...] l'accès à l'éducation et à la santé favorise de meilleurs revenus[400] ».

Saito Madoka à la suite de Sen considère que l'éducation entendue comme expansion des libertés présente deux avantages majeurs : d'une part, par l'approche des capabilités, l'éducation favorise l'expansion d'autres capabilités tout en élargissant l'ensemble des opportunités ouvertes aux individus ; d'autre part, l'éducation favorise le transfert des valeurs morales qui doivent régir les actions humaines[401]. De cette manière, Sen insiste sur le fait que l'éducation en tant qu'expansion des libertés est plus que fondamentale pour un individu, dans le sens où la productivité du capital humain « économique s'accroît, ainsi que le revenu de l'individu qui a bénéficié de l'éducation[402] ».

Par conséquent, l'éducation ne se limite pas seulement à savoir lire et écrire, elle va au-delà en renforçant la capacité d'agir et de comprendre d'un individu ou un groupe d'individus : « L'alphabétisation, la diffusion de l'éducation dans un pays ou une région donnée sont des facteurs de changement social (qui influencent jusqu'aux taux de fertilité et de mortalité) et de progrès technique[403]. » Ainsi, l'éducation améliore-t-elle les

---

[399] A. SEN, *Un nouveau modèle économique. Développement, justice, liberté*, *op. cit.*, p. 15.

[400] *Ibid.*, p. 36.

[401] Madoka SAITO, « Amartya Sen's Capability Approach to Education: A Critical Exploration », *Journal of Philosophy of Education*, 37(1):17-33, May 2003.

[402] A. SEN, *Un nouveau modèle économique. Développement, justice, liberté*, *op. cit*, p. 383.

[403] *Ibid.*, p. 175.

libertés humaines en lui conférant certaines fonctions jusque-là méconnues. Par ailleurs, elle joue un rôle naturel dans divers domaines existentiels tels que l'économie, la démographie, le social et la politique. Ainsi, les jeunes Ndenga seront scolarisés comme tous les jeunes de leur âge, mais avec un programme scolaire adapté à leur environnement. Pendant ce temps, les plus âgés de leur communauté bénéficieront d'un programme d'alphabétisation et, en même temps, ils seront dotés des ressources nécessaires pour leur survie en attendant leur auto prise en charge à la fin du programme amorcé[404].

Chapitre III. Les différents apports de l'éducation comme vecteur d'extension des libertés

1. L'éducation joue un rôle non négligeable dans l'amélioration des conditions de vie

a. Dans le domaine démographique

Elle permet de quantifier l'essor démographique et de mettre en place une politique de planning familial par l'information et la formation de la femme pour lutter contre la mortalité infantile. Dans le domaine social, l'éducation reste la plaque tournante pour la réduction de toute forme d'inégalité, culturelles, sociales et sexuelles. À ce propos, Vernières atteste : « Elle peut renforcer, ou contribuer à créer, l'homogénéité culturelle et morale d'un pays. Elle peut également, dans une société pluriculturelle, favoriser la compréhension entre les groupes qui la composent[405]. »

b. Dans le domaine politique

L'éducation est un outil indispensable qui permet à un individu ou un groupe d'individus de participer activement aux choix et aux décisions politiques en vue de leur bien-être[406]. C'est dans cette optique que l'accès à l'éducation contribue au renforcement de l'autonomie et à la responsabilité

---

[404] Un projet déjà mis en place depuis 2013 par notre association Adilu.

[405] Michel VERNIÈRES, *Développement humain : économie et politique*, Paris, 2003, p. 33.

[406] Voir MBONDA, *Justice ethnique. Identités ethniques, reconnaissance et représentation politique*, *op. cit.*

individuelle faisant de l'individu le propre maître de son destin, de ses choix et de ses priorités. Ainsi, il se crée une place dans une société de son choix exerçant en toute liberté les tâches qui lui sont confiées.

L'éducation dans ce processus est le solide point d'ancrage qui facilitera l'extension des capabilités des Pygmées Ndenga à d'autres ressources.

c. Dans le domaine de la santé

Les difficultés d'accès aux soins de santé mobilisent plusieurs facteurs dont les plus importants dépendent d'enjeux intentionnels. C'est ainsi que pour y remédier, il faut, d'abord, mettre en place des politiques sanitaires susceptibles de transformer les fonctionnements en capabilités effectives. Cela revient à dire qu'il faudrait une politique de santé qui prenne en compte toutes les conditions objectives d'accès afin de permettre à chaque Congolais, y compris les Ndenga de disposer des structures sanitaires accessibles pour des soins médicaux appropriés. Ensuite, à la suite de Boidin, il paraît nécessaire d'inclure la notion de seuil de santé pour tenter de résoudre les difficultés liées au non-accès aux soins médicaux. Boidin s'inspire de la conception du développement d'après Sen qui conçoit le développement comme la capacité d'un individu ou un groupe d'individus à agir de manière libre et autonome pour opérer des choix, dans l'objectif de l'appliquer au domaine de la santé.

Boidin définit le seuil de santé comme une démarche qui, au-delà de tous les indicateurs objectifs de la santé, mobilise le concours de chacun pour maintenir sa santé. Il considère que le patient n'est pas seulement consommateur des services qui lui sont proposés, mais il en est aussi le contributeur indéniable. Il peut alors mettre en œuvre sa capacité à opérer des choix et proposer ce qu'il juge utile pour sa santé[407]. C'est une forme de réflexivité entre l'individu et les services de santé. D'une part, les services lui sont accessibles, d'autre part, il a la liberté de choisir une manière de vivre qui lui permette de préserver sa santé et de proposer aux services de la santé ce qui lui convient.

Adopter cette démarche pour les Ndenga présenterait un double avantage. Premièrement, les Ndenga seraient en mesure, et d'accéder aux services des soins de santé de manière objective, via des structures mises en place, et d'être capables de prendre en charge les différents frais inhérents. Bref, ils auraient la possibilité de transformer le fonctionnement en capabilité réelle en matière d'accès aux soins médicaux. Ils seraient néanmoins tenus d'assainir leur environnement et acquérir de nouvelles habitudes afin de se

---

[407] B. BOIDIN, « Capabilities et seuils de santé », *Tiers Monde*, n° 198, 2009/2, p. 335-355.

maintenir en bonne santé. Deuxièmement, ils devraient aussi élargir leurs capabilités afin de choisir d'intégrer les structures sanitaires de leur choix, ce qui impliquerait une interaction entre la médecine moderne et la médecine traditionnelle. Cette conviction émane d'une nouvelle vision du développement multisectoriel. Si, à la suite de Sen et de ses successeurs, il s'avère que le développement consiste en l'élargissement des capacités de chaque individu pour transformer les fonctionnements en capacités réelles, alors cette conception appliquée au domaine de la santé éliminerait un tant soit peu les discriminations des Ndenga, pour introduire la notion d'échange de valeurs culturelles positives entre la médecine Ndenga et la médecine moderne.

Un tel apport serait capital pour la reconnaissance et l'intégration des valeurs culturelles des uns et des autres en vue de leur développement collectif. Si, depuis 2003, les chants polyphoniques des Pygmées Aka (Centrafrique) sont reconnus comme patrimoine immatériel de l'humanité par l'Unesco[408], quelques éléments de leur culture devraient aussi être reconnus comme porteurs de valeurs universelles, en l'occurrence, leurs connaissances phytothérapiques. Ainsi l'accès aux soins de santé pour eux ne serait plus un parcours du combattant, mais seulement l'acquisition de compétences pour transformer les ressources qui sont déjà à leur disposition. Cependant, une telle démarche, si elle était adoptée, nécessiterait des préalables indispensables. Pour le cas en question, celui des Ndenga, l'État congolais devrait créer un cadre pratique et scientifique regroupant les experts des sciences humaines et pharmaceutiques pour répertorier et certifier certaines plantes médicinales, les sensibiliser à la nécessité d'assainir leur environnement par l'hygiène de vie et la planification des naissances. Mais aussi sensibiliser les Ndenga et leurs voisins à la nécessité du développement collectif et individuel à partir d'échanges réciproques de valeurs culturelles positives pour favoriser les croissances économiques et humaines dans des conditions acceptables. Enfin, notons que la réalisation du droit à la santé est inhérente à la réalisation des autres droits humains, notamment le droit à l'alimentation, à l'eau potable, au logement, au travail, à l'éducation, à la non-discrimination et à la participation politique.

d. En matière d'accès à l'électricité

L'État congolais doit résoudre un certain nombre de problèmes qui semblent très complexes : comment répartir le réseau électrique sur toute

---

[408] Voir https://ich.unesco.org/... /les-chants-polyphoniques-des-pygmees-aka-de-centrafrique,
consulté le 20 novembre 2018.

l'étendue de la RDC, sachant que le réseau actuel est très coûteux, et que le recours aux groupes électrogènes, en plus d'être lui aussi coûteux, a des conséquences très néfastes au plan écologique ? Il y a donc une sorte de tension entre la préservation de l'écosystème et l'accès à l'électricité comme l'une des conditions de réduction de la pauvreté d'une part ; et la mauvaise gestion et la recherche de financement, d'autre part. Cette situation aussi difficile et antagoniste qu'elle soit, au lieu d'aboutir à une impasse, trouverait des solutions plus ou moins justes si l'on tenait compte de toutes ces complexités.

Ainsi, l'approche par les capabilités appliquée à la fourniture en courant électrique serait la solution adaptée à cette situation. Parce que la lutte contre l'extrême pauvreté en matière d'accès à l'électricité, la préservation de l'environnement, la lutte contre la corruption et la recherche de financement sont complémentaires. L'État congolais devrait, pour résoudre ce problème, conjuguer toutes ces priorités avec le potentiel énergétique de la RDC en diversifiant les sources d'énergie. Chaque citoyen accèderait alors librement à l'énergie de son choix tout en préservant la nature.

Comme 85 % de la population congolaise n'ont pas accès à l'électricité, le gouvernement devrait opter pour le choix le moins onéreux possible sur le plan financier et environnemental. D'où la nécessité de choisir la liberté de vivre sans pollution, en compatibilité avec les objectifs du développement. De même, si l'État congolais doit fournir des efforts pour la maintenance, la fiabilisation et la réhabilitation des infrastructures existantes, il doit aussi envisager une autre piste pour réduire la facture énergétique. Ainsi, pour les Ndenga et d'autres populations qui n'ont jamais eu accès l'électricité, la solution la plus simple serait de recourir à l'énergie solaire. Elle présente plus d'avantages que d'inconvénients, la RDC bénéficiant d'un ensoleillement permanent idéal pour alimenter les panneaux solaires.

L'énergie solaire est une énergie propre, parce que non polluante et ne dégageant pas de gaz à effet de serre, elle est économique et adaptée à tout type de bâtiments, elle est inépuisable[409]. Par ses caractéristiques elle serait l'énergie la mieux adaptée aux Ndenga, si l'État congolais la leur fournissait. Elle présenterait pour la RDC un double avantage : la lutte contre le changement climatique par la protection du grand bassin forestier tropical dont elle est dépositaire en tant que deuxième poumon de la planète après l'Amazonie ; et la diversification de ses ressources énergétiques.

Mais la RDC vient seulement de souscrire à ce schéma, sans fournir d'autres détails, lors du sommet de l'Alliance solaire internationale qui s'est

---

409 Voir https://particuliers.engie.fr/electricite/conseils.../photovoltaique-avantages.html, consulté le 22 mars 2018.

tenu à New Delhi en mars 2018[410]. Si la mise en application effective de cet accord faciliterait l'accès à l'électricité à un plus nombre de Congolais, est-ce pour autant que les Ndenga en seraient bénéficiaires ?

2. L'accès au droit positif

L'éducation, comme évoqué précédemment, est la seule alternative mobilisable qui favoriserait l'accès au droit positif en vue de limiter les violences entre les Ndenga et d'autres communautés. Il convient d'initier le processus de libération qui leur permettrait de prendre la pleine mesure de leur existence et de la maîtriser au lieu d'être obligés de faire confiance à leurs expériences immédiates et se laisser conduire par les faits.

Après le diagnostic des causes possibles de violences dans la communauté Ndenga, il a été établi que l'une des principales était l'ignorance du droit positif, qui influe sur les rapports interpersonnels. Cette forme d'ignorance considérée comme la plus simple peut être surmontée. Elle est de type naturel, comme l'atteste Hume par sa théorie de la connaissance selon laquelle il n'existe pas de notions *a priori*[411].

Vu sous cet angle, il est aisé de comprendre les réactions des Ndenga parce qu'ils n'ont pas encore inclus dans leurs schèmes conceptuels la notion de droit positif. C'est la raison pour laquelle, l'acquisition du droit positif congolais par les Pygmées Ndenga s'avère indispensable. Cette indispensabilité est recommandée non seulement pour faciliter les rapports entre les Ndenga eux-mêmes, mais étendrait leur capabilité pour accéder à la justice de manière équitable. Par conséquent, compte tenu de leurs particularités, ils devraient bénéficier des droits différenciés.

Cela s'inscrit dans la dynamique engagée par Sen, inspirée du cadre théorique de Walzer de l'égalité complexe, et de son rejet de l'idée d'une identité unique. En effet, la paix et la concorde entre les individus passeront par la compréhension et l'acceptation de la multiplicité de l'identité qui est par ailleurs transversale et capable d'interagir et sans la moindre opposition dans sa pluralité. Ignorer cette option de l'identité multiple, du choix raisonnable et libre, peut plonger l'humanité tout entière dans la plus grande barbarie et la violence[412].

---

[410] https://acpcongo.com/.../rdc-beneficie-de-lapprobation-de-trois-projets-solaires-a-new..., https://afrique.latribune.fr›Finances›Investissement, consulté le 22 mars 2018.

[411] Voir David HUME, *Traité de la nature humaine I. Essai pour introduire la méthode expérimentale dans les sujets moraux*, trad., préface et notes André Leroy, Paris, Aubier, 1946.

[412] Voir A. SEN, *Identité et violence*, *op. cit.*, p. 44-45.

Si à la suite de Sen, la reconnaissance et l'acceptation de la pluralité de l'identité sont reconnues comme les conditions ultimes de l'ouverture des uns envers les autres, il en découle que nos décisions ne dépendent que de notre liberté de choisir nos priorités identitaires et de les justifier de manière raisonnable à partir de contextes politiques, sociaux ou religieux.

Les rapports entre les Ndenga et leurs voisins devraient donc se comprendre par eux-mêmes de cette manière pour que prennent fin les diverses violences auxquelles ils sont exposés puisqu'en dehors du fait que les uns sont Mbanza, Mbati ou Ngbaka, tous sont d'abord des êtres humains qui partagent en commun certaines valeurs universelles. De plus, ils partagent tous les mêmes réalités socio-économiques.

Hormis les violences intercommunautaires qui influencent les rapports des Ndenga avec leurs voisins, sont constatées aussi des scènes de violence entre les Pygmées Ndenga eux-mêmes. Dans quelle mesure l'adoption de l'extension des capabilités peut-elle être bénéfique aux Ndenga sur ce point ? Car, répondre à une injustice par la violence, c'est faire appel à l'injustice. C'est l'expression de l'ignorance du droit positif. Celui-ci peut se comprendre comme un corps de règles régissant les rapports entre les membres d'une société ou une communauté[413].

Pour que ces règles soient effectives, il faut une société politiquement organisée pour parler du droit. Par conséquent, l'absence d'une telle communauté laisse libre cours à chacun de construire une idée du juste et de l'injuste. La diversité humaine, avec son corollaire la diversité d'opinions et d'intérêts, ne facilite pas l'interprétation des actes justes et injustes dans une communauté non politiquement organisée, c'est-à-dire non régie par des lois qui sanctionnent tous les actes posés par ses membres.

Sen insiste sur le respect de l'identité individuelle pour une action sociale concertée en ces termes :

> Le choix de l'organisation sociale doit être fait en fonction de sa capacité à promouvoir les capabilités humaines. Certes, si l'on veut rendre pleinement compte de la liberté individuelle, il faut aller au-delà des capabilités liées aux conditions de vie personnelle et prêter attention aux autres objectifs que la personne se donne (par exemple à ses objectifs sociaux qui n'entretiennent pas de rapport direct avec sa vie personnelle) ; mais le fait d'accroître les capabilités humaines doit jouer un rôle essentiel dans la promotion de la liberté individuelle[414].

Sen justifie, par le fait même, les conditions de possibilité de synergie de la liberté individuelle avec l'action collective. D'après lui, une institution

---

[413] Voir Hans KELSEN, *Théorie pure du droit*, *op. cit.*, 1934.
[414] A. SEN, *L'Économie est une science morale*, *op. cit.*, p. 65.

politique établie, de surcroît démocratique, serait en mesure d'encourager en même temps les capabilités individuelles et collectives à se déployer. Cependant, il existe malheureusement des communautés sociales fondamentalement injustes qui, au lieu de favoriser l'expression des capabilités individuelles, ne feront que renforcer les injustices en limitant l'accès de leurs membres à certains droits, aussi fondamentaux fussent-ils.

Dans une telle communauté, toutes sortes de violences sont au rendez-vous, c'est le règne de l'arbitraire. Dans la plupart des cas, cette violence est due à l'ignorance de l'existence du droit positif. Il en va de tous les conflits de quelque nature qu'ils soient, réglés par la violence parfois de manière disproportionnelle. Aussi la discrimination et l'atteinte à la liberté individuelle envers une catégorie de membres de la communauté Ndenga constituent une violence au même titre que des violences physiques et verbales. Le célibat des hommes et la stérilité chez les femmes sont considérés comme un échec par les Ndenga, qui tiennent beaucoup à la transmission de leurs traditions.

Dans la plupart des cas, les hommes qui restent célibataires sont inaptes à effectuer certains travaux qui nécessitent plus d'énergie, ou bien ce sont des individus fainéants qui ne contribuent pas à la vie du campement[415]. Considéré de cette manière, le célibat est plus synonyme d'inactivité économique et sociale qu'un choix de vie assumée, comme c'est le cas ailleurs. La liberté est définie par Thomas Hobbes comme :

> [...] l'absence d'opposition (par opposition, j'entends les obstacles extérieurs au mouvement) et peut être appliquée aux créatures sans raison ou inanimées aussi bien qu'aux créatures raisonnables. [...] D'après le sens propre (et généralement admis) du mot, un homme libre est celui qui, s'agissant de choses que sa force ou son intelligence lui permettent de faire, n'est pas empêché de faire celles qu'il a la volonté de faire[416].

La liberté ainsi comprise exprime pour un individu la capacité à atteindre sa puissance d'être, c'est la faculté d'accomplir ce qu'il juge utile pour son bien-être. Aller à l'encontre de cette faculté d'agir en toute autonomie, c'est déjà violenter un individu en l'empêchant de s'accomplir. Ainsi, le respect de la liberté de chacun fait que l'on considère chaque homme non pas comme un moyen, mais essentiellement comme une fin en soi[417].

Car l'homme est une singularité absolue et irréductible. L'homme ne peut pas être défini d'abord par son identité sociale, mais il doit être considéré en

---

[415] Voir annexe.

[416] Thomas HOBBES, *Extraits du Léviathan*, II, 21 (1651).

[417] Voir E. KANT, *Le fondement de la métaphysique des mœurs*, *op. cit.*, p. 105.

premier lieu comme une entité unique et autonome capable de choix justifiés qui lui sont propres[418]. D'autre part, nous avons constaté que la communauté Ndenga est caractérisée par l'hétéronomie, imposant à ses membres sans qu'ils l'aient choisi librement, un mode de vie. D'où l'inquiétude d'une tentative de manipulation ou de privation de l'exercice de la liberté individuelle par respect envers la tradition. Cette inquiétude rencontre la préoccupation de Renaut qui admet que dans ce cas, la tradition s'impose de l'extérieur « sous la forme d'une transcendance radicale à laquelle les hommes obéissent comme ils obéissent aux lois de la nature[419] ». Ici, il est question de soustraire les Ndenga à l'autorité de la tradition pour que chaque membre de la communauté puisse agir de manière libre et individuelle[420].

Le non-recours aux juridictions compétentes en cas de conflit par les Ndenga, comme le non-respect de la liberté individuelle, peut se justifier de plusieurs manières. En premier lieu, ils ne sont ni informés ni formés sur leurs droits les plus fondamentaux, et donc incapables de reconnaître dans certaines circonstances l'existence du droit positif et d'y recourir en cas de conflit. Cette situation est une des formes d'ignorance qui manifeste la marque d'une misère plus grande encore. Il est évidemment plus question ici d'un défaut de culture que de corruption, qui engendre l'aliénation aux idées fausses ou la servitude mentale.

Les Ndenga ne savent quelles démarches entreprendre en cas de litige, ils cherchent à se rendre justice en créant davantage d'injustice. Est-il conforme selon la loi de répondre à l'injustice par l'injustice sans en répondre devant le tribunal ? L'ignorance des Ndenga s'apparente à l'illusion platonique. Platon, qui de manière allégorique se sert de la caverne comme principe de la connaissance, considère l'ignorance comme une illusion dans laquelle sont plongés les caverneux, condamnés à demeurer dans l'illusion et à ne voir que l'ombre des réalités sans en être conscients[421]. Les Ndenga sont donc prisonniers de leurs illusions qui les enferment dans l'ignorance des normes juridiques en matière de relations extraconjugales et se livrent à la violence en croyant résoudre les problèmes auxquels ils sont confrontés. Étant ignorants, ils sont enfermés dans leur propre conception fausse du droit, car ils sont incapables de se dépasser justement à cause de cette ignorance. Il serait alors contradictoire de concevoir la violence comme une solution à l'injustice qui souvent se réalise par la violence. À ce propos, Jean-Paul Sartre affirme : « La violence est injuste d'où qu'elle vienne[422]. »

---

[418] Voir détail annexe I.
[419] A. RENAUT, *L'individu, réflexions sur la philosophie du sujet*, Paris, Hatier, 1995, p. 20.
[420] Voir détail annexe I.
[421] Voir PLATON, *La république*, livre VII, trad. R. BACCOU, Paris, Garnier, 1966.
[422] Jean-Paul SARTRE, *Le Diable et le Bon Dieu*, Paris, Gallimard, 1951.

À l'en croire, la violence ne peut pas être tolérée, pour quelque raison que ce soit, car elle n'est pas efficace comme moyen de résoudre un différend. Au contraire elle envenime la situation en installant un cycle de violences. Car on ne peut guérir le mal par le mal. Ainsi, la violence ne semble pas avoir d'efficacité contre une injustice. Répondre à l'action injuste par une action injuste, n'est-ce pas appeler à la vengeance et à la haine ?

En revanche, la justice protège de la violence. On peut raisonnablement se servir d'un mal pour lutter contre un autre mal, à condition que le premier soit moindre que le second. Or, nous l'avons constaté, la violence n'est-elle pas bien plus grave que l'injustice puisqu'elle représente la négation même du lien social ? Si les liens sociaux peuvent se créer, se restaurer et se maintenir, les violences sont un des facteurs de leur dissolution. Il apparaît que les liens entre les clans Ndenga ne résistent pas aux violences puisqu'ils sont obligés de se séparer en changeant plusieurs fois de campements au cours d'une même année. C'est l'une des raisons de leur nomadisme, qui explique aussi leur précarité.

Outre les violences, l'ignorance du droit positif est aussi à l'origine de l'extrême pauvreté des Ndenga car les violences entre les clans poussent les uns à s'éloigner des autres à la recherche de tranquillité. Ces mouvements incessants rendent très vulnérable et compromettent la mise en place d'un projet commun avec des propositions qui pourraient aboutir à un programme élaboré du développement des Ndenga, en l'occurence l'extension de leurs capabilités de base. Or, le développement exige la stabilité, la justice, le respect de la liberté et de l'identité individuelles… Si, depuis lors, plusieurs tentatives d'initiation de quelques projets de développement en faveur des Ndenga n'ont pas abouti, cela est aussi dû à leur instabilité incessante.

C'est dans ce contexte que l'éducation constitue une base non négligeable conduisant au développement et à l'autonomie des Pygmées Ndenga. Parce que dans ce cas, l'autonomie est assumée de manière incarnée dans un contexte particulier. Ce faisant, en reconnaissant non seulement leurs vulnérabilités, leurs limites, mais aussi leurs propres valeurs culturelles et sociales, ils pourront élaborer un programme de développement à partir de leur singularité. Ils contribueront ainsi à enrichir l'espace social congolais des nouvelles conceptions de développement pouvant s'appliquer à des situations similaires. Cette conception de l'autonomie est opposée à la conception abstraite et formelle qui pense un individu agissant selon ses propres lois. C'est celle d'un sujet historique, situé, qui essaie, à partir de sa situation concrète, d'établir les rapports avec les autres en affirmant ses propres valeurs.

Une telle vision de l'ipséité qui se déploie dans l'altérité ne concerne pas seulement des rapports entre les communautés, mais elle est aussi exigée pour les rapports interindividuels. En ce sens, les relations entre les Pygmées doivent se construire autour de cette dialectique du dialogue permanent entre l'ipséité et l'altérité pour garantir la liberté individuelle de chaque membre de la communauté. Ainsi l'hétéronomie qui caractérise la communauté des Pygmées cédera la place à l'autonomie pour faciliter le dialogue intracommunautaire. Déchargés du poids de certains éléments de leur tradition, chaque membre aura la possibilité de s'affirmer en tant qu'un être autonome et capable de s'autodéterminer. C'est à la manière d'un processus d'autonomisation que le développement comme extension des libertés peut aussi se comprendre.

Ainsi se justifie le recours à la notion des capabilités comme une approche idéale permettant de concevoir et mettre en place les programmes d'une éducation juste et accessible à tous. Les écarts entre nantis et pauvres, filles et garçons, personnes handicapées et personnes valides, se réduiraient, réglant en partie le problème des inégalités dans les établissements scolaires publics et privés.

Chapitre IV. L'importance de la liberté dans le processus du développement chez les Pygmées Ndenga

La liberté occupe, chez Sen, une place de choix, car il la considère comme le vecteur principal du développement. Autrement dit, Sen considère la liberté comme le concept central permettant d'évaluer le développement humain. Celle-ci permet à chaque individu de choisir un mode de vie auquel il aspire. D'après cette logique, le développement passe indubitablement par l'élargissement de toutes les formes des libertés réelles auxquelles aspire un individu pour réaliser son mieux-être.

En prenant les libertés réelles dont jouissent les individus comme critères d'évaluation, Sen fait échapper au développement une vision trop étroite le réduisant à la croissance économique, à l'industrialisation, aux progrès technologiques[423]. Il considère que les ressources sont importantes, mais ne restent que des instruments qui doivent être mis au service de la liberté comme finalité du développement. Il évite la confusion entre le moyen et la finalité du développement se démarquant de la conception traditionnelle.

1. La liberté constitutive

Comme affirmé précédemment, Sen accorde à la liberté une importance capitale, car celle-ci est la fin ultime du développement, elle joue un rôle

---

[423] A. SEN, *Un nouveau modèle économique. Développement, justice, liberté*, *op. cit.*, p. 13.

constitutif. La fin et les moyens constituent deux éléments indissociables du développement comme expansions de liberté. Ce faisant, on ne peut inverser l'ordre des priorités, ce qui revient à dire que dans un processus du développement comme le conçoit Sen, il faut d'abord envisager la fin et se doter des moyens pour y parvenir : « Percevoir le développement en termes de l'expansion de libertés substantielles nous oblige à maintenir l'attention sur les fins en vue desquelles le développement sans la dévier vers de simples moyens, qui parmi d'autres jouent un rôle significatif au cours du processus[424]. »

De ce fait, Sen estime que le développement dans ce contexte ne se focalise pas seulement sur les indicateurs traditionnels, mais il dispose d'une large vision qui va au-delà de ces indicateurs pour privilégier le respect des libertés individuelles afin de permettre à chaque individu de choisir de mener la vie à laquelle il aspire. La liberté substantielle, dite aussi constitutive, constitue pour Sen le point fondamental de l'épanouissement humain. La conception qu'il a de la liberté est très différente et plus complète que la conception classique. Car, dans sa démarche, il associe la liberté comme réalisation à la conception de liberté en tant qu'instrument en vue de réaliser son mieux-être.

En revanche, cette conception du développement de Sen se heurte à la conception libérale, dont celle de Smith qui considère que la liberté est négative et instrumentale. En ce sens, le développement consiste à préserver l'individu des contraintes imposées par l'État ou des concurrences déloyales afin de lui offrir la possibilité d'accroître ses revenus, favoriser la libre entreprise[425]. Quel que soit le mérite de cette conception, elle n'intègre pas les différences individuelles et des réalités sociales qui limitent de manière pleine l'exercice de la liberté. Car Sen priorise l'existence de chaque individu et des circonstances de son existence.

Dès lors, la liberté réelle dont dispose chaque individu ainsi que sa qualité de vie sont considérées, selon lui, comme les critères prioritaires qui doivent intégrer le processus d'évaluation. Dans cette perspective, la pauvreté ne signifie pas seulement disposer des faibles revenus, mais surtout être privé des libertés réelles.

La liberté substantielle, estime Sen, englobe un ensemble de capacités, de tous les éléments permettant à l'individu de s'épanouir, de mener sa vie comme il entend, « faculté d'échapper à la famine, à la malnutrition, à la morbidité évitable […] à la participation politique ouverte, de la libre

---

424 *Ibid.*

425 Voir A. SMITH, *Les richesses des nations*, chapitre II du tome IV, trad. Guillaumin, réédition de 1843.

expression[426]... » Ce faisant, le développement dans le contexte senien ne consiste pas à évaluer les entraves aux libertés de chaque membre de la communauté, mais à la possibilité offerte à chaque individu de jouir de sa liberté réelle pour atteindre les objectifs qu'il s'est fixés. C'est ainsi que Sen conçoit la liberté comme l'ensemble des « capacités dont disposent les personnes d'accomplir ce qu'elles ont raison de vouloir accomplir ».

De cette manière, il adopte la distinction entre la liberté négative exprimant les contraintes, et la liberté positive qui accorde à un individu la possibilité d'être et de faire[427]. La combinaison de l'ensemble de tous les fonctionnements lui a permis d'élaborer sa conception du développement comme extension des libertés qui constitue à la fois la fin première et le moyen privilégié du développement, accordant à la liberté un double rôle : à savoir le rôle constitutif et le rôle instrumental.

2. La liberté instrumentale

En distinguant deux catégories de libertés comme facteurs indissociables du développement humain, Sen accorde d'abord le premier rôle à l'homme en tant qu'acteur principal, œuvrant pour sa propre destinée. Dès lors, la liberté n'apparaît pas dans ce contexte comme la fin ultime du développement, mais aussi comme le moyen le mieux approprié pour y parvenir. Ainsi, il faut intégrer dans ce processus les aspects politiques, économiques et sociaux[428].

Selon lui, la liberté comme moyen permet de renforcer les capacités d'épanouissement d'un individu pour lui permettre d'opérer plus de choix possibles. C'est la liberté prise dans ce sens comme vecteur favorisant le développement individuel et collectif. Ce faisant, il y a toute une batterie de moyens à mettre au service de chaque individu pour parvenir à sa propre réalisation. Cependant, Sen estime qu'il y a des libertés instrumentales indispensables à retenir pour garantir qu'aucun individu ne se voit être réduit à la misère et à la précarité. Il limite les libertés instrumentales à cinq : les libertés politiques, les facilités économiques, les opportunités sociales, les garanties de transparence, la sécurité protectrice, car elles favorisent l'accroissement des capacités d'un individu à vivre plus librement et donc décemment.

---

[426] A. SEN, *Un nouveau modèle économique. Développement, justice, liberté*, *op. cit.*, p. 46.

[427] Voir A. BERTIN, « Le développement par les libertés », Journées du GRES, université de Bordeaux IV, 16 au 17 septembre 2004.

[428] Voir SEN, *Un nouveau modèle économique. Développement, justice, liberté*, *op. cit.*, p. 15 *sq.* ; voir Jean-Michel BONVIN et Nicolas FARVAQUE, *op. cit.*, p. 65 *sq.*

Mais, toutes ces libertés ne contribuent pas au bien-être d'un individu de manière indépendante ou isolée. Il y a interconnexions entre elles ; elles se renforcent mutuellement. C'est de cette manière qu'elles améliorent la qualité de vie de chaque individu et les aident à participer de manière effective aux activités politiques et économiques. Un système économique transparent facilite les transactions commerciales et accroît l'économie. De même un système politique démocratique facilite l'accès à la nourriture et élimine la famine.

En effet, il y a en permanence une connexion entre les libertés politiques et les opportunités réelles. Dans ces conditions, la liberté est un élément crucial ; elle permet à chaque individu de mener la vie à laquelle il a raison d'aspirer. Les libertés instrumentales constituent pour Sen un moyen d'expression des libertés constitutives. Car, affirme-t-il, « le rôle instrumental de la liberté concerne la manière dont une grande variété de droits, de possibilités et d'acquis contribuent à l'expansion de la liberté humaine en général et, par conséquent, à la promotion du développement[429] ».

Dans ce contexte, le processus du développement envisagé par Sen promeut donc les libertés permettant de lutter contre la pauvreté, les famines, les opportunités économiques, les dictatures et toutes les formes de précarité[430]. Parce que l'être humain appartient à un corps social, dès lors, sa liberté et son bien-être s'évaluent aussi par rapport aux autres membres de la communauté, par sa participation et satisfaction politique et économique, car il y a connexion permanente entre les individus, qui partagent beaucoup de choses en commun.

Les Pygmées, n'étant pas encore en mesure de réunir tous ces fonctionnements, ne peuvent logiquement dans ce contexte prétendre au développement tel que Sen le conçoit. Un mécanisme juridique doit donc être mis en place pour leur permettre d'abord de comprendre qu'ils disposent de libertés de choix parmi divers fonctionnements. Ils pourront ensuite les agréger pour aboutir à un projet de société consensuel pour le développement de leur territoire et de leur population.

Dans ce cas de figure, l'éducation reste la voie idéale pour leur permettre de développer d'autres capabilités afin de parvenir au choix de vie à laquelle ils aspirent[431]. Car, dans le contexte de l'extrême pauvreté, mettre en place un programme consensuel nécessite une évaluation approfondie de tous les indicateurs pouvant influencer la qualité de vie et choisir de valoriser l'un

---

[429] A. SEN, *Un nouveau modèle économique. Développement, justice, liberté*, *op. cit.*, p. 47.

[430] Voir SEN, *Un nouveau modèle économique. Développement, justice, liberté*, *op. cit.*, p. 14 *sq.* ; voir Jean-Michel BONVIN et Nicolas FARVAQUE, *op. cit.*, p. 68 *sq.*

[431] Voir chapitre II.

qui pourrait favoriser l'éclosion d'autres indicateurs. Dans cette approche, c'est l'individu pygmée qui est concerné en priorité comme un être porteur de liberté qui s'appuiera sur les institutions justes afin de se créer le meilleur espace pour son épanouissement.

CONCLUSION GÉNÉRALE

L'objectif a été ici de présenter une démarche philosophique complémentaire à la démarche philosophique *ex datis*, en réponse au silence de certaines approches applicatives face aux situations extrêmes. La méthodologie proposée par Alain Renaut qui a servi de support à l'exposé, reste à tester en vue d'une reconnaissance définitive comme faisant partie du corps des approches applicables aux situations extrêmes. Cette approche considère que la philosophie post-métaphysique doit absolument être post-fondationiste en ce sens qu'elle doit nourrir sa réflexion plus des réalités que des principes. C'est ainsi que pour comprendre la pauvreté multisectorielle des Ndenga, ont été intégrées d'autres disciplines telles que l'ethnologie, la sociologie, l'anthropologie[432] et même l'histoire et des approches statistiques. L'objectif étant d'établir un ordre des priorités des actions à entreprendre pour leur proposer un modèle de développement répondant à un besoin d'évolution et d'intégration respectant leur culture et leurs aspirations.

Pour ce faire, un phasage méthodologique est à concevoir pour d'abord sensibiliser les responsables institutionnels, tant sur le plan national qu'international, de manière qu'ils comprennent la spécificité des situations et soutiennent les Pygmées Ndenga à réaliser leur rêve de mieux-être.

Sur le plan national doit être envisagée la création de cadres juridiques appropriés à l'expression des différences ethniques, mais surtout juridiques accordant à chaque citoyen congolais le droit au plein exercice de sa citoyenneté lui permettant de jouir de ses devoirs civiques et des droits y afférents.

Sur le plan international s'impose la création d'un nouveau cadre de coopération. Dans ce nouveau type de rapport, il est indispensable de considérer désormais que toutes les actions à mener doivent être comprises comme un projet de défense des droits de l'homme. Par exemple un projet de construction d'une école aura pour but principal de militer en faveur du droit d'accès à l'éducation… considéré comme l'un des droits humains les plus inaliénables. Ceci justifie que c'est désormais l'extension des capacités des personnes qui doit être le résultat de tous les projets de développement. En effet, il y a une connexion inextricable entre l'accès aux droits et le développement.

Dans la reformulation des choix et des nouvelles stratégies, le respect strict des diversités humaines doit être pris en compte comme l'un des éléments clés de la réussite du projet. Cette nouvelle vision devrait être soutenue par un cadre juridique approprié reconnaissant les diversités culturelles pour que chaque projet corresponde à l'attente de chaque individu ou groupe d'individus.

---

[432] Voir annexe I.

Cela implique donc l'établissement d'un partenariat entre les parties pour qu'elles s'engagent dans une réciprocité en vue d'échanger tout ce qui peut être indispensable à la réalisation d'un projet. Le partenariat exclurait toutes les formes de relations asymétriques perçues comme un assistanat permanent réalisé le plus souvent sous l'étiquette de l'aide d'urgence.

Ce faisant, tout projet de développement doit émaner de la liberté d'une communauté appuyée par la contribution de la partie donatrice, les accompagnant tout au long du processus. Cet accompagnement ne peut jamais se transformer en une relation d'inégalité de puissance, mais d'une réelle coopération au sens plein de l'expression ; c'est la mise sur pied d'un processus, d'une politique de coopération qui se caractérise par le dialogue et se traduit par le respect réciproque des valeurs. Ce cadre de coopération n'est pas adapté à l'imposition d'un modèle de développement assorti des conditionnalités privilégiant des choix idéologiques de grandes écoles.

L'essentiel, c'est la complémentarité entre la liberté de chaque individu, quel que soit le niveau d'instruction, d'adhérer à un processus de son choix en vue de son mieux-être, et la coordination des actions à mener, qui ne doit souffrir d'aucune manipulation. Chaque partie pourra ainsi prétendre à un partenariat. Ce type de développement semble manifestement adapté aux situations les plus extrêmes, comme celle des Pygmées Ndenga.

Le développement comme extension de libertés nécessite aussi la réappropriation de l'ensemble des démarches par les Pygmées Ndenga eux-mêmes. Ceci traduit l'idée de l'assistance aux Pygmées par les Pygmées eux-mêmes. Pour y arriver, il faut un travail de fond consistant en des discussions, des palabres sur les objectifs, les enjeux et les modalités des choix stratégiques, des priorités[433]… avec les Pygmées Ndenga pour qu'ils comprennent la nécessité du changement qui sera apporté par le projet. Car, le développement pour eux ne signifie pas de sortir de la forêt parce que celle-ci représenterait un danger pour l'homme. Cette tentative a été menée par les religieuses de la congrégation des filles de Saint-Joseph dans les années quatre-vingt à Mawuya, se soldant malheureusement par un échec cuisant. Une autre approche consisterait à les expulser de la forêt sous prétexte de préserver l'écosystème du braconnage des faunes et des flores, comme ce fut le cas au Cameroun[434]. Commettre les mêmes erreurs serait considéré comme un manque catastrophique des stratégies adaptées pour les Pygmées Ndenga.

Le développement représente en fait, pour eux, la voie d'une nécessaire socialisation respectant leurs traditions et leurs valeurs pour continuer d'exister. Pour cela, il faut des cadres adaptés pour les aider à maîtriser

433 Démarche déjà entamée par l'association Adilu il y a quelques années.

434 Les écogardes, financés par le WWF, ont expulsé les Baka du Cameroun de leurs forêts, et se sont rendus coupables de graves abus à leur encontre en 2017.

davantage la gestion de la forêt considérée comme leur unique source de revenus, pour leur mieux-être et leur contribution à sa préservation pour le reste du monde. Car, ils vivent déjà en symbiose avec la nature et s'en servent pour couvrir les besoins. C'est donc un précieux atout pour leur présent et leur futur.

L'éducation et la formation professionnelle retenues comme le moyen principal pour l'extension des capabilités des Pygmées Ndenga aideront à mettre en place un plan d'action de sortie de l'extrême pauvreté à court, moyen et long termes. Ce plan de sortie doit inclure toute la population environnante pour éviter ce qui peut apparaître comme une sorte de privilège accordé exclusivement aux Pygmées, occasionnant une vengeance voilée des Pygmées sur les Bantu.

Ne pouvant être certain que cette méthode soit la mieux adaptée, il faudra commencer par une phase test à l'issue de laquelle une évaluation sera faite par toutes les parties, en vue de prendre en compte les difficultés rencontrées et de réajuster les démarches pour qu'elles correspondent à la vision de départ. Pour ce faire, il faut établir un calendrier de l'ensemble des démarches à mener pour plus d'efficacité. L'ensemble de ces démarches aboutira à un projet concret, c'est-à-dire au changement de niveau de vie des Pygmées Ndenga, qui jusqu'ici est jugé précaire, et prendra entre cinq et dix ans. Parallèlement, un mécanisme de transition sera étudié et mis en place pour couvrir les besoins qui semblent les plus urgents[435].

À court terme : attribution des droits différenciés

Si ce plan pouvait être mis en œuvre, il faudrait que l'État congolais, après avoir clairement identifié les Pygmées en général comme une minorité ethnique dont la survie est en danger, promulgue une loi qui consacre la reconnaissance de cette minorité. Cette loi s'ajouterait à d'autres qui existent déjà dans le deuxième chapitre de la constitution congolaise consacré au respect des droits humains et au respect des libertés fondamentales[436]. Cette loi devrait aussi renforcer les sanctions contre les personnes qui se livrent à divers délits et discriminations envers les personnes vulnérables dont les Pygmées. Ceci permettrait d'établir un équilibre juridique et social entre tous les Congolais et plus particulièrement entre les Pygmées Ndenga et leurs

---

[435] Mécanisme déjà mis en place par l'association Adilu qui depuis plus de cinq ans exporte des vêtements, des fournitures scolaires et se charge de la scolarisation des enfants Pygmées Ndenga. Dans le même cadre, leurs parents bénéficient aussi d'aides ponctuelles, des vêtements et des ustensiles de cuisine…

[436] Voir constitution de la RDC, 2006, chapitre II.

voisins immédiats. Ainsi, les Pygmées Ndenga se verraient protégés et pourraient en toute liberté vaquer à leurs diverses occupations en toute dignité.

Cette disposition juridique viendrait aussi renforcer essentiellement la reconnaissance de la citoyenneté de tous les Pygmées en général et des Ndenga en particulier. En effet, la reconnaissance de la citoyenneté en RDC est appliquée de manière générique ne tenant pas compte des situations particulières de certains de ses citoyens tels que les Pygmées[437]. La reconnaissance de la citoyenneté ne procède pas par l'abstraction des différences, mais au contraire passe par la reconnaissance et l'intégration des différences identitaires de chaque groupe en vue d'y consacrer des droits et des devoirs correspondants.

En effet, tous les groupes doivent s'accorder sur les moyens utilisés pour que chacun d'eux mettre en valeur son identité propre. Il faudrait qu'existe à la base la reconnaissance mutuelle des droits et des devoirs des uns envers les autres, ce qui permettrait de parvenir à des accords équitables en vue de promouvoir les intérêts communs. Cela sous-entend des mécanismes juridiques qui favorisent la coexistence pacifique et le vivre-ensemble. Cette première étape peut prendre entre trois et six mois.

À moyen terme : un système éducatif et une formation professionnelle adaptés

Le gouvernement congolais devra adopter une autre disposition juridique proposant un programme scolaire adapté aux situations des Pygmées, exclus d'office du programme actuel qui consacre les inégalités à tous les niveaux. Il a un rôle majeur à jouer dans l'élaboration d'un programme scolaire qui prendrait en compte les diversités culturelles, linguistiques… de toute sa population parmi lesquelles se trouvent les Ndenga. Compte tenu de leurs particularités sur le plan des besoins individuels et sociaux, un système capable de prendre en compte les diverses formes des discriminations qu'ils subissent devra être instauré : avec un contenu, des infrastructures, des méthodes, des heures et des lieux dédiés qui leur permettent d'avoir les possibilités réelles de s'instruire[438]. C'est dans ce contexte que l'approche par les capabilités, qui se fonde sur les libertés réelles en vue de valoriser l'objet choisi ou à choisir, trouve sa pertinence.

En ce sens, il peut être établi un rapprochement avec Kant qui affirme que « ce qu'il faut… c'est que l'élève lui-même construise ses idées, au lieu

[437] Constitution de la RDC, art. 10.

[438] Voir Albert EYANGANUNGA KAMBA, *Une école pour tous en République démocratique du Congo*, Paris, Harmattan, 2014, p. 162.

de les recevoir toutes faites du dehors[439] ». Il est clair que Kant souligne ici l'importance d'un système éducatif endogène qui prend en compte les ressources et les aspirations individuelles pour les amener à la perfection. Étant donné que les Ndenga ont leur propre culture, le système éducatif qui leur sera proposé, devra se préserver de procéder à leur socialisation, il devra respecter leurs coutumes et us, pour que l'éducation ne les déculturalise pas, mais leur permette de mettre en valeur certains éléments de leur culture afin de vivre en coexistence pacifique avec leurs voisins.

David Mavouangui, poursuivant les réflexions de Kant, affirme ceci : « Dans l'éducation, il s'agit de former, mais également de connaître l'homme et sa fin dernière[440]... » Par cette considération, il met en valeur la place de l'enfant éducable en tant que sujet autonome et rationnel dans les choix des méthodes qui lui permettent de s'instruire pour parvenir à ses fins. Cela se fondant sur les droits à la différence : « [...] faire en sorte que cette éducation se déroule selon les méthodes et les contenus choisis par les populations autochtones elles-mêmes, afin qu'elle permette à leurs descendants leurs propres valeurs[441] ». Le droit à l'éducation nécessite qu'on tienne compte des Ndenga qui devraient participer et collaborer à l'élaboration des programmes scolaires de leurs enfants :

> Les programmes et les services d'éducation pour les peuples intéressés doivent être développés et mis en œuvre en coopération avec ceux-ci pour répondre à leurs besoins particuliers et doivent couvrir leurs histoires, leurs connaissances et leurs techniques, leurs systèmes de valeurs et leurs autres aspirations sociales, économiques et culturelles[442].

Ce dispositif renforcerait la responsabilité participative des Ndenga dans les choix des systèmes capables de prendre en compte leurs valeurs culturelles pour les transmettre à leurs descendants par le biais de l'éducation et ne pas se voir imposer un contenu et un programme éducatifs qui ne répondent pas à leurs attentes. L'Unesco partage le même avis en ce qui concerne la qualité de l'enseignement en affirmant que « cette ambition reflète la conviction que tous les enfants peuvent acquérir des compétences cognitives de base pourvu qu'ils bénéficient d'un environnement

---

[439] E. KANT, *Réflexions sur l'éducation*, introduction et trad. A. Philonenko, Paris, Vrin, 1993, p. 77.

[440] D. MAVOUANGUI, *La philosophie de Kant et l'éducation*, Paris, L'Harmattan, 2012, p. 186.

[441] E. M. MBONDA, *op. cit.*, p. 102.

[442] www.ilo.org/dyn/normlex/en/f?p=1000:12100:0::NO::P12100... ID.. fr., consulté le 10 mai 2016.

d'apprentissage approprié[443] ». La réussite de l'éducation dépend de beaucoup de facteurs, mais l'attention est plus portée sur le sujet éducable, son environnement et sa situation concrète, ce qui correspond exactement au contexte Ndenga.

Ici, la transmission des matières devrait se réaliser en tenant compte de l'exigence du programme national, mais adapté à leur situation concrète afin de faciliter leur intégration dans la société nationale. Puisque l'une des fins assignées à l'éducation est l'intégration à la société tant nationale qu'internationale, ce que confirme Mbonda : « [...] leur permet d'acquérir des savoirs et des compétences permettant de s'intégrer dans la société globale[444] ». Par contre, le droit à la différence exclut toutes formes de communautarisme et de socialisation afin de permettre à chaque citoyen congolais de contribuer, chacun selon sa culture, à l'essor politique et économique de la société congolaise :

> Il s'agit plutôt de parler d'un droit à la différence qui serait le droit, pour chaque peuple, de voir respecter son identité culturelle, de conserver, promouvoir et transmettre ses valeurs culturelles et de faire de ces valeurs l'un des moyens d'assurer une adaptation réussie à son environnement, à sa société, à la société nationale globale et à la communauté internationale[445].

Kymlicka estime que « la reconnaissance de la différence est l'essence même de la vraie égalité[446] ». L'égalité dans ce cas ne peut pas être comprise dans le sens de l'uniformité des conditions d'existence, mais comme la liberté réelle des choix accordée à chaque individu pour accomplir son bien-être, « le fait qu'une personne soit capable d'accomplir certains actes fondamentaux[447] » confirme Sen. C'est-à-dire accorder à chaque individu la possibilité concrète de mener la vie à laquelle il aspire. La différence ne porte pas non plus sur le salaire, le sexe, l'âge, la couleur, ou le lieu de résidence, mais elle signifie en ce sens de tenir compte de la diversité et des conditions concrètes de chaque individu pour accéder aux biens premiers[448] et, le cas échéant, à l'éducation.

Hormis le droit à l'égalité des libertés et le droit à la différence, il y a d'autres moyens mobilisables pour un système éducatif adapté, notamment

---

443 Rapport mondial de suivi pour l'éducation pour tous, 2005.

444 E. M. MBONDA, *op. cit.*, p. 105.

445 *Ibid.*

446 Will KYMLICKA, *La Citoyenneté multiculturelle. Une théorie libérale du droit des minorités*, *op. cit.*, p. 159.

447 A. SEN, *Éthique et économie et autres essais*, *op. cit.*, p. 210 ; *Repenser l'inégalité*, *op. cit.*, p. 35-41.

448 A. SEN, *Éthique et économie et autres essais*, *op. cit.*, p. 220.

la compétence des éducateurs. Kant pense que « l'homme n'est éduqué que par des hommes qui ont été également éduqués[449] ». Dans le cas de l'éducation en général et du système éducatif adapté en particulier, la compétence des éducateurs est un atout majeur afin qu'ils soient capables d'utiliser les outils pédagogiques qui seront mis à leur disposition. À cela s'ajoute une formation humaine et psychologique d'un certain niveau pour permettre aux éducateurs d'exercer convenablement leur métier. L'État doit aussi mettre à la disposition des communautés locales des ressources et des structures importantes pour permettre à leurs enfants d'apprendre dans les bonnes conditions ; ainsi justice sera faite. Cependant, il est évident que la mise en place d'une telle institution mobilisera des moyens logistiques importants et demandera le temps nécessaire pour être soit vraiment effective. La durée de cette étape est estimée entre cinq et huit ans.

À long terme : mettre en place des structures adaptées

La reconnaissance identitaire et l'adoption du système éducatif adapté en faveur des Pygmées Ndenga étant acquises, il reste la dernière étape consistant à créer des cadres pour qu'ils puissent vivre de leurs connaissances et de leurs pratiques environnementales tout en les mettant à la disposition du reste du monde.

Cette dernière étape est cruciale, car elle est l'aboutissement de toutes les démarches entamées pour permettre aux Pygmées Ndenga d'atteindre un certain niveau de vie, à partir de leurs propres ressources : la forêt, leurs connaissances phytosanitaires, leur gestion et protection de l'écosystème…

Pour rappel, le lieu d'habitation des Pygmées Ndenga est situé dans la province du Sud-Ubangi en République démocratique du Congo. Cette province couvre une superficie de 51 648 km^2 avec une population estimée à 3 000 000 d'habitants. La végétation naturelle du Sud-Ubangi a une superficie de 3 871 938 ha constituée de :

- forêt dense humide : 1 485 367 ha soit 28,74 % de la superficie du Sud-Ubangi ;
- forêt sur sols hydromorphes : 1 155 637 ha soit 22,36 % ;
- savane arbuste : 632 445 ha soit 12,24 % ;
- savane herbeuse : 586 984 ha soit 11,35 % ;

[449] E. KANT, *Réflexions sur l'éducation*, p. 99 et *Anthropologie du point de vue pragmatique*, trad. Michel Foucault, Paris, J. Vrin, 1994, p. 164.

- végétation marécageuse : 11 596 ha soit 0,22 %[450] ;
- zones anthropisées : 1 296 731 ha soit 25,09 %[451].

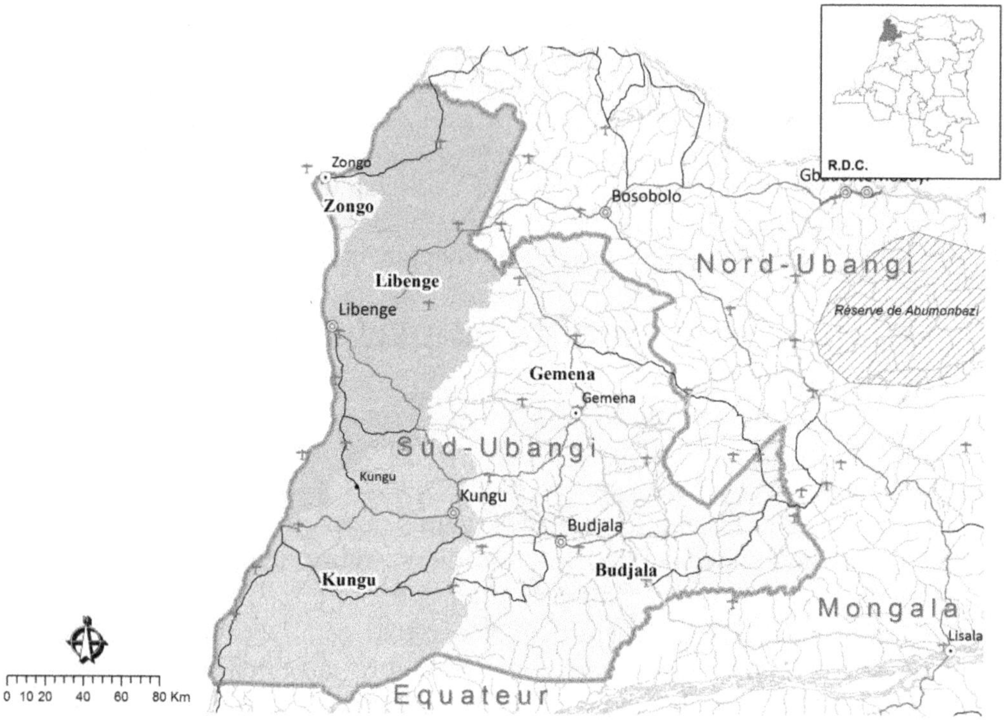

Fig. 2. Carte de l'Ubangi

L'étendue de cette province habitée par l'homme ne représente qu'environ 25 %. Le reste est constitué des forêts primaires, des savanes et d'autres végétations qui, jusqu'à ce jour, restent inexplorées. Cette province plus vaste que le Rwanda[452] et le Burundi[453] pour ne citer que ces pays, ne

---

[450] Voir VANCUTSEM *et alii*, The new land cover map of the Democratic Republic of Congo, Presse universitaire de Louvain, 2006, Joëlle DE WEERDT *et alii*, *La végétation du sud-Ubangi*, p. 50, voir VERHEGGHEN *et alii*, *Les forêts du bassin du Congo. État de la forêt*, 2010, p. 38.

[451] Joëlle DE WEERDT *et alii*, *La végétation du sud-Ubangi*, *op. cit.*, chapitre 4.

[452] 26 338 km^2.

dispose ni d'un centre de recherche sur la biodiversité, ni de jardin zoologique, ni de jardin botanique ni encore de parc animalier ou forestier. Notons tout de même que la RDC dispose de neuf parcs nationaux repartis dans neuf anciennes régions du Zaïre qui passe de neuf à onze régions en 1988 depuis la rebaptisation du pays en RDC ; en 1997, les régions sont devenues des provinces et depuis 2006, les onze provinces sont démembrées en vingt-six. Ainsi, certaines se sont retrouvées avec des infrastructures tels les parcs animaliers et jardins zoologiques datant de l'époque coloniale, et d'autres sans infrastructures de base.

Pour permettre aux Pygmées Ndenga de vivre de leurs cultures d'hommes de la forêt, de préserver l'environnement et de favoriser les recherches scientifiques et environnementales sur la biodiversité non encore découverte par les scientifiques, ces parcs et ces jardins seront donc d'une grande nécessité.

En 2017, fut découverte par une équipe de chercheurs congolais et britanniques de l'université de Leeds la plus importante réserve au monde de tourbières (*peatlands*) contenant des espaces mesurant entre 3,37 et 3,50 m de profondeur et datant de plus de dix mille ans. Ces tourbières présentes au centre du bassin du Congo s'étendent sur 145 500 km^2. Elles ont la capacité de stocker 30 milliards de tonnes carbone, l'équivalent de trois ans d'émissions mondiales de CO_2[454]. Cette découverte vient corroborer l'hypothèse avancée sur l'inexploitation de la forêt du bassin du Congo dont celle du Sud-Ubangi à des fins de recherches.

La création des parcs animaliers et des parcs forestiers permettra aux Pygmées Ndenga, après une formation, de servir de guides touristiques afin de mettre à la portée d'un plus grand nombre de personnes leurs connaissances phytobiologiques. Ils pourront ainsi vivre de leurs connaissances et de leurs expériences particulières dans ce domaine tout en restant en symbiose avec la forêt, comme c'est le cas au Kenya où le peuple Massaï collabore activement avec les différents parcs nationaux kenyans, non pour la chasse, mais pour la préservation des animaux[455].

Cette transformation de la vie des Massaïs qui les fait passer du statut d'éleveurs-chasseurs à celui de guides touristiques leur permet aujourd'hui de faire connaître leur culture au reste du monde et de vivre de leur nouveau travail. Cet exemple kenyan et tant d'autres testés auprès des Indiens en Amazonie peuvent servir de modèle pour les Pygmées Ndenga dont les ressources nécessaires à leur survie se font de plus en plus rares. Ceci leur

---

[453] 27 834 km^2.

[454] Voir https://www.rtbf.be/... /detail_republique-democratique-du-congo-les-tourbieres-sont-cru.., consulté le 15 avril 2019.

[455] Voir France 5, *Échappées belles, Kenya, un rêve de safari*, diffusée le 1er avril 2019.

permettrait de diversifier leurs activités génératrices de recettes et d'améliorer leur condition vie.

Ces parcs animaliers et forestiers, s'ils sont créés, ne le seront pas seulement au bénéfice des Pygmées qui ne représentent que 0,05 %[456] de la population du Sud-Ubangi. Leur création profitera aussi à d'autres populations qui construiront des structures d'hébergement pour les touristes et les chercheurs. De même, ces parcs permettront de donner du travail aux jeunes qui sont en chômage caractérisé et de rouvrir l'aéroport de Libenge[457] laissé à l'abandon depuis la fin de la colonisation, d'où partaient les avions de ligne pour l'Europe – un manque à gagner important pour l'État congolais. La dernière étape pour clôturer l'ensemble du processus est estimé entre huit et dix ans.

Voilà tout le sens que prend ici le développement comme extension des capabilités chez les Pygmées. Ce projet de développement endogène leur permettrait de vivre et de mettre en valeur leurs connaissances et de participer à la sauvegarde de la planète.

---

[456] Cela n'est qu'une estimation, car il est difficile à l'heure actuelle de donner avec exactitude le nombre des Pygmées Ndenga qui ne sont pas recensés à la naissance.

[457] L'aéroport de Libenge (IATA : LIE, OACI : FZFA) est un aéroport desservant Libenge, uneville du fleuve Ubangi,située dans la province du sud-Ubangi en République démocratique du Congo.L'Ubangi est localement la frontière avec la République centrafricaine. Coordonnées 3° 37' 45" N – 18° 38' 15" E ; voir https://en.m.wikipedia.org/wiki/Libenge_Airport, consulté le 15 avril 2019.

BIBLIOGRAPHIE SÉLECTIVE

ANTHROPOLOGIE ET ETHNOLOGIE

AMSELLE Jean-Loup (dir.), *Au Cœur de l'ethnie. Ethnie, tribalisme et État en Afrique*, Paris, La Decouverte, 1999.

ARENDT Hannah, *La Crise de la culture* [1954], trad. Patrick Lévy, Paris, Gallimard, 1954.

BAHUCHET Serge et ROBILLARD Marine, « Les Pygmées et les autres : terminologie, catégorisation et politique », *Journal des africanistes*, 82-1/2 | 2012, 15-51.

BAHUCHET Serge, *Introduction à l'ethno écologie des Pygmées Aka de la Lobaye, empire centrafricain*, Paris, EHEES, 1978.

—, *Une société de chasseurs-cueilleurs et son milieu de vie : les Pygmées Aka de la forêt centrafricaine*, t. 1, Paris, CNRS, 1982.

—, *Dans la forêt d'Afrique centrale. Les Pygmées Aka et Baka*, Paris, SELAF, 1987.

—, « Les Pygmées d'aujourd'hui en Afrique centrale », *Journal des africanistes*, vol. 61, n° 1, 1991.

—, « Pygmées ou "Pygmées". Quelques étapes pour une meilleure compréhension du complexe des communautés sylvestres d'Afrique centrale », *Journal des africanistes*, 82-1/2 | 2012, 5-14.

BALLIF Noël, *Les Pygmées de la grande forêt*, Paris, Harmattan, 1992.

BONTE Pierre et IZARD, Michel (dir.), *Dictionnaire de l'ethnologie et de l'anthropologie*, Paris, PUF, 1991.

BISSENGUÉ Victor, *Contribution à l'histoire ancienne des Pygmées. L'exemple des Aka*, Paris, Harmattan, 2004.

—, *Discriminations des Pygmées. Réfutation des maîtres de la forêt*, Paris, Paari, 2014.

BONNEMERE Pascale, *Le Pandanus rouge. Corps, différence des sexes et parenté chez les Ankave-Anga*, Paris, CNRS, 1996.

BUKASA-MUTEBA Pierre-Kashadile, *Le Tribalisme. Analyse des faits et comportements en République démocratique du Congo*, Paris, Harmattan, 2010.

DELOBEAU Jean-Michel, *Yamonzombo et Yandenga, les relations entre les villageois et les campements Aka dans la sous-préfecture de Moungoumba*, Paris, Selaf, 1989.

DEMESSE Lucien, *Techniques et économie des Pygmées Babinga*, Paris, Institut de l'ethnologie, 1980.

GUILLAUME, Henri, *Du miel au café, de l'ivoire à l'acajou : la colonisation de l'interfluve Sangha-Oubangui et l'évolution des rapports entre chasseurs-collecteurs pygmées Aka et agriculteurs (Sud-Centrafrique, Nord-Congo), 1880-1980*, Paris, Peeters Selaf, 2001.

JADIN Jean, *Les Groupes sanguins des pygmoïdes et des nègres de la province équatoriale*, Bruxelles, Librairie Falk fils, 1940.

JANZEN John M., *La Quête de la thérapie au Bas-Zaïre*, trad. Gilles Bibeau, Paris, Karthala, 1995.

HUME, David, *Traité de la nature humaine. Essai pour introduire la méthode expérimentale dans les sujets moraux* [1739], trad., préface et notes André Leroy, Paris, Aubier, 1946.

KANT Emmanuel, *Anthropologie du point de vue pragmatique* [1798], trad. Michel Foucault, Paris, Vrin, 1994.

KOULANINGA Abel, *L'Éducation chez les Pygmées de Centrafrique*, Paris, Harmattan, 2009.

LEVINAS Emmanuel, *Éthique et infini*, Paris, Fayard, 1982.

—, *Éthique comme philosophie première*, préfacé et annoté par Jacques Roland, Paris, Petite Bibliothèque, 1998.

—, *Altérité et transcendance*, Paris, LGF, 2006.

MAES Vedast, *Les Peuples de l'Ubangi. Notes ethno-historiques*, Kinshasa, OFM Capucins, 1984.

MOTTE Elisabeth, *Les Plantes chez les Pygmées Aka et les Monzombo de la Lobaye, Centrafrique. Étude ethno botanique chez les chasseurs-cueilleurs et les pêcheurs cultivateurs dans un même milieu cultivateur végétal*, Paris, Selaf, 1980.

NIETZSCHE Friedrich, *Par delà bien et mal* [1968], trad. Cornelius Heim, Paris, Gallimard, 1971.

OMOSOMBOTHSONDA Jean (dir.), *République démocratique du Congo. Sud-Ubangi. Bassins d'eau et espace agricole*, Bruxelles, Samsa, 2013.

PANOFF Michel et PERRIN Michel, *Dictionnaire de l'ethnologie*, Paris, Payot, 1973.

PELLUCHON Corine, *Éléments pour une éthique de vulnérabilité : les hommes, les animaux et la nature*, Paris, Cerf, 2011.

—, *Éthique de la considération*, Paris, Éditions du Seuil, 2018.

RENAUT Alain, *L'Ère de l'individu : contribution à une histoire de la subjectivité*, Paris, Gallimard, 1989.

—, *L'Individu. Réflexions sur la philosophie du sujet*, Paris, Hatier, 1995.

RICŒUR Paul, *Soi-même comme un autre*, Paris, Éditions du Seuil, 1990.

SCHEBESTA Paul, *Among Pygmies*, London, Hutchinson & Co, 1933.

—, *Les Pygmées du Congo belge*, Bruxelles, Institut royal colonial belge, Section des Sciences morales et politiques, 1952.

SOUZENNELLE DE Annick et ALBRECH Pierre-Yves, *L'Initiation. Ouvrir les portes denotre cité intérieure*, Paris, Du Relié, 2007.

THILLE Frantz, *Au cœur de la forêt vierge avec les Pygmées Babinga*, Paris, Albin Michel, 1990.

THOMAS, Jacqueline et BAHUCHET, Serge, *Encyclopédie Aka. Technique, langage et société des chasseurs-cueilleurs de la forêt centrafricaine* I (3), Paris, Selaf, 1991.

TRILLES (RP), *Les Pygmées de l'Afrique équatoriale*, Paris, Librairie Bloud & Gay, 1932.

PHILOSOPHIE POLITIQUE

ADAIR Philippe, « La *Théorie de la justice* de John Rawls. Contrat social *versus* utilitarisme », *Revue française de science politique*, 41e année, n° 1, 1991,p. 81-96.

ANDRIEU Kora, *Justice transitionnelle. De l'Afrique du Sud au Rwanda*, Paris, Gallimard, 2012.

ANDRIEU Kora et LAUVAU, Geoffroy, *Quelle justice pour les peuples en transition ?*, Paris, PUPS, 2014.

APPIAH Kwame Anthony, *Pour un nouveau cosmopolitisme* [2006], trad. de l'anglais par Agnès Botz, Paris, Odile Jacob, 2008.

ARISTOTE, *Éthique à Nicomaque*, trad. Jules Tricot, Paris, Vrin, 1990.

—, *La Politique*, trad. et notes par Jules Tricot, Paris, Vrin, 2014.

ARNESON Richard J., « Equality and Equal Opportunity for Welfare », *Philosophical Studies*, n° 56, 1989,p. 77-93.

—, « Liberalism, Distributive Subjectivism, and Opportunity for Welfare », *Philosophy and Public Affairs*, n° 19, 1990, p. 158-194.

ARROW Kenneth, *Choix collectifs et préférences individuelles* [1969], trad. Groupe de traductions économiques de l'université de Montpellier, Paris, Calmann-Lévy, 1974.

AUDIER Serge, *Les Théories de la république*, Paris, La Découverte, coll. « Repères », 2004.

—, *Le Socialisme libéral*, Paris, La Découverte, coll. « Repères », 2006.

AUDARD Catherine (dir.), BOURDON, R., DUPUY J.-P., *Individu et justice sociale autour de John Rawls*, Paris, Éditions du Seuil, 1988.

AUDARD Catherine, *Qu'est-ce que le libéralisme ? Éthique, politique, société*, Première édition, Paris, Gallimard, 2009.

BABEAU Olivier, *L'Horreur politique, l'État contre la société*, Paris, Les Belles Lettres, 2017.

BARRY Brian, *Theories of Justice, A Treatise on Social Justice*, vol. 1, Berkeley, University of California Press, 1991.

—, *Why Social Justice Matters ?*, London, Polity Press, 2005.

BEITZ Charles, *Political Theory and International Relations*, Princeton, Princeton University Press, 1979.

BENOIST Alain, *Nous et les autres. Problématique de l'identité*, Paris, Krisis, 2006.

BENICOURT Emmanuelle, « Contre Amartya Sen », *L'Économie politique*, vol. 23, n° 3, 2004, p. 72-84.

BERTEN André, DA SILVEIRA Pablo et POURTOIS Hervé (dir.), *Libéraux et communautariens*, Paris, PUF, coll. « Philosophie morale », 1997.

BERTIN Alexandre, « Quelle perspective pour l'approche par les capacités ? », *Tiers Monde*, vol. 46, n° 185, 2005, p. 385-406.

BHALLA Surjit S., *Imagine there's no country: poverty, inequality, and growth in an era of globalization*, Washington, D.C., Peterson Institute for International Economics, 2002.

BONVIN Jean-Michel et FARVAQUE, Nicolas, *Sen Armatya. Une politique de la liberté*, Paris, Michalon, 2008.

BRIGHOUSE Harry et ROBEYNS Ingrid (éd.), *Measuring Justice. Primary Goods and Capabilities*, Cambridge, Cambridge University Press, 2010.

BROOKE Arkely, *Universal Human Rigth in a the world of difference*, New York, Cambridge University press, 2008.

BROOKS Thom, *The Global Justice Reader*, Oxford, Blackwell, 2008.

BROOME John, « Measuring the burden of disease by aggregating well-being », Chapter 3.1 in Ch. J. L. Murray, J. A. Salomon, C. D. Mathers, and A. D. Lopez, (eds.), *Summary measures of population health: concepts, ethics, measurement and applications*, Geneva, World Health Organization, 2002.

BURCHARDT Tania, « The Evolution of Disability Benefits in the UK: Re-Weighting the Basket », Research Paper CASE026, London School of Economics & Political Science, 1999.

—, « Constraint and Women's employment in Britain », paper prepared for Von Hügel Institute Conference, Cambridge, 9-10 september, 2002.

CAILLE Alain, LAZZERI, Christian et CLERO, Jean-Pierre, « Qu'est-ce qu'être anti-utilitariste ? », *Cités*, n° 10, 2002,p. 77-90.

CHAUVIER Stéphane, *Justice et droits à l'échelle globale*, Paris, Vrin/EHESS, 2006.

COHEN Gerald Allan, *Karl Marx's Theory of History. A Defense*, Princeton, Princeton University Press, 1978.

—, « Equality of What? On Welfare, Goods and Capabilities », *Recherches économiques de Louvain*, 56/1990, p. 357-382.

—, *If You're an Egalitarian, How Come You're So Rich?*, Cambridge, Harvard University Press, 2000.

COHEN Joshua, FUNG Archon, « Le projet de la démocratie radicale », *Raisons politiques*, 2011-2, n° 42, p. 115-130.

CONSTANT, Benjamin, *De la liberté chez les modernes*, Paris, Pluriel, 1980.

DELACAMPAGNE Christian, *La Philosophie politique aujourd'hui. Idées, débats, enjeux*, Paris, Éditions du Seuil, 2000.

DEBUCQUOIS Claire, « De la mesure du bien-être individuel aux fondements d'une société juste. Discussion de la possibilité d'un choix social à la lumière de l'approche par les capabilités d'Amartya Sen », *Revue interdisciplinaire d'études juridiques*, vol. 69, 2012-2, p. 141-192.

DEMEULENAERE Pierre, « Normes et valeurs », in Sylvie Mesure et Patrick Savidan, *Dictionnaire des sciences humaines*, Paris, Presses universitaires de France, 2006.

DONEGANI Jean-Marie et SADOUN Marc, *Qu'est-ce que la politique ?*, Paris, Gallimard, 2007.

DREZE Jean et SEN Armatya, *India: Developpement and Participation*, New Delhi, Oxford University Press, 2002.

DUBET François (dir.), *Inégalités et justice sociales*, Paris, La Découverte, 2014.

DUBET François, *et al.*, *Pourquoi moi ? L'expérience des discriminations*, Paris, Éditions du Seuil. 2013.

DURKHEIM Émile, *De la division du travail social*, introduction de Serge Paugam, Paris, PUF, 1930.

DWORKIN Ronald, « What is Equality? Part 1 : Equality of Welfare », *Philosophy and Public Affairs*, n° 10, 1981a, p. 185-246.

—, « What is Equality? Part 2 : Equality of Resources », *Philosophy and Publics Affairs*, 10, 1981b/4, p. 283-345.

—, *Une question de principe* [1985], trad. Aurélie Guillain, Paris, PUF, 1996.

—, *La vertu souveraine. Théorie et pratique de l'égalité* [2000], trad. partielle de Jean-Fabien Spitz, Bruxelles, Bruylant, 2007.

EWALD François, *L'État-providence*, Paris, Grasset, 1986.

FARVAQUE Nicolas, « L'approche alternative d'Amartya Sen : réponse à Emmanuelle Bénicourt », *L'Économie politique*, vol. 27, n° 3, 2005, p. 38-51.

FERRY Jean-Marc et LACROIX Justine, *La Pensée politique contemporaine*, Bruxelles, Bruylant, 2001.

FLEUERBAEY Marc, « Peut-on mesurer le bien-être ? », in Michel Debonneuil et Lionel Fontagné (dir.), *Compétitivité*, Paris, La Documentation française, 2003.

—, *Fairness, Responsability and Welfare*, Oxford, Clarendon Press, 2008.

FORSE Michel et GALLAND, Olivier (dir.), *Les Français face aux inégalités et à la justice sociale*, Paris, Armand Colin, 2011.

FRASER Nancy, *Qu'est-ce que la justice sociale ? Reconnaissance et redistribution* [2005], trad. Estelle Ferraresse, Paris, La Découverte, 2005.

GAMEL Claude, *Économie de la justice sociale. Repères éthiques du capitalisme*, Paris, Cujas, 1992.

HABERMAS Jürgen, *Raison et légitimité* [1978], trad. Jean Coste, Paris, Payot, 1978.

—, *Théorie de l'agir communicationnel* [1981], t. 1, Paris, Fayard, 1987.

—, *Droit et démocratie. Entre faits et normes* [1992], trad. Rainer Rochlitz et Christian Bouchindhomme, Paris, Gallimard, coll. « NRF », 1997.

—, *L'Intégration républicaine. Essais de théorie politique* [1996], trad. Rainer Rochlitz, Paris, Fayard, 1998.

—, *De l'éthique de la discussion* [1985], trad. Marc Hunyadi, Paris, Flammarion, 1999.

HAYEK Friedrich, *La Route de la servitude* [1943], trad. Georges Blumberg, Paris, PUF, 6e édition, 2013.

HOBBES Thomas, *Le citoyen ou le fondement de la politique* [1642], présentation Simone Goyard Fabre, Paris, GF-Flammarion, 1982.

HUDON François, « La liberté dépend-elle des préférences individuelles ? », *Raisons politiques*, n° 43,3/2011, p. 35-58.

IGERSHEIM Herrade, « Une analyse des concepts rawlsien et senien de liberté », *Cahiers d'économie politique/Papers in Political Economy*, n° 64,1/2013, p. 157-196.

JULHE Samuel, « L'approche par les capabilités au travail. Usages et limites d'une économie politique en terre sociologique », *Revue française de sociologie*, vol. 57, n° 2, 2016, p. 321-352.

KAHNEMAN Daniel et RIIS Jason, « Living and thinking about it: two perspectives life » in Felicia Huppert, Nick Baylis et Barry Keverne, *The Science of Well-Being*, London, Oxford, 2005, p. 285-304.

KANDIL Feriel, « Usage pragmatique du concept de "capabilités" » in *Fondements de la justice*, Paris, PUF, coll. « Fondements de la politique », 2012.

KANT Emmanuel, *Qu'est-ce que les Lumières ?* [1784], établissement de l'édition, notes et postface, trad. Dominique Bourrel et Stéphane Piobetta, revues par Cyril Porana, Paris, Fayard, 2006.

—, *Vers la paixperpétuelle* [1795], trad. précédée d'une introduction historique et critique par Jean Darbellay, Paris, PUF, 1958.

—, *Métaphysiques des mœurs* [1785/1797], trad. Alain Renaut, Paris, Flammarion, 2 tomes, 1994.

KOLM Serge-Christophe, *Justice et Équité*, Paris, CNRS, coll. « Monographies du séminaire d'économétrie », 1972.

—, *Modern Theories of Justice*, Cambridge (Mass.), The MIT Press, 1998.

KYMLICKA Will, *Les Théories de la justice. Une introduction* [1999], traduit de l'anglais par Marc Saint-Exupéry, Paris, La Découverte, nouvelle édition augmentée, 2002.

—, *La Citoyenneté multiculturelle. Une théorie libérale du droit des minorités* [1995], trad. Patrick Savidan, Paris, La Découverte, 2001.

—, « Les droits des minorités et le multiculturalisme : l'évolution du débat anglo-américain », in *comprendre*, vol. 1, 2000, p. 141-171.

LABORDE Cécile et MAYNOR, John (dir.), *Republicanism and Political Theory*, Oxford, Blackwell, 2007.

LACROIX Justine, *Communautarisme* versus *libéralisme. Quel modèle d'intégration politique ?*, Bruxelles, EUB, 2003, p. 148.

LARMORE Charles, « Républicanisme et libéralisme chez Philip Pettit », *Cahiers de Philosophie de l'université de Caen*, n° 34, 2000, p. 115-125.

MACINTYRE Alasdair, *Après la vertu* [1974], trad. Laurent Bury, Paris, PUF, 1997.

—, *Quelle justice, quelle rationalité ?* [1988], trad. Michèle Vignaux d'Hollande, Paris, PUF, 1993.

MAGUAIN Denis, « Les théories de la justice distributive post-rawlsiennes. Une revue de la littérature », *Revue économique*, vol. 53, 2/2002,p. 165-199.

MANENT Pierre, *Cours familier de philosophie politique*, Paris, Fayard, 2001.

MARECHAL Jean-Paul, « L'éthique économique de John Rawls », *L'Économie politique*, n° 17, 1/2003,p. 94-112.

MARGALIT Avishai, *La Société décente* [1988], trad. François Billard, Paris, Flammarion, 2007.

MARX Karl, *Le Capital* [1867], trad. JosephRoy, Paris, Gallimard, coll. « Bibliothèque de la Pléiade », 1965.

MAURIN Louis et SAVIDAN Patrick (dir.), *L'État des inégalités en France*, Paris, Belin. 2007.

MAY Paul, *Philosophies du multiculturalisme*, Paris, Presses de Sciences Po, 2016.

MAYNOR John, *Republicanism in the Modern World*, Cambridge, Polity Press, 2003.

MBONDA Ernest-Marie, *Justice ethnique. Identité ethnique, reconnaissance, et représentation politique*, Laval, PUL, 2009.

—, « Rationalité, objectivité et universalité des valeurs morales : à propos du débat sur l'excision », *Ethica*, vol. 17, n° 2, 2012, p. 97-120.

MESURE Sylvie et RENAUT Alain, *Alter Ego. Les paradoxes de l'identité démocratique*, Paris, Aubier, 1999.

MEYER-BISCH Patrice *et al.*, *Faim de vivre. La multidimensionnalité du droit à l'alimentation*, Fribourg, Commission nationale Suisse pour l'Unesco, 2000.

MONGIN Philippe et D'ASPREMONT, Claude (1996), « Utility Theory and Ethics », in Salvador Barberà, Peter Hammond and Christian Seidl (eds), *Handbook of Utility Theory*, Dordrecht/New York, Kluwer Academic Press, 1996, p. 371-481.

MONNET Éric, « La théorie des capabilités d'Amartya Sen face au problème du relativisme », *Tracés. Revue de Sciences humaines*, 2007/12, p. 103-120.

NOZICK Robert, *Anarchie, État et utopie* [1974], trad. Évelyne d'Auzac de Lamartine, Paris, PUF, 1988.

NUSSBAUM, Martha, *Sex and choix social justice*, New York, Oxford, 1991.

—, *Frontiers of Justice*, Cambridge, Harvard University Press, 2006.

—, *Capabilités : comment créer les conditions d'un monde plus juste ?* [2011], trad. Solange Chavel, Paris, Climats, 2013.

O'NEILL Onora, *Faces of Hunger. An Essay on Poverty, Justice and Development*, London, Allen & Unwin, 1986.

—, *Constructions of Reason. Explorations of Kant's Practical Philosophy*, Cambridge, Cambridge University Press, 1989.

—, *Towards Justice and Virtue*, Cambridge, Cambridge University Press, 1996.

—, *Bounds of Justice*, Cambridge, Cambridge University Press, 2000.

OST François, « Théorie de la justice et droit à l'aide sociale », in Catherine Audard *et al.*, *Individu et justice sociale : autour de John Rawls*, Paris, Éditions du Seuil, 1988, p. 245-275.

OTSUKA Michael, *Libertarianism without Inequality*, Oxford, Oxford University Press, 2003.

PETTIT Philip, *Républicanisme. Une théorie de la liberté et du gouvernement* [1997], trad. Patrick Savidan et Jean-Fabien Spitz, Paris, Gallimard, coll. « NRF », 2004.

—, *On the People's Terms. A Republican Theory and Model of Democracy*, Cambridge, Cambridge University Press, 2012.

POGGE Thomas, *Comprendre Rawls* [1989], trad. MatthieuLassale, Laval, PUL, 2017.

—, *World Poverty and Human Rights*, Cambridge, Polity Press, 2002.

—, *Porter assistance aux pauvres du monde* [2003], trad. Patrick Savidan, Paris, Bayard, 2003.

—, « The Rights to Basic Resources », *Freedom from Poverty as a Human Rights: Who Owes What to the Very Poor?*, Oxford, Oxford University Press, 2006.

POCOCK John-Greville-Agard, *Le Moment machiavélien. La pensée florentine et la tradition républicaine atlantique* [1975], trad. Luc Borot, Paris, PUF, coll. « Léviathan », 1997.

—, *Vertu, commerce et histoire. Essais sur la pensée et l'histoire politique auXVIII^e siècle* [1985], trad. Hélène Aji, Paris, PUF, coll. « Léviathan », 1998.

POLICAR Alain, *Le libéralisme politique et son avenir*, Paris, CNRS, 2012.

RAWLS John, *Théorie de la justice* [1971], trad. Catherine Audard, Paris, Points, 2009.

—, *Le Droit des gens* [1996], avant-propos Bertrand Guillaume, commentaires de Staley Hoffman, Paris, Esprit, 1996.

—, *Justice as Fairness a restatement*, Cambridge/London, Harvard University Press, 2001.

—, *Paix et démocratie. Les droits des peuples et la raison publique* [1999], trad. Bertrand Guillaume, Paris, La découverte, 2006.

—, *Libéralisme politique* [1993], trad. Catherine Audard, Paris, PUF, 1995.

—, *La Justice comme équité. Une reformulation de la théorie de la justice* [2001], trad. Bertrand Guillaume, Paris, La Découverte, 2003.

—, « Unité sociale et biens premiers », *Raisons politiques*, n° 33,1/2009, p. 9-43.

—, « Reply to Alexander and Musgrave », *Quarterly Journal of Economics*, LXXXVIII, 4/1974, p. 633-655.

—, « Justice as Fairness: Political not Metaphysical », *Philosophy and PublicAffairs*, 14,3/1985,p. 223-251.

RENAUT Alain et BILLIER, Jean-Cassien, « Pour une approche philosophique globale des inégalités », *Socio*, 1995, p. 241-264.

RENAUT Alain, SAVIDAN Patrick et TAVOILLOT Pierre-Henri, *Histoire de la philosophie politique,* t. V, *Les philosophies politiques contemporaines*, Paris, Calmann-Lévy, 1999.

RENAUT Alain (dir.), BROWN Étienne, CHARTRON Marie-Pauline et LAUVAU Geoffroy, *Inégalités entre globalisation et particularisation*, Paris, PUPS, 2016.

RENAUT Alain et LARMORE, Charles, *Débat sur l'éthique : idéalisme ou réalisme*, Paris, Grasset, 2004.

RENAUT Alain, *Découvrir la philosophie : La Culture, La Raison et le Réel, La Morale, La Politique, Le Sujet*, Paris, Odile Jacob, 2010.

RENAUT Alain et MESURE Sylvie, *La Guerre des dieux : essai sur la querelle des valeurs dans la philosophie contemporaine*, Paris, Grasset, coll. « Le Collège de philosophie », 1996.

—, *Alter ego : les paradoxes de l'identité démocratique*, Paris, Aubier, 1999.

RENAUT Alain et FERRY Luc, *68-86 : Itinéraires de l'individu*, Paris, Gallimard, coll. « Le monde actuel », 1987.

—, *La Pensée 68 : Essai sur l'anti-humanisme contemporain*, Paris, Gallimard, 1985.

—, *Système et critique : essais sur la critique de la raison dans la philosophie contemporaine*, Paris, Ousia, 1985.

—, *Kant aujourd'hui*, Paris, Aubier, 1997.

—, *Un humanisme de la diversité : essai sur la décolonisation des identités*, Paris, Flammarion, coll. « La bibliothèque des savoirs », 2009.

—, *L'Injustifiable et l'extrême : manifeste pour une philosophie appliquée*, Paris, Le Pommier, 2015.

—, *L'Individu, réflexions sur la philosophie du sujet*, Paris, Hatier, 1995.

—, (dir.), *Encyclopédie de la culture politique contemporaine*, Paris, Éditions Hermann, 2008.

—, *Libéralisme et pluralisme culturel*, Paris, Pleins feux, 1999.

—, *Qu'est-ce qu'une politique juste ? Essai sur la question du meilleur régime*, Paris, Grasset, 2004.

—, *Qu'est-ce qu'un peuple libre ? Libéralisme ou républicanisme*, Paris, Grasset, 2005.

—, *Égalité et discriminations. Un essai de philosophie politique appliquée*, Paris, Éditions du Seuil, 2007.

—, *Quelle éthique pour nos démocraties ?*, Paris, Buchet-Chastel, 2010.

—, *Un monde juste est-il possible ?*, Paris, Stock, 2013.

—, « Alain Renaut par lui-même », in *Cités*, n° 58, 2014, p. 247-256.

ROEMER John E., « A Pragmatic Theory of Responsibility for the Egalitarian Planner », *Philosophy and Public Affairs*, 22/1993, p. 146-166.

—, *Theories of Distributive Justice*, Cambridge, Harvard University Press, 1996.

—, *Equality of Opportunity*, Havard, Havard University Press, 1998.

ROSANVALLON Pierre, *Le Capitalisme utopique*, Paris, Éditions du Seuil, 1979.

ROUSSEAU Jean-Jacques, *Du contrat social*, présentation Bruno Bernadi, Paris, Flammarion, 2011.

SANDEL Michael J., *Justice* [2009], trad. Patrick Savidan, Paris, Flammarion, 2017.

—, *Le Libéralisme et les limites de la justice* [1982], trad. Jean-Fabien Spitz, Paris, Éditions du Seuil, 1999.

—, *Democracy's Discontent. America in Search of a Public Philosophy* [1996], Cambridge, The Belknap Press of Harvard University Press, 1998.

SAVIDAN Patrick, *Le Multiculturalisme*, Paris, PUF, 2009.

SCHOR Armand Denis, *Armatya Sen : vie, œuvres et concepts*, Paris, Ellipse, 2009.

SEN Armatya, *Poverty and Famines. An Essay on Entitlement and Deprivation*, Oxford, Clarendon Press, 1981.

—, « Welfare, Preference and Freedom », *Journal of Econometrics*, 50/1991 (1-2), p. 15-29.

—, « Interpersonal comparisons of welfare » in Alan P. Hamlin (dir.), *Ethics andEconomics*, vol. 1, 1996,p. 274-292.

—, « On the foundations of welfare economics: Utility, capability and practical reason », inFrancesco Farina, Frank Hahn and Stefano Vannucci (Eds.), *Ethics, Rationality, and Economic Behaviour*, Oxford, Oxford University Press, 1996b, p. 50-65.

—, « The possibility of social choice », *Rationality and Freedom*, Cambridge/London : Harvard University Press, 2002a, p. 65-118.

—, « Freedom of Choice. Concept and Content », *European Economic Review*, 32, 2-3/1988, p. 269-294.

—, « Capability and Well-Being », in Martha Nussbaum and Amartya Sen (Eds), *The Quality of Life*, Oxford : Oxford Clarendon Press, 1993, p. 30-53.

—, « Personal Utilities and Public Judgements: Or What's Wrong with Welfare Economics? »,*Economic Journal*, 89, 1979 (355), p. 537-558.

—, « Poverty: An Ordinal Approach to Measurement », *Econometrica*, 44, 1976, (2), p. 219-231.

—, *Commodities and capabilities*, Oxford, Oxford University Press, 1999a.

—, *Development as freedom*, New York, Knopf, 1999.

—, *Éthique et économie et autres essais* [1984], trad. Sophie Marnat, Paris, PUF, 1993.

—, *Rationalité et liberté en économie* [2002], trad. Marie-Pascale Iribane-Jaawane, Paris, Odile Jacob, 2005.

—, « Capability and well-being », in Martha Nussbaum and Amartya Sen (Eds.), *The Quality of Life*, Oxford, Clarendon Press, 1993.

—, *Choice, welfare and measurement*, Oxford : Basil Blackwell, 1982.

—, *Un nouveau modèle économique. Développement, Justice, Liberté* [1999], trad. Michel Bessières, Paris, Odile Jacob, 2000a.

—, *Repenser l'inégalité* [1984], trad. Paul Chemla, Paris, Éditions du Seuil, 2000.

—, *L'Idée de justice* [2009], trad. Paul Chemla avec la collaboration d'Éloi Laurent, Paris, Flammarion, 2010.

—, « The Place of Capability Theory in a Theory of Justice », in Harry Brighouse et Ingrid Robeyns (dir.), *Measuring Justice. Primary Goods and Capabilities*, Cambridge, Cambridge University Press, 2010.

SPINOZA Baruch, *Traité théologico-politique* [1670], trad. Charles Appuhn, Paris, Flammarion, 2006.

—, *Traité politique* [1670], trad. d'Émile Saisset revue par Laurent Bove, introduction et notes par Laurent Bove, Paris, Livre de poche, 2002.

SPITZ Jean-Fabien, *La Liberté politique. Essai de généalogie conceptuelle*, Paris, PUF, coll. « Léviathan », 1995.

—, « Ronald Dworkin et le faux dilemme de l'égalité et de la liberté », *Revue internationale de philosophie*, n° 233, 3/2005,p. 413-434.

STIGLITZ, Joseph et CHARLTON, Andrew, *Pour un commerce mondial plus juste* [2005], trad. Françoise Chemla, Paris, Fayard, 2007.

STUART MILL John, *L'Utilitarisme* [1861], trad. Philippe Foliot, Paris, Flammarion, 4e éd., 2008.

TAYLOR Charles, *Multiculturalisme. Différence et démocratie*, avec des commentaires de Amy Gutmann, Steven C. Rockefeller,

MichaelWalzers, Susan Wolf [1992], trad. Denis-Armand Canal, Paris, 2009.

—, *La Liberté des Modernes*, trad. Philippe de Lara, Paris, PUF, coll. « Philosophie morale », 1997.

TOCQUEVILLEDE Alexis, De la démocratie en Amérique, 2e partie, Bruxelles, Société belge de Librairie, t. 2,1840.

VAN PARIJS Philippe, *Qu'est-ce qu'une société juste ?*, Paris, Éditions du Seuil, 1991.

—, *Real Freedom for All. What (if anything) can justify capitalism?*, Oxford, Oxford University Press, 1995.

—, « Equal Endowments as Undominated Diversity », *Recherches économiques de Louvain*, 56/1990, p. 327-355.

—, « Rawls face aux libertariens » in Catherine Audard *et al.*, *Individu et justice sociale : autour de John Rawls*, Paris, Éditions du Seuil, 1988, p. 193-218

VIELLE Pascale, POCHET Philippe et CASSIERS Isabelle, *L'État social actif. Vers un changement de paradigme ?*, Bruxelles, Presses interuniversitaires européennes, 2005.

WALZERS Michael, *Sphères de justice. Une défense du pluralisme et de l'égalité* [1983], trad. Pascal Engel, Paris, Éditions du Seuil, 1997.

WEIL, Eric, *La philosophie politique*, Paris, Vrin, 1971.

WEINSTOCK, Daniel, *Vivre la citoyenneté. Identité, appartenance et participation* in Yves Boivert, Jacques Hamel, Marc Molgat (dir), Montréal, Liber, 2000.

WOLF Francis, *Aristote et la politique*, Paris, PUF, 1991.

ZWARTHOED Danielle, *Comprendre la pauvreté. John Rawls, Amartya Sen*, Paris, PUF, 2015.

DÉVELOPPEMENT ET ÉCONOMIE

AHLUWALIA Montek S., CARTER Nicholas G. et CHENERY Hollis B., « Growth and poverty in developing countries », *Journal of Development Economics*, vol. 6, n° 3, 1979,p. 299-341.

ALKIRE Sabina et SANTOS, Maria Emma, « Acute multidimensional poverty: a new index for developingcountrie », *OPHI Working Paper*, n° 38, 2010.

ANAND Sudhir et SEN Amartya, « Concepts of Human Development and Poverty: a multidimensional perspective », *Human Development Papers*, 1997, p. 1-9.

BALLET Jérôme et MAHIEU Régis, « Capabilité et capacité dans le développement : repenser la question du sujet dans l'œuvre d'Amartya Sen », *Revue Tiers Monde*, vol. 2, n° 198, 2009,p. 303-316.

BANERJEE Paula « Femmes en Inde : législation et réalités », *Diogène*, vol. 212, n° 4, 2005, p. 107-127

BECKER Garry S., PHILIPSON Tomas J., et SOARES Rodrigo R., « The quantity and quality of life and the evolution of world inequality », *American Economic Review*, vol. 95, n° 1, 2005, p. 277-291.

BENICOURT Emmanuelle, « Amartya Sen : une nouvelle ère pour le développement ? Réponse à Alexandre Bertin », *Revue Tiers Monde*, n° 186, 2006/2, p. 433-447.

BIBI Sami, EL LAHGA, Abdel Rahmen, « Comparaisons ordinales robustes de la pauvreté multidimensionnelle : Afrique du Sud et Égypte », *Revue d'économie du développement*, vol. 16, 2008/1, p. 5-36.

BISIAUX Raphaëlle, « Comment définir la pauvreté : Ravallion, Sen ou Rawls ? », *L'Économie politique*, n° 49, 2011/1, p. 6-23.

BOATENG O. *et al.*, « Un Profil de Pauvreté au Ghana, 1987-1988 », Document de travail n° 5 (DSA), Washington DC, Banque mondiale, 1992.

BOURGUIGNON Alain Jean-François, « The growth elasticity of poverty reduction: explaining heterogeneity across countries and time periods », Working Paper, Washington DC, Banque mondiale, 2002.

—, « Du revenu aux dotations : le renouvellement des conceptions de la pauvreté », *Regards croisés sur l'économie*, n° 4, 2008/2, p. 34-42.

BOSSERT Walter, « Redistribution Mechanisms Based on Individual Characteristics », *Mathematical Social Sciences*, vol. 29, n° 1, 1995, p. 1-17.

BOSSERT Walter et FLEURBAEY Marc, « Redistribution and Compensation », *Social Choice and Welfare*, vol. 13, n° 3, 1996,p. 343-355.

BOYER Florence, « Le projet migratoire des migrants touaregs de la zone de Bankilaré : la pauvreté désavouée », *Stichproben*, n° 8, 2005, p. 47-67.

BOWBRICK P., « The Causes of Famine: a Refutation of Professor Sen's Theory », in *Food Policy*, 11 (2), p. 105-124.

BRADSHAW Jonathan, *et al.*, *The Employment of Lone Parents. A Comparison of Policy in 20 Countries*, London, Family Policy Studies Centre, 1996.

BLOY Léon, *Pauvreté n'est pas vice, Exégèse des lieux communs*, Paris, Gallimard, 1968.

BOURDIEU Pierre (dir.), *La misère du monde*, Paris, Éditions du Seuil, 1993.

BRYANT Coralie et KAPPAZ Christina, *Paix et pauvreté : un développement équitable pour réduire les conflits*, Paris, Charles Léopold Mayer, 2008.

CHEN Shaohua, DATT Gaurav, RAVALLION Martin, *et al.*, « *Is poverty increasing in the developing world?* », Policy Research Department, WPS 1146, World Bank, 1993.

CLEMENT Valérie, « Économie du bien-être, choix social et l'influence de la théorie de la justice », Raisons politiques, n° 33, 2009/1, p. 57-79.

COGNEAU Denis et GUENARD Charlotte, « Les inégalités et la croissance : une relation introuvable ? », n° DT/2002/03, Paris, DIAL, 2002.

DAMON Julien, *Éliminer la pauvreté. Zéro pauvre c'est possible ?*, Paris, PUF, 2010.

DEATON Angus, « Mesurer le développement : autres données, autres conclusions ? », *Revue d'économie du développement*, vol. 19, 2011/2-3, p. 13-59.

DEATON Angus et DREZE Jean, « Food and nutrition in India: facts and interpretations », *Economic and Political Weekly*, vol. 44, n° 7, 2009, p. 42-65.

DUBOIS Jean-Luc et MAHIEU François-Régis, « Sen, liberté et pratiques du développement », *Revue Tiers Monde*, n° 198, 2009/2, p. 245-261.

ELBAUM Mireille, « Justice sociale, inégalités, exclusion », *Revue de l'OFCE*, n° 53, 1995, p. 197-247.

ETXERBARRIA Xabier, *Etica de la accion hummanitaria*, Bilbao, Publication es universitad de Deusto, 1990.

FAMBON Samuel, « Croissance économique, pauvreté etinégalité des revenus au Cameroun », Revue d'économie du développement, vol. 13, 2005/1, p. 91-122.

FLEURBAEY Marc, *Théories économiques de la justice*, Paris, Economica, 1996.

FLEURBAEY Marc et MANIQUET, François, « Optimal Income Taxation: An ordinal Approach », CORE D.P., n° 9865, 1998.

FORQUIN Jean-Claude, BALLION Robert, DEROUET Jean-Louis, « École et Justice. De l'égalité des chances aux compromis locaux ? », Revue française de pédagogie, vol. 104, 1993, p. 109-113.

FOSTER James, GREE Joel, THORBECKE Erik, « A class of Decomposable Poverty Measures », *Econometrica*, vol. 3, n° 88, 1984, p. 215-251.

FREUD Claude, *Quelles coopération. Un bilan de l'aide au développement*, Paris, Karthala, 1985.

GAMEL Claude, « Hayek et Rawls sur la justice sociale : les différences sont-elles "plus verbales que substantielles" ? », *Cahiers d'économie politique/Papers in Political Economy*, n° 54, 2008/1, p. 85-120.

—, « Justice sociale : Hayek et Sen face à Rawls. Une proximité méthodologique inattendue », *Cahiers d'économie politique/Papers in Political Economy*, n° 65, 2013/2, p. 69-96.

GEREMEK Bronislaw, *La potence ou la pitié. L'Europe et les pauvres du Moyen Âge à nos jours*, Paris, Gallimard, coll. « Bibliothèque des histoires », 1987.

GILARDONE Muriel, « Inégalités de genre et approche par les capabilités : quelle mise en dialogue chez Sen ? », *Revue Tiers Monde*, n° 198, 2009/2, p. 357-371.

—, « Amartya Sen sans prisme », *Cahiers d'économie politique/Papers in Political Economy*, n° 58, 2010/1, p. 9-39.

GORE Charles, « Entitlements relations and "unruly" social practices: a comment on the work of Amartya SEN », art. cit., p. 429-460.

GRELL Paul, WERY Anne, « Le concept de pauvreté : les diverses facettes institutionnelles de la pauvreté et les différentes naturalisations de ce concept », *Courrier hebdomadaire du CRISP*, n° 771, Bruxelles, 2 septembre 1979.

KAKWANI, Nanak and E. PERNIA, 'What Is Pro-Poor Growth?' Asian Development Review. 18 (1) 2000, p. 1-16.

KUZNETS Simon, « Economic Growth and Income Inequality », *American Economic Review*, vol. 45, n° 1, 1995,p. 1-28.

LACHAUD Jean-Pierre, « Croissance économique, pauvreté et inégalité des revenus en Afrique subsaharienne : analyse comparative », Document de travail 11, Bordeaux, université Montesquieu-Bordeaux IV, Centre d'économie du développement, 1997.

—, *Dynamique de pauvreté, inégalité et urbanisation au Burkina Faso*, Pessac, Presses universitaires de Bordeaux, 2003b.

—, « La pauvreté a-t-elle augmenté ou diminué au Burkina Faso ? Évidence empirique fondée sur une approche monétaire micro multidimensionnelle », Document de travail 103, Centre d'économie du développement, Bordeaux, université Montesquieu-Bordeaux IV, 2004.

—, « La croissance pro-pauvre au Burkina Faso. L'éviction partielle de l'axiome d'anonymat en présence de données transversales », Document de travail 126, Centre d'économie du développement, Bordeaux, université Montesquieu-Bordeaux IV, 2006.

LARCHE Jérôme, *Le déclin de l'empire humanitaire. L'humanitaire occidental à l'épreuve de la mondialisation*, préface de Michel Terestchenko, Paris, Harmattan, 2017.

LUGON-MOULIN Anne, « La lutte contre la corruption : les limites de l'aide internationale », Finance & Bien commun, n° 28-29, 2007/3, p. 15-17.

MALTHUS Thomas-Robert, *Essai sur le principe de la population* [1798], préface et trad. Docteur Theil, Paris, Gonthier, 1963.

MATTEI Jean-François, *L'humanitaire à l'heure de l'éthique*, Paris, Les liens qui libèrent, 2014.

MEDA Dominique, *Au-delà du PIB : pour une autre mesure de la richesse*, Paris, Flammarion, 2008.

MILANO Serge, *La pauvreté absolue*, Paris, Hachette, 1988.

MOULIN Hervé, « Interpreting Common Ownership », *Recherches économiques de Louvain/Louvain economic Review*, vol. 56, n° 3-4, 1990, p. 303-326.

MUNOZ-DARDE Véronique, *La Justice sociale*, Paris, Nathan, 2000.

PAUGAM Serge, *Les Formes élémentaires de la pauvreté*, Paris, PUF, 2005.

PEROUSE DE MONTLOS, Marc, *Pour un développement humanitaire ? Les ONG à l'épreuve de la critique*, Paris, IRD, 2015.

POIROT Jacques, « Le rôle de l'éducation dans le développement chez J. Rawls et A. Sen, entre équité et efficacité », *Monde en développement*, n° 132, 2005/4, p. 29-38.

RAHNEMA Majid, « La problématique de la pauvreté dans l'esprit de l'après-développement », dans Firouzeh Nahanvandi (dir.), *Repenser le développement et la coopération internationale*, Paris, Karthala, 2003a, p. 37-48.

RANDRIAMANAMPISOA Holimalala, « Microcrédit et lutte contre la pauvreté en milieu rural malgache : une analyse par les capabilités », *Management & Avenir*, n° 46, 2011/6, p. 319-335.

RAVALLION Martin, « Inequality is Bad for the Poor », *World Bank Policy Research paper*, n° 3677, 2005.

RAY Jean-Claude, « L'analyse qualitative des revenus des familles les plus pauvres », *Consommation*, n° 3-4, 1979.

SACHS Wolfgang, ESTEVA Gustavo, *Des ruines du développement*, Montréal, Eco Société, 1996.

SACHS Jeffrey, *The End of Poverty: How We Can Make it Happen in Our Life time*, New-York, Pengui Group, 2005.

SAHLINS, Marshall, *Âge de pierre, âge d'abondance. L'économie des sociétés primitives*, Paris, Gallimard, coll. « Bibliothèque des sciences humaines », 1976.

SEN Armatya, *L'Économie est une science morale* [1999], trad. et intr. Marc Saint-Upery, Paris, La Découverte, 2004.

SEVERINO, Jean-Michel, « Refonder l'aide au développement au XXIe siècle », *Critique internationale*, n° 10, 2001/1, p. 75-99.

SINGLY DE François (dir.), *L'Injustice ménagère*, Paris, Armand Colin, 2007.

STEVENSON Betsey, WOLFERS Justin, « Economic growth and subjective well-being: reassessing the Easterlin paradox », *Brookings Papers on Economic Activity*, n° 1, 2008, p. 1-87.

STIGLTIZ Joseph E., SENAmartya, FITOUSSI Jean-Paul, *Rapport de la Commission sur la mesure des performances économiques et du progrès social*, Paris, ministère de l'Économie, de l'Industrie et de l'Emploi, 2009.

SMITH Adam, *Enquête sur la nature et les causes de la richesse des nations* [1776], trad. nouvelle d'après la première édition avec les variantes des éditions ultérieures, présentation, notes, chronologie, tables, lexiques et index par Paulette Taieb ; avec la collaboration pour la traduction de Rosalind Greenstein, vol. 4, (XLVII-1429 p.), Paris, PUF, 1995.

SUBRAMANIAN Swamy, *Multi-Dimensional Poverty Measurement with Ordinal Information*, Chennai, Madras Institute of Development Studies, 2007.

TEVOEDJRE Albert, *La Pauvreté, richesse des peuples*, Paris, Éditions ouvrières, 1978.

THORBECKE Erik, « Multidimensional Poverty: Conceptual and Measurement Issues », Paper prepared for The Many Dimensions of Poverty International Conference, UNDP International Poverty Centre, Brasilia, August 29-31, 2005.

TOVAR Élisabeth, « Mesurer la pauvreté : l'apport de l'approche par les capabilités. L'exemple de l'aire urbaine parisienne en 2010 », *Informations sociales*, n° 182, 2014/2, p. 40-48.

TROUBE Christian, *L'Humanitaire, un business comme un autre*, Évreux, Larousse, 2009.

TSUI Kai-Yuen, « Multidimensional poverty indices », *Social Choice and Welfare*, vol. 19, n° 1, 2002, p. 69-93.

TOCQUEVILLE DE Alexis, *Mémoires sur le paupérisme*, Paris, Éditions Allia, 2eédition, 2007.

VOGEL Jean, « L'occultation culturelle de la nouvelle pauvreté », *Courrier hebdomadaire du CRISP*, vol. 34, n° 1259-1260, 1989,p. 1-80.

ÉDUCATION

BLAIS Marie-Claude, GAUCHET Marcel, OTTAVI Dominique, *Pour une philosophie politique de l'éducation*, Paris, Fayard, 2002.

BUSUGUTSALA Gandayigabudisa, *Politiques éducatives au Congo-Zaïre : de Léopold II à Mobutu*, Paris, Harmattan, 1997.

DEMEUSE Marc, BAYE Ariane, STRAETEN, Marie-Hélène, *et al.*, *Vers une école juste et efficace*, Bruxelles, de Boeck Supérieur, coll. « Économie, Société, Région », 2005.

DEROUET Jean-Louis, *École et justice : De l'égalité des chances aux compromis locaux ?*, Paris, Métailié, 1992.

DROUIN-HANS Anne-Marie, *L'Éducation, une question philosophique*, Paris, Economica, 1998.

DUPEYRON Jean-François, MIQUEU Christophe, *Éthique et déontologie dans l'éducation nationale*, Paris, Armand Colin, 2013.

EYANGANUNGA KAMBA Albert, *Une école pour tous en République démocratique du Congo*, Paris, Harmattan, 2014.

FATH Gérard, « La Philosophie au défi des Sciences de l'Éducation : entre enchantement et dégrisement ? », *Recherches & Éducations*, n° 1, 2e semestre 2008.

GUTMANN Amy, *Democratic Education*, Revised Edition With a new preface and epilogue by the author, Princeton, Princeton University Press, 1999.

JACQUART, Albert, RENAUT, Alain, MANENT, Pierre, *Une éducation sans autorité, ni sanction ?*, Paris, Grasset, 2003.

KANT Emmanuel, *Réflexions sur l'éducation* [1904], intr. et trad. A. Philonenko, Paris, Vrin, 1993.

LAVAL Christian, *L'École n'est pas une entreprise*, Paris, La Découverte, 2004.

MADOKA, Saito, « Amartya Sen's Capability Approach to Education: A Critical Exploration », *Journal of Philosophy of Education*, vol. 37, no 1, 2003, p. 17-33.

MAVOUANGU David, *La Philosophie de Kant et l'éducation*, Paris, Harmattan, 2012.

MORANDI Franc, *Philosophie de l'éducation*, Paris, Nathan, 2000.

RENAUT Alain, *La Fin de l'autorité*, Paris, Flammarion, 2004.

PLEUX Didier, *Les Dix commandements du bon sens éducatif*, Paris, Odile Jacob, 2014.

REBOUL Olivier, *Philosophie de l'éducation*, Paris, PUF, 2010.

VINCENTI Luc, *Éducation et liberté : Kant et Fichte*, Paris, PUF, 1992.

ZANTENVAN Agnès (dir), RAYOU, Patrick, *Dictionnaire de l'éducation*, Paris, PUF, 2e édition, 2017.

OUVRAGES GÉNÉRAUX

ANTSHUKA NGONGA Lokengo, *Consensus politique et gestion démocratique du pouvoir en Afrique*, Paris, Harmattan, 2015.

ARISTOTE, *Organon – I : Catégories*, trad. Jean Tricot, Paris, Vrin, 2004.

—, *Physique*, trad. Barthélémy de Saint Hilaire, Librairie de la Grange, 1862.

AUZIAS Dominique, LABOURDETTE Jean-Paul, *Petit futé. République démocratique du Congo*, Paris, Les Nouvelles éditions de l'université, 2015.

BRUCKER Pascal, *L'Euphorie perpétuelle. Essai sur le devoir de bonheur*, Paris, Grasset, 2000.

BOURDIEU Pierre, *Médiations pascaliennes*, Paris, Éditions du Seuil, 1997.

CROSS Marie-France, MISSER François, *Géopolitique du Congo (RDC)*, Bruxelles, Éditions Complexes, 2006.

DIOP Birago, *Leurres et lueurs*, Paris, Présence Africaine, 1960.

HOMERE, *L'Iliade* [VIIIe siècle], trad. nouvelle accompagnée des notes d'explication et commentaires et précédée d'une introduction par Eugène Barreste, illustrations par MM. A. Titeux et A. Delemud, Paris, 1843.

KELSEN Hans, *Théorie pure du droit* [1934], trad. Charles Eisenmann, Paris, Dalloz, 1962.

KANKULUMBA MBAMBI Vincent, *Précis du droit civil des biens. Théorie générales des biens et théories spéciales des droits réels fonciers et immobiliers congolais*, préface de Jacques Vanderlinden, t. 1, Louvain-la-Neuve, A.B., 2007.

KANT Emmanuel, *Théorie et pratique. D'un prétendu droit de mentir par l'humanité* [1797], notes et trad. L. Guillermot, Paris, Vrin, 2000.

—, *Critique de la raison pratique*, [1788], présentation et trad. Jean-Pierre Fussler, Paris, GF, 2003.

PASCAL Blaise, *Pensées*, Paris, Édition du Port royal, 1669-1670.

PELLUCHON Corine, *Autonomie brisée. Bioéthique et philosophie*, Paris, PUF, 2009.

—, « Lévinas et l'éthique médicale », *Cahiers d'Études lévinassiennes*, n° 9, 2010.

PLATON *Cratyle* [IV-Ve siècles], trad. Victor Cousin, t. XI, Paris, Rey & Gravier Libraires, 1837.

RENAUT Alain, SOSOE Lukas, *Philosophie du droit*, Paris, PUF, 1991.

RENAUT Alain, *Le Système du droit : philosophie et droit dans la pensée de Fichte*, Paris, PUF, 1986.

—, *Qu'est-ce que le droit ?*, Paris, Vrin, 1992.

SARTRE Jean-Paul, *Le Diable et le Bon Dieu*, Paris, Gallimard, 1951.

SENEQUE, *Les Tragédies* [1834], trad. L. Herman, t. II, Paris, Collection Budé, 1926.

SOUDAN François, « Mobutu et la CIA. Comment Larry Devlin, chef de la CIA au Congo a aidé Mobutu à s'emparer du pouvoir et à le conserver pendant plus de trente ans », dans *Revue pour l'intelligence du monde, secrets d'histoire*, Paris, Groupe Jeune Afrique, n° juillet-août, 2007.

VAN REYBROUCK David, *Congo, une histoire*, trad. du néerlandais par Isabelle Rossellin, Paris, Actes Sud, 2012.

VERNE Jules [1869-1870], *Vingt mille lieues sous les mers,* avec la contribution de Sylvie Coly, Paris, Magnard, coll. « Classiques et patrimoine », 2018.

VOLTAIRE, *Lettres philosophiques. Derniers écrits sur Dieu* [1733], présentation par Gerhard Stenger, Paris, Flammarion, 2006.

THÈSES

ADAMOU SOULEY Hamadou, *La Théorie de la justice, lire John rawls face à ses critiques*, thèse sous la dir. de Sémou Pathé Guèye, université de Dakar, 2002.

BAYOUMI, Soha, *Entre libéralisme et social-démocratie. Une analyse critique des théories contemporaines de la justice*, thèse sous la dir. de Marc Sadoun, Institut d'Études Politiques de Paris, 2012.

BOUSSOUGOU-HOUENOU Sosthène, *Le Libéralisme économique : entre présomption scientifique et négation des libertés (Essai d'épistémologie critique et d'exigence éthique : Marx, Rawls et Sen)*, thèse sous la direction de Jean-Louis Viellard-Baron Université Poitiers, 2007.

FOUQUET Étienne, *Morale et économie : une recherche de principes de limitation de la pensée économique. Applications particulières aux cas de Adam Smith, John Rawls et Amartya Sen*, thèse sous la dir. de Hubert Faes et de Jean-Claude Bourdin, université Poitiers, 2010.

MARTIN Justine, *Globalisation, justice et éducation. Le cas des politiques universitaires*, thèse sous la dir. de Alain Renaut, université Paris-Sorbonne, 2011.

RAMIREZ Daniel, *Identité culturelle et dimension éthique : une réflexion à partir de la pensée de Charles Taylor*, thèse sous la dir. de Alain Renaut, université Paris-Sorbonne, 2012.

PONCE Fernando, *La Pauvreté dans une conception de la société juste : d'Amartya Sen à John Rawls*, thèse sous la dir. de Jacques Bidet, université Paris-Sorbonne, 2004.

POZZI Guilia, *Justice distributive, justice productive : l'approche par les capabilités entre fondation et application*, thèse sous la dir. de Alain Renaut université Paris-Sorbonne, 2014.

SOLIGNAC Pascal, *La Justice comme sollicitude : de Ronald Dworkin à la question de l'éducation*, thèse sous la direction de Alain Renaut, université Paris-Sorbonne, 2008.

ZWARTHOED Danielle, *LeChoix collectif dans la philosophie politique contemporaine des fondements philosophiques de la théorie du choix social à l'évaluation démocratique des capabilités d'Amartya Sen*, thèse sous la direction de Ali Benmakhlouf, université Paris-Est, Créteil, 2014.

DIRK VAN DE GAER, D., *Equality of Opportunity and Investment in Human Capital*, PhD thesis, under dir. Xavier Ramos, KUL, Leuven, 1993.

ÉTUDES ET RAPPORTS

BANQUE AFRICAINE DE DEVELOPPEMENT, *African Development Report, Human Capital Development*, New York, Oxford University Press, 1998.

BANQUE MONDIALE, « Combattre la pauvreté », *Rapport sur le développement dans le monde2000/2001*, Paris, Éditions Eska pour la Banque mondiale, 2001.

—, « Confronting aids, public priority in a global epidemic », *Policy Research Report*, Washington D.C., Banque mondiale, 1997.

—, *Global purchasing power parities and real expenditures: 2005 International Comparison Program*, Washington, DC, Banque mondiale, 2008.

—, *World Development Indicators*, WashingtonDC, Banque mondiale, 2001b.

—, *Indicateurs du développement dans le monde*, Washington DC, Banque mondiale, 2009.

—, Région Afrique, Département du développement humain, *Le Système éducatif congolais, Priorité et alternative,* Document de travail, Kinshasa, janvier 2005.

BERTIN, A., « Le développement par les libertés », aux 1res journées du développement du GRES, université de Bordeaux IV, 16 et 17 septembre 2004.

BUREAU INTERNATIONAL DU TRAVAIL, « Women's employment: global trends and ilo responses », contribution du bit, 49e session de la Commission de la condition de la femme, ONU, New York, 28 février-11 mars 2005.

—, « Le dilemme du secteur non structuré », Rapport du Directeur général [Partie I], Conférence internationale du travail, 78e session, Genève, 1991.

CADHP, « Rapport du groupe de travail d'experts de la commission africaine des droits de l'homme et des peuples sur les populations autochtones », présenté en vertu de la résolution sur les droits des populations autochtones en Afrique, adoptée par la Commission africaine des droits de l'homme et des peuples lors de sa 28e session ordinaire, Copenhague, 2005.

—, « Rapport du groupe de travail d'experts de la Commission africaine des droits de l'homme et des peuples sur les populations autochtones », Copenhague, 2010.

CONSTITUTION de la RDC, Kinshasa, 2006.

CONVENTION de l'Organisation internationale du Travail.

DEVEREUX Stephen, *Famine au XXe*, document de travail IDS 105,1988.

EPSP, « Le système éducatif congolais », Kinshasa, 2014-2015.

—, « Le système éducatif congolais, Priorité et alternative », Kinshasa, janvier 2005.

—, « Rapport de l'état du système éducatif. Résumé exécutif pour une éducation au service de la croissance et de la paix », Kinshasa, 2014.

—, « Stratégie de développement de l'enseignement primaire, secondaire et professionnel », Kinshasa, 2010.

FAO, « L'état de l'insécurité alimentaire dans le monde – Répercussions et enseignements », Rome, 2009.

FAURE, J.-C., Commissariat général du plan, « L'État et les ONG : vers un partenariat efficace ». Rapport du groupe « Pour un nouveau partenariat entre les organisations de solidarité internationale et les pouvoirs publics », Paris, La documentation française, 2002, 210 p.

INSTITUT STATISTIQUE DE L'UNESCO, « Les enseignants et la qualité de l'éducation : suivi des besoins mondiaux d'ici 2015 », Montréal, 2006.

PNUD, *Rapport mondial sur le développement humain. [Égalité sociologique entre les sexes et développement humain]*, 1995.

—, *Human Development Report 1997*, New York : Oxford Univ. Press, 1997.

—, *Rapports sur le Développement humain*, 2005.

RAHNEMA, M., « La pauvreté », communication prononcée au colloque « Philia/L'Agora », Orford, Québec, 18 octobre 2003.

TANADORI INOMATA, « Financement de l'action humanitaire dans le système des Nations unies », Nations unies, Genève, 2012.

THORBECKE, E., « Multidimensional Poverty: Conceptual and Measurement Issues », paper prepared for « The Many Dimensions of Poverty International Conference », UNDP International Poverty Centre, Brasilia, August 29-31, 2005.

UNESCO, *Données mondiales de l'éducation*, VII, 2010-2011.

—, *Rapport mondial de suivi pour l'éducation pour tous*, Paris, 2005.

UNICEF, *Rapport de l'enquête nationale sur les enfants et adolescents en dehors de l'école*, Kinshasa, 2013

ZWARTHOED Danielle, « Apprendre la justice : les enjeux contemporains dans la théorie de justice de Rawls », conférence au Centre IUFM Stephen Liège Gard à Nice, 7 mai 2010.

SOURCES ÉLECTRONIQUES

20 MINUTES, « Eau potable : Près d'un tiers de la population mondiale n'y a toujours pas accès », https://www.20minutes.fr/monde/2105575-20170717-eau-potable-pres-tiers-population-mondiale-toujours-acces, mis en ligne le 17 juillet 2017, consulté le 12 avril 2018.

AVENIR DES JEUNES DRC, « La situation de l'électricité en RDC : la population privée injustement de courant électrique malgré les potentiels hydroélectriques de la RDC », https://avenirdesjeunesdrc.blogspot.com/2014/11/la-situation-de-lelectricite-en-rdc-la.html, mis en ligne le 7 novembre 2014, consulté le 20 mars 2018.

BADHON Mohamed, « Les famines dans la corne de l'Afrique », https://www.ababord.org/Entre-fatalite-et-mal-gouvernance, consulté le 30 mai 2019.

BEN AHMED Lassaad, « RDC : 200 magistrats révoqués par le président Kabila – Certains ont été recrutés par de faux diplômes », Anadolu Agency, https://www.aa.com.tr/fr/afrique/rdc-200-magistrats-révoqués-par-le...-/1119736, mis en ligne le 16 avril 2018, consulté le 15 mai 2019.

BENIN WEB TV, https://beninwebtv.com › Monde › Société, consulté le 20 février 2019.

BERGHEZAN Georges, « Est du Congo : à qui profite la prolifération des groupes armés ? », Groupe de recherche et d'information sur la paix et la sécurité, mis en ligne le 3 janvier 2018, www.grip.org/fr/node/2500, consulté le 12 mars 2018.

BISSENGUE Victor, « À propos de la réponse de Victor Bissengué à Luc Bouquiaux au sujet de l'histoire ancienne des Pygmées », https://www.sangonet.com/hist/FichHistoire/Pygm/civilis-af-hist.html, sans date de mise en ligne, consulté le 12 mars 2018.

BURBAGE Frank, « Mésurer la qualité de vie ? », *Cahiers philosophiques*, n° 104, p. 71, 12/2005, *www.educrevues.fr, consulté le 10 décembre 2018.*

CAIRN.INFO, Publications de Luc Bouquiaux diffusées sur Cairn.info, https://www.cairn.info/publications-de-Bouquiaux-Luc--28821.htm, sans date de mise en ligne, consulté le 12 mars 2018.

CAPITAL.FR, https://www.capital.fr » Entreprises et marchés, consulté le 15 mai 2019.

CODE PENAL CONGOLAIS, *Journal officiel de la République démocratique du Congo*, www.wipo.int/edocs/lexdocs/laws/fr/cd/cd004fr.pdf, sans date de mise en ligne, consulté le 12 janvier 2018.

CODE PENAL CONGOLAIS, Journal officiel numéro spécial, 30 novembre 2004, www.laga-enforcement.org/...corruption/DRC, consulté le 10 mars 2018.

CONGO AUTREMENT, « RDC : Peuples autochtones Pygmées », https://www.congo-autrement.com/...congo/situation-des-peuples-autochtones-pygmée, mis en ligne le 26 décembre 2018, consulté le 10 janvier 2019.

ÉLECTRICITE EN RDC, lepythagore.over-blog.com/article-electricite-en-rdc-problemes-et-adaptations, consulté le 20 mars 2018.

ENGIE, https://particuliers.engie.fr/electricite/conseils.../photovoltaique-avantages.html, consulté le 22 mars 2018.

ESSENTIEL (L'), « Sexe forcé en échange de l'aide humanitaire », http://www.lessentiel.lu/fr/news/monde/story/sexe-force-en-echange-de-l-aide-humanitaire-26844841, mis en ligne le 26 avril 2019, consulté le 15 mai 2019.

FONDS MONETAIRE INTERNATIONAL, « Site du représentant résident en République démocratique du Congo », www.imf.org/fr/Countries/ResRep/COD, sans date de mise en ligne, consulté le 17 octobre 2017.

FRANCE 24, « Une plante médicinale anti-paludisme en Afrique : "J'ai été complètement guérie" », Santé, médecine, observers.france24.com/.../20171017-artemisia-malaria-paludisme-afrique-oms-rdc-g, consulté le 10 octobre 2018.

GLOBECO.FR, « Les ONG, Nouveau pouvoir mondial », Dossier, *Globeco,* Comprendre la mondialisation, www.anjou-agricole.com/reussir/fichiers/globeEco/GRYM1CN9_revuePdf.pdf, consulté le 12 mars 2019.

JAHAN Selim, « L'Indice de développement humain, 25 ans plus tard », Bureau du Rapport sur le développement humain, Programme des Nations unies pour le développement, https://www.ituc-csi.org/l-indice-de-developpement-humain, mis en ligne le 9 avril 2015, consulté le 6 décembre 2018.

KINIENZI, St. Augustin, « Congo-Kinshasa : “Mag programme” – Un vaste projet de déminage des territoires de la RDC », AllAfrica, https://fr.allafrica.com/stories/200712110216.html, mis en ligne le 11 décembre 2007, consulté le19/02/2019.

LIBRE BELGIQUE (LA), https://afrique.lalibre.be, Politique.

MATIN INFOS, https://www.matininfos.net, RDC, consulté le7 février 2019.

MBALA Éric, « RDC : 15 % de la population a accès à l’électricité “avec délestage” », Radio Okapi, https://www.radiookapi.net/2016/07/09/actualite/societe/rdc-15-de-la-population-acces-lelectricite-avec-delestage, mis en ligne le 9 juillet 2016, consulté le 15 mai 2018.

MICHELET Julian, SERRE Victor, « Combattre la pauvreté mondiale avec Thomas Pogge », entretien accordé par Tomas Pogge, trad. Tim Glinert et Julie Gaillat Grand, bullesdesavoir.com/2013/01/29/combattre-la-pauvrete-mondiale-avec-thomas-pogge/, mis en ligne le 29 janvier 2013, consulté le 10 octobre 2018.

MINARCHISTE (LE) (pseudonyme), « Les déboires de l’aide internationale », critique de l’ouvrage de William Easterly, *The Elusive Quest for Growth*, *Contrepoints*, https://www.contrepoints.org/2019/02/05/335899-les-deboires-de-laide-internationale, mis en ligne le 5 février 2019, consulté le 15 mai 2019.

MINISTERE DE LA SANTE DE LA RDC, Stratégie de Coopération de l’OMS avec le pays République démocratique du Congo 2017-2021, www.minisanterdc.cd/.../Déclaration Politique nationale de la santé, consulté le 12 octobre 2017.

MONDE (LE), page « Afrique », https://www.lemonde.fr, consulté le 15 mai 2019.

MONUSCO, « RDC : la responsabilité principale de la protection et de la sécurité des civils appartient au gouvernement (ONU) », ONU, https://monusco.unmissions.org/rdc-la-responsabilité-principale-de-la-protection-et-de..., mis en ligne le 21 juillet 2017, consulté le 10 janvier 2019.

OBSERVATOIRE DES INEGALITES, « Une personne sur sept n’a pas accès à l’électricité dans le monde », https://www.inegalites.fr/Une-personne-sur-sept-n-a-pas-acces-a-l-electricite-dans-le-monde, mis en ligne le 20 avril 2018, consulté le 15 mars 2018.

ORGANISATION MONDIALE DE LA SANTE, Activité de l'OMS en 1976-1977, Rapport biennal du Directeur général à l'Assemblée mondiale de la Santéet aux Nations Unies, Actes officiels de l'Organisation mondiale de la Santé n° 243, apps.who.int/iris/bitstream/10665/91330/1/Official_record243_fre.pdf, consulté le 17 novembre 2017.

—, « Santé et droits de l'homme », www.who.int/mediacentre/factsheets/fs323/fr/, mis en ligne le 29 décembre, consulté le 12 décembre 2017.

ORGANISATION DES NATIONS UNIES, « Le groupe sur l'exploitation des ressources de la rdc denonce l'association de groupes criminels avec des elites politiques et militaires congolaises, ougandaises, rwandaises et zimbabweennes », communiqué de presse, mis en ligne le 24 octobre 2002, https://www.un.org/press/fr/2002/cs2382.doc.htm, consulté le 12 décembre 2017.

PARTENARIAT POUR LE DEVELOPPEMENT SOCIAL (PPDS), Droit pénal congolais, www.leganet.cd/Legislation/Tables/droit_penal.htm, consulté le 20 janvier 2018.

PEPPLER-BARRY, Ulrika, FISKE Edward B., « Forum mondial sur l'éducation, Dakar, Sénégal, 26 au 28 avril 2000 : rapport final », Unesco, unesdoc.unesco.org/images/0012/001211/121117f.pdf, sans date de mise en ligne, consulté le 12 avril 2018.

POINT (LE), https://www.lepoint.fr › International.

POPULATION DATA.NET, « République démocratique du Congo », Atlas des populations et pays du monde, https://www.populationdata.net/pays/republique-democratique-du-congo, sans date de mise en ligne, consulté le 4 décembre 2018.

PROGRAMME DES NATIONS UNIES POUR LE DEVELOPPEMENT, « La moitié des pauvres sont des enfants », https://www.undp.org/content/undp/fr/home/news-centre/news/2018/half-of-world_s-poor-are-children.html, mis en ligne le 20 septembre 2018, consulté le 10 décembre 2018.

—, Rapport sur le développment humain 2016, www.cd.undp.org/content/dam/...congo/.../UNDP-CD-RNDH%202016-%20final.pdf ?, consulté le 22 mars 2018.

PROJET BASES, Apprentissage des notions de base en sciences économiques et sociales, UNIL, « Amartya Sen et les capabilités », wp.unil.ch/bases/2013/07/amartya-sen-et-les-capabilites, consulté le 12 avril 2017.

RADIO TELEVISION BELGE FRANCOPHONE, « RDC : les tourbières sont cruciales pour ralentir le réchauffement climatique du monde entier », https://www.rtbf.be/info/monde/detail_republique-democratique-du-congo-les-tourbieres-sont-cruciales-pour-ralentir-le-rechauffement-climatique?id=9895818, mis en ligne le 18 avril 2018, consulté le 15 avril 2019.

RAINHORN Jean-Daniel, « Haïti : réinventer l'avenir », https://reliefweb.int/.../UEH%20Tulane%20DRLA%20Haiti%20Humanitarian%20Aid,
consulté le 4 février 2019.

RAMIREZ ROZZI Fernando V. « Les Pygmées – Histoire d'une rencontre, origines d'une dénomination, évolution des représentations », I & M, bull. n° 45,
www.imagesetmemoires.com/doc/Articles/B45frrpygmeesred.pdf, *consulté, le 15 janvier 2018.*

RELIEFWEB, « RD Congo/Yakoma : les cultivateurs fuient les engins explosifs dans les champs », Report from Radio Okapi, https://reliefweb.int/.../rd-congoyakomales-cultivateurs-fuientles-engins-explosifs-da, mis en ligne le 31 janvier 2010, consulté le 15 mai 2019.

ROBILLARD Marine, BAHUCHET Serge, « Les Pygmées et les autres : terminologie, catégorisation et politique » dans Identités « pygmées » dans un monde qui change : questions et recherches actuelles, *Journal des africanistes*, t. 82, fasc. 1-2, 2012, http://journals.openedition.org/africanistes/4253, sans date de mise en ligne, consulté le 17 octobre 2017.

ROLLEY Sonia, « Enquête RFI : les maisons compromettantes de l'ONU et des ONG en RDC », RFI Afrique, http://www.rfi.fr/afrique/20160210-enquete-rdc-congo-or-onu-maisons-compromettant-ong-buganda-namuhanda-kivu, mis en ligne le 10 février 2016, consulté le 12 décembre 2017.

ROYER Philippe, « Sur les traces d'un frère disparu », *La Croix*, https://www.la-croix.com/.../Le-bilan-des-objectifs-du-millenaire-2015-08-04-134129, mis en ligne le 30 mai 2001, consulté le 12 avril 2018.

SIU, Vivian, « En République démocratique du Congo, les programmes d'enseignement d'enfant-à-enfant dynamisent l'école primaire », Unicef, https://www.unicef.org/french/adolescence/drcongo_58248.html, sans date de mise en ligne, consulté le 12 avril 2018.

SOCIETE NATIONALE D'ELECTRICITE, « Réponses du directeur général de la Société nationale d'électricite aux préoccupations soulévées par les honorables députés nationaux suite à la question orale avec debat posée par l'honorable Clément Kanku Bukasa », http://www.snel.cd/dl/Reponses_DG_Parlement.pdf, sans date de mise en ligne, consulté le 20 mars 2018.

TRANSPARENCY INTERNATIONAL, « Index 2018 », https://www.transparency.org/cpi2018, consulté le 10 mai 2019.

UNESCO, Patrimoine culturel immatériel, « Les chants polyphoniques des pygmées Aka de Centrafrique », https://ich.unesco.org/fr/RL/les-chants-polyphoniques-des-pygmees-aka-de-centrafrique-00082, sans date de mise en ligne, consulté le 20 novembre 2018.

WORLD BANK, 1993, World Development Report: Investing in Health, New York: Oxford University Press, https://openknowledge.worldbank.org/handle/10986/5976

WORLD BANK, 2001, World Development Report 2000-2001. Attacking Poverty, New York : Oxford University Press, https://openknowledge.worldbank.org/handle/10986/11856

WORLD BANK, 2003, Country at a Glance. Burkina Faso, http://www.worldbank.org/data/countrydata/countrydata.html

WORLD BANK, 2005a, Burkina Faso at a Glance, http://devdata.worldbank.org/AAG/bfa_aag.pdf.

WORLD BANK, 2005b, World Development Report 2006. Equity and Development, http://www.worldbank.org.

WORLD BANK, 2005c, Pro-Poor Growth in the 1990s. Operationalizing Pro-Poor Growth from 14 Countries, Washington, World Bank., siteresources.worldbank.org/.../Pro-poor_growth_in_the_1990s.pd...

ZERZAN, Rebecca, « L'Objectif du Millénaire pour le développement relatif à l'eau potable a été atteint », Unicef, https://www.unicef.org/french/wash/index_61929.html, mis en ligne le 22 mars 2012, consulté le 12 avril 2018.

INDEX

Index des noms propres

Index des lieux

Index des populations

TABLE DES MATIÈRES

TABLE DES ILLUSTRATIONS

ABRÉVIATIONS ET ACRONYMES

ADN : Acide désoxyribonucléique

APD : Aide publique au développement

art. cit. : article cité

ASAP : Academics Stand Against Poverty

CADHP : Charte africaine des droits de l'homme et des peuples

CIA : Central Intelligence Agency

CIPPA : Centre international de Philosophie politique appliquée

CNRS : Centre national de la recherche scientifique

CRSP : Centre de recherche et d'informations socio-politiques

Coll. : Collection

DC : Document

DC : District de Columbia

DIAL : Développement, Institutions et Mondialisation

dir. : Sous la direction de

DSCRP : Document de la stratégie de croissance et de réduction de la pauvreté

DT : Document de travail

EHESS : École des hautes études en sciences sociales

Et alii : et les autres

EPSP : Enseignement primaire, secondaire et professionnel (RDC)

EUB : Les éditions de l'Université de Bruxelles

FAD : Food Availability Decline

FAO : Food and Agriculture Organization of the United Nations

GF : Groupe Flammarion

GTZ : Gesellschaft für Technische Zusammenarbeit

Ibid. : *Ibidem*

IDH : Indices du développement humain

IDS : Institute of Developpement Studies

IEIM : Institut d'études internationales de Montréal

IPM : Indice de pauvreté multidimensionnelle

IRD : Institut de recherches et de développement

KUL : Katholieke Universiteit Leuven

MAG : Mine Advisory Group

MAUSS : Mouvement anti-utilitariste dans les Sciences sociales

MIT : Massachusetts Institute of Technology à Cambridge

MONUSCO : Mission de l'organisation des Nations unies en République démocratique du Congo

MW : Mégawatt

NRF : La Nouvelle Revue française

OCHA : Office for the Cordination of humanitaria Affairs

OFCE : Observatoire français des conjonctures économiques

OMS : Organisation mondiale de la santé

ONG : Organisation non gouvernementale

ONU : Organisation des Nations unies

op. cit., : *Opus citatum*

PNUD : Programme des Nations unies pour le Développement

PUF : Presses universitaires de France

PUL : Presses universitaires de Laval

PUPS : Presse de l'université Paris-Sorbonne

RAF : Royal Air Force

RDC : République démocratique du Congo

SAU : Surface agricole utile

SELAF : Société d'Études linguistiques et anthropologique de France

SEWA : Self-employed women's association

SNEL : Société nationale d'électricité

Sq. : *Sequiturque*

Trad. : Traduction de

UK : United Kingdom

UNDP : united nations development programme

UNESCO : United nations educational, scientific and cultural organization

UNHCR : United Nations High Commissioner for Refugees

UNICEF : United Nations international children's fund

UQAM : Université du Québec à Montréal

Vol. : Volume

Structures éditoriales du groupe L'Harmattan

L'Harmattan Italie
Via degli Artisti, 15
10124 Torino
harmattan.italia@gmail.com

L'Harmattan Hongrie
Kossuth l. u. 14-16.
1053 Budapest
harmattan@harmattan.hu

L'Harmattan Sénégal
10 VDN en face Mermoz
BP 45034 Dakar-Fann
senharmattan@gmail.com

L'Harmattan Cameroun
TSINGA/FECAFOOT
BP 11486 Yaoundé
inkoukam@gmail.com

L'Harmattan Burkina Faso
Achille Somé – tengnule@hotmail.fr

L'Harmattan Guinée
Almamya, rue KA 028 OKB Agency
BP 3470 Conakry
harmattanguinee@yahoo.fr

L'Harmattan RDC
185, avenue Nyangwe
Commune de Lingwala – Kinshasa
matangilamusadila@yahoo.fr

L'Harmattan Congo
67, boulevard Denis-Sassou-N'Guesso
BP 2874 Brazzaville
harmattan.congo@yahoo.fr

L'Harmattan Mali
ACI 2000 - Immeuble Mgr Jean Marie Cisse
Bureau 10
BP 145 Bamako-Mali
mali@harmattan.fr

L'Harmattan Togo
Djidjole – Lomé
Maison Amela
face EPP BATOME
ddamela@aol.com

L'Harmattan Côte d'Ivoire
Résidence Karl – Cité des Arts
Abidjan-Cocody
03 BP 1588 Abidjan
espace_harmattan.ci@hotmail.fr

Nos librairies en France

Librairie internationale
16, rue des Écoles
75005 Paris
librairie.internationale@harmattan.fr
01 40 46 79 11
www.librairieharmattan.com

Librairie des savoirs
21, rue des Écoles
75005 Paris
librairie.sh@harmattan.fr
01 46 34 13 71
www.librairieharmattansh.com

Librairie Le Lucernaire
53, rue Notre-Dame-des-Champs
75006 Paris
librairie@lucernaire.fr
01 42 22 67 13

www.ingramcontent.com/pod-product-compliance
Lightning Source LLC
LaVergne TN
LVHW050653051026
849532LV00002B/633
9782343246451